# Lei Anticorrupção
# Comentários à Lei 12.846/2013

# Lei Anticorrupção
# Comentários à Lei 12.846/2013

Coordenação
Eduardo Cambi
Fábio André Guaragni

Organização
Mateus Bertoncini

# LEI ANTICORRUPÇÃO: COMENTÁRIOS À LEI 12.846/2013
© Almedina, 2014

COORDENAÇÃO: Eduardo Cambi e Fábio André Guaragni
DIAGRAMAÇÃO: Almedina
DESIGN DE CAPA: FBA
ISBN: 978-856-31-8269-2

Dados Internacionais de Catalogação na Publicação (CIP)
(Câmara Brasileira do Livro, SP, Brasil)

---

Lei anticorrupção: comentários à Lei 12.846/2013
coordenação Eduardo Cambi, Fábio André Guaragni;
organização Mateus Eduardo Siqueira
Nunes Bertoncini. – 1. ed. – São Paulo:
Almedina, 2014.

1. Anticorrupção – Leis e legislação
2. Corrupção administrativa 3. Direito administrativo
4. Responsabilidade administrativa
5. Responsabilidade civil
I. Cambi, Eduardo. II. Guaragni, Fábio André.
III. Bertoncini, Mateus Eduardo Siqueira Nunes.

14-07145                                          CDU-35(81)(094)

---

Índices para catálogo sistemático:
1. Brasil : Leis : Anticorrupção : Direito
administrativo 35(81)(094)

Este livro segue as regras do novo Acordo Ortográfico da Língua Portuguesa (1990).

Todos os direitos reservados. Nenhuma parte deste livro, protegido por copyright, pode ser reproduzida, armazenada ou transmitida de alguma forma ou por algum meio, seja eletrônico ou mecânico, inclusive fotocópia, gravação ou qualquer sistema de armazenagem de informações, sem a permissão expressa e por escrito da editora.

Julho, 2014

EDITORA: Almedina Brasil
Rua Maria Paula, 122, Cj. 207/209 | Bela Vista | 01319-000 São Paulo | Brasil
editora@almedina.com.br
www.almedina.com.br

# OS AUTORES

**CLÁUDIO SMIRNE DINIZ**
Promotor de Justiça em Curitiba-PR. Doutor em Direito pela PUC-PR. Professor de Direito Administrativo.

**EDUARDO CAMBI**
Promotor de Justiça no Estado do Paraná. Assessor da Procuradoria Geral de Justiça do Paraná. Coordenador estadual do Movimento Paraná Sem Corrupção. Coordenador Estadual da Comissão de Prevenção e Controle Social da Rede de Controle da Gestão Pública do Paraná. Assessor de Pesquisa e Política Institucional da Secretaria de Reforma do Judiciário do Ministério da Justiça. Representante da Secretaria de Reforma do Judiciário na Estratégia Nacional de Combate à Corrupção e à Lavagem de Dinheiro (ENCCLA). Coordenador do Grupo de Trabalho de Combate à Corrupção, Transparência e Controle Social da Comissão de Direitos Fundamentais do Conselho Nacional do Ministério Público (CNMP). Pós-doutor em direito pela Università degli Studi di Pavia. Doutor e mestre em Direito pela UFPR. Professor da Universidade Estadual do Norte do Paraná (UENP) e da Universidade Paranaense (UNIPAR).

**FÁBIO ANDRÉ GUARAGNI**
Promotor de Justiça no Estado do Paraná. Doutor e Mestre em Direitos das Relações Sociais pela UFPR. Pós-Doutor pela Università degli Studi di Milano. Professor de Direito Penal e Direito Penal Econômico do UNICURITIBA (Mestrado, Especialização e Graduação), da FEMPAR – Fundação Escola do Ministério Público do Paraná e da EMAP – Escola da Magistratura do Paraná. Professor de Direito Penal do CEJUR e LFG-Anhanguera (Especialização).

### LEANDRO GARCIA ALGARTE ASSUNÇÃO

Membro do Ministério Público do Estado do Paraná, atualmente atuando em Curitiba. Possui especialização em Ciências Penais (Pós-graduação *lato sensu*), com formação para o Magistério Superior, pelo Programa de Pós-Graduação em Direito da Universidade Anhanguera-UNIDERP. Mestre em Direito do Estado pelo Programa de Pós-Graduação em Direito da Universidade Federal do Paraná (UFPR). Pesquisador do Grupo de Pesquisas Modernas Tendências do Sistema Criminal (linha de investigação: Sistema penal e filosofia da linguagem). Pesquisador do Núcleo de Pesquisa Fundamentos do Direito, da UFPR. Pesquisador do Núcleo de Pesquisa Constitucionalismo e Democracia – Filosofia e Dogmática, da UFPR.

### MATEUS BERTONCINI

Procurador de Justiça no Estado do Paraná junto à Procuradoria de Justiça Cível especializada na defesa do patrimônio público. Membro do Conselho Superior do Ministério Público. Doutor e Mestre em Direito do Estado pela Universidade Federal do Paraná – UFPR. Pós-Doutor em Direito pela Universidade Federal de Santa Catarina – UFSC. Professor do Programa de Mestrado em Direito do Centro Universitário Curitiba – UNICURITIBA. Líder do Grupo de Pesquisa "Ética, direitos fundamentais e responsabilidade social". Professor de Direito Administrativo da Fundação Escola do Ministério Público – FEMPAR. Autor de artigos e obras jurídicas, tais como Princípios de Direito Administrativo, Malheiros Editores, Ato de Improbidade Administrativa, RT, Estudos sobre Improbidade Administrativa, Jus Podium, Improbidade Eleitoral, Editora Clássica, Improbidade no Estatuto da Cidade, Editora Clássica.

### MAURO SÉRGIO ROCHA

Promotor de Justiça no Estado do Paraná. Doutor em Direito pela Universidade Federal do Paraná. Mestre em Direito pela Universidade Estadual de Maringá. Professor de Direito Processual Civil da Fundação Escola do Ministério Público do Paraná – Fempar; da Academia Brasileira de Direito Constitucional – ABD-Const; e do Centro de Estudos Jurídicos do Paraná (Cejur).

### RODRIGO RÉGNIER CHEMIM GUIMARÃES

Procurador de Justiça no Estado do Paraná. Mestre e doutorando em Direito das Relações Sociais pela UFPR. Coordenador do Curso de Pós-Graduação em Direito Penal e Processual Penal do Unicuritiba. Professor de Direito Processual Penal do Unicuritiba – Centro Universitário Curitiba, da FAE – Centro Universitário Franciscano e da FEMPAR, EMAP e CEJUR.

# PREFÁCIO

Certamente que se trata de tarefa das mais árduas e, a um só tempo, das mais instigantes, lançar-se o estudioso do Direito às primeiras perquirições exegéticas acerca de documento legislativo recém-lançado, quando, portanto, ainda não pode contar com o conforto proporcionado por anterior acervo doutrinário e jurisprudencial sobre o tema a ser explorado.

Tal foi o desafio a que se propuseram sete destacados integrantes do Ministério Público do Estado do Paraná, os quais, com seu engenho coletivo, agora entregam à comunidade jurídica virtuosas reflexões a respeito da recente Lei nº 12.846/13, a chamada "Lei Anticorrupção", que desponta como verdadeiro marco regulatório ético nas relações entre as pessoas jurídicas e a administração pública.

Assim é que os promotores Cláudio Smirne, Eduardo Cambi, Fábio Guaragni, Leandro Algarte e Mauro Rocha, juntamente com os procuradores de Justiça Mateus Bertoncini e Rodrigo Chemim, empreendem vigorosa análise do novel diploma.

Dispondo sobre a responsabilização administrativa e judicial de empresas, fundações, associações e mesmo sociedades estrangeiras, e tendo por eixo a culpa objetiva, a Lei Anticorrupção acena com a possibilidade de graves sanções, como no âmbito da multa administrativa, cujo montante, em situação excepcionalíssima, pode chegar a R$ 60.000.000,00 (sessenta milhões) de reais, sem prejuízo da integral reparação do dano na seara judicial. Desperta a atenção, por igual, a previsão da celebração de "acordo de leniência" com a empresa implicada, bem como a criação de cadastros nacionais de empresas punidas (CNEP) e de empresas inidôneas e suspensas (CEIS). O Ministério Público, mercê de sua acumulada experiência no domínio das ações civis públicas, exsurge como um dos legitimados à propositura de medidas judiciais. Trata-se, enfim, de novo estatuto normativo que, sob a mesma matriz legitimadora do art. 37 da Constituição Federal, dialogará com a legislação afeta à improbidade administrativa, às licitações e ao regime diferenciado de contratações públicas.

Percebe-se, então, a grande valia de que se reveste o trabalho doutrinário ora apresentado, notadamente porque seus autores, debruçando-se sobre todos os trinta e um artigos da mencionada lei, fazem desde logo externar sólida opinião sobre cada um deles, em pioneiro e louvável contributo para outros estudos que advirão.

Por fim, e agora como admirador da instituição a que orgulhosamente pertenci por quase três décadas, mais me convenço da grandeza do *Parquet* araucariano, do que nos dá mostra esta alentada obra.

Brasília-DF, junho de 2014.

SÉRGIO LUÍZ KUKINA
Ministro do STJ

## APRESENTAÇÃO

O Projeto de Lei n º 6.826/2010, encaminhado pela Chefia do Poder Executivo Federal para a Câmara dos Deputados, em 2010, dispondo *"sobre a responsabilização administrativa e civil de pessoas jurídicas pela prática de atos contra a administração pública, nacional ou estrangeira"*, era muito aguardado pela comunidade jurídica.

Tal expectativa era alimentada desde a assinatura, pelo Brasil, da Convenção das Nações Unidas contra a Corrupção, na cidade de Mérida, no México, em 15 de dezembro de 2003.

O Projeto tramitava lentamente no Congresso Nacional quando, em junho de 2013, em meio à realização da Copa das Confederações, organizada pela FIFA, como evento teste para a Copa do Mundo de Futebol de 2014, precipitaram protestos populares por todo o país. Dentre as reinvindicações, o povo enalteceu o combate à corrupção. Uma das bandeiras desse movimento foi a luta contra a Proposta de Emenda Constitucional 37 que retirava do Ministério Público os poderes de investigação criminais.

O apoio popular contra a tentativa de restringir a atuação do Ministério Público na investigação e na repressão à criminalidade organizada uniu, rapidamente, diversos setores da sociedade civil (imprensa, entidades de classe, religiosas, sindicatos etc). O Ministério Público, em todo o país, realizou uma grande campanha de esclarecimento popular e pediu a derrubada da PEC da Impunidade.

O Congresso Nacional, pressionado pela força da opinião pública, foi constrangido a tomar medidas eficientes de combate à corrupção. Rapidamente, rejeitou, por imensa maioria, a PEC 37 e aprovou outros projetos importantes como o PLC nº 6.826/2010.

Encaminhado à Presidência da República, tal Projeto foi convertido na Lei 12.846, promulgada em 1º de agosto de 2013 e publicada no dia seguinte.

Contendo 31 artigos, a Lei 12.846/2013 logo foi batizada como Lei Anticorrupção, pois, ao enfatizar a responsabilização administrativa e civil das pessoas jurídicas pela prática de atos contra a administração pública nacional ou estrangeira, passa a ser um instrumento jurídico importante para atingir os *corruptores*, isto é, todos aqueles que se beneficiam das práticas lesivas ao patrimônio público, em especial as pessoas jurídicas.

A Lei 12.846/2013, por força de seu artigo 30, constrói o *microssistema de combate à corrupção*, integrado por outras importantes leis, como a Lei 8.429/92 (Lei de Improbidade Administrativa), a Lei 8.666/93 (Lei de Licitações) e a Lei 12.462/2011, que instituiu o Regime Diferenciado de Contratações Públicas.

Ao ser promulgada e publicada, a Lei Anticorrupção trouxe diversos desafios à comunidade jurídica e esperanças à sociedade brasileira.

Compreender o seu significado, buscar o seu alcance, saber as suas limitações e construir formas de interpretação para que prevaleça a sua máxima efetividade são questões que devem acompanhar os operadores da justiça na concretização da Lei 12.846/2013.

Ainda no período de *vacatio legis*, o Ministério Público do Estado do Paraná organizou diversos eventos para estudar a nova lei. Reuniu profissionais de vários segmentos (Ministério Público, advocacia pública e privada, controladoria geral do Estado, Tribunal de Contas, Receita Federal, entre outros) para discutir a Lei 12.846/2013.

No decorrer desses debates, surgiu a ideia de organizar esta obra que reúne as primeiras impressões sobre a Lei Anticorrupção. Sistematizado na forma de comentários, artigo por artigo, este livro procura contribuir com a interpretação e a aplicação da Lei 12.846/2013 no contexto do *microssistema de combate à corrupção*.

As leis bem elaboradas deixam de ser boas quando são mal aplicadas. Aliás, nas palavras de Montesquieu, *"Quando vou a um país, não examino se há boas leis, mas se as que lá existem são executadas, pois boas leis há por toda a parte"*.

A Lei 12.846/2013 traz importantes instrumentos para combater a sistêmica corrupção brasileira. Entretanto, para sua máxima efetividade, é indispensável que os operadores da justiça possam conhecer todas as suas potencialidades.

Esse livro foi escrito por sete autores, todos integrantes do Ministério Público do Estado do Paraná, que fizeram seus comentários sobre uma parte da lei. É necessário advertir que, em razão das novidades trazidas, cada autor trouxe a sua contribuição, quanto aos artigos comentados, sem prejuízo de opiniões divergentes que podem ser encontradas no curso da obra.

Uma das funções da literatura é a formação do ser humano. Antônio Cândido explica que *"a literatura não corrompe nem edifica, mas humaniza em sentido profundo, porque faz viver"*.

Por trás das técnicas jurídicas, o livro expressa o sentimento dos autores de interagir com a realidade brasileira contemporânea. Buscar meios de efetivação da Nova Lei Anticorrupção é também sonhar com um país melhor e mais justo.

Transformações sociais dependem das mudanças culturais. Tais alterações decorrem do processo permanente da formação do cidadão. Boas leis podem contribuir para melhorar o país se forem acompanhadas do compromisso ético com os valores humanos e sociais.

A corrupção é um dos grandes males que atingem o Brasil, desde a sua formação colonial, desviando recursos públicos indispensáveis à promoção de direitos fundamentais e à concretização de políticas públicas. A correta aplicação da Lei 12.846/2013, a partir da sua compreensão pela iniciativa privada, passando pela sua observância pelo setor público e chegando na sua consolidação pela jurisprudência pátria, poderá ser medida no curso da história brasileira. O futuro pode nos reservar surpresas positivas, prevenindo a dilapidação do patrimônio público e repreendendo, com rigor, corruptos e corruptores.

Curitiba, inverno de 2014.

FÁBIO ANDRÉ GUARAGNI
EDUARDO AUGUSTO SALOMÃO CAMBI

# Introdução

*Eduardo Cambi*

## 1. Corrupção sistêmica no Brasil

O Brasil, conforme a ONG Transparência Internacional, é um dos países mais corruptos do mundo. Estima-se que até R$ 130 bilhões são desviados todos os anos com a corrupção. Isto corresponde a cerca de 2,3% do PIB nacional. É tanto dinheiro que, neste montante, caberia 21,6 vezes o orçamento anual da cidade de Curitiba (estimado, para 2013, em R$ 6 bilhões), que é a oitava cidade mais populosa do país.

A corrupção atrasa o desenvolvimento econômico e social. Restringe a vontade soberana do povo[1]. Apropria a coisa pública para a realização de interesses privados. Gera promiscuidade entre o poder político e o poder econômico. Concentra renda. Ressalta privilégios e desigualdades. Impede a universalização de políticas públicas e a concretização de direitos fundamentais. Destrói a cidadania. Enfraquece a democracia.

A corrupção no Brasil é sistêmica, porque está enraizada na formação oligárquica do Estado patrimonialista. Para romper o conformismo histórico, o país precisa investir na construção de instituições e de culturas republicanas.

A débil identidade entre os eleitores e seus representantes políticos, a falta de transparência governamental e de acesso do cidadão à informação, o excesso de burocracia estatal e a baixa efetividade das políticas sociais afetam a confiança das instituições e a legitimidade da ordem democrática.

---

[1] CAMBI, Eduardo. A corrupção que atrasa o país. *Jornal Gazeta do Povo*, 06.12.2013, pág. 02.

É a legitimidade que permite que as autoridades públicas exerçam seus mandatos com autoridade, mínimo de coerção e eficiência[2]. Em contrapartida, quando essa legitimidade não existe, a autoridade somente pode ser exercida pelo autoritarismo e pela violência, fazendo uso da corrupção para a cooptação de aliados e eleitores. Os regimes autoritários tem uma tendência ao autoritarismo, uma vez que buscam cercear a liberdade de imprensa, a autonomia do Poder Judiciário, a independência do Ministério Público e o funcionamento livre das oposições.

O combate à corrupção deve ser uma política de Estado, centrada na construção de sistemas de integridade que envolva a ampla participação da sociedade civil, tanto na criação de novos espaços cívicos de fiscalização, quanto no aperfeiçoamento das instituições de controle e de representação.

Afinal, a corrupção surge como resultado realista das promessas não cumpridas pela democracia: a apatia dos cidadãos, a ausência de transparência da Administração Pública, a burocratização das decisões e a complexidade da vida moderna tornam incertos os controles democráticos[3].

O Brasil precisa enfrentar o paradoxo de ser a oitava maior economia do mundo, mas ainda possuir baixos índices de desenvolvimento humano. Justiça social não convive com impunidade. São os recursos públicos, pagos pelos contribuintes, que, desviados pelos esquemas de corrupção, faltam para a ampliação dos investimentos em saúde, educação, segurança e infraestrutura. Além disso, a oportunidade da corrupção se transforma em mais corrupção, quando há impunidade.

A propósito, entre 2001 e 2011, a Federação das Indústrias de São Paulo (FIESP) estimou que foram desviados dos cofres públicos brasileiros 720 bilhões de reais[4]. No mesmo período, a Controladoria Geral da União (CGU) fez auditorias em 15.000 contratos da União com Estados, Municípios e Organizações Não Governamentais (ONG's), tendo encontrado irregularidades em 80% deles. Nestes contratos, a CGU flagrou desvios

---

[2] SCHWARTZMAN, Simon. Coesão social, democracia e corrupção. São Paulo/Santiago de Chile: iFHC/CIEPLAN, 2008. Pág. 09.

[3] GUIMARÃES, Juarez. Sociedade civil e corrupção: Crítica à razão liberal. In: *Corrupção e sistema político no Brasil*. Orgs. Leonardo Avritzer e Fernando Filgueiras. Rio de Janeiro: Civilização Brasileira, 2011. Pág. 86.

[4] LOPES, Paula; NISTAL, Tarima. A vingança contra os corruptos. *Revista Veja*, n. 43, ano 44, 26 de outubro de 2011, pág. 80.

de 7 bilhões de reais, sendo que a União conseguiu recuperar pouco mais de 500 milhões de reais. Ainda, um exame dos processos por corrupção, realizado pela CGU, apontou que a probabilidade de um funcionário corrupto ser punido por corrupção é menor que 5% e a de cumprir pena de prisão é quase zero.

Além disso, pesquisa realizada pela FIESP afirma que o custo médio da corrupção no Brasil representa 1,38% a 2,3% do Produto Interno Bruto (PIB), o que representa cerca de R$ 41,5 bilhões a R$ 69,1 bilhões. Entre 1990 e 2008, o PIB *per capta* no Brasil foi de U$ 7.954[5]. Porém, caso o Brasil estivesse entre os países menos corruptos do mundo, esse valor poderia subir para U$ 9.184, o que significaria um aumento de 15,5%, no período, ou o equivalente a 1,36% ao ano.

Com o dinheiro desviado pela corrupção, o Brasil poderia proporcionar um desenvolvimento extraordinário. A mesma pesquisa da FIESP exemplifica[6]: a) Educação: o número de matriculados na rede pública de ensino fundamental subiria de 34,5 milhões para 51 milhões de alunos, o que representaria um aumento de 47%, uma vez que mais de 16 milhões de jovens e crianças seriam incluídos; b) Saúde: o número de leitos para internação nos hospitais públicos que atendem ao Sistema Único de Saúde poderia crescer 89%, permitindo que 327.012 leitos fossem construídos; c) Habitação: 2.940.371 famílias poderiam ser atendidas, elevando as metas do PAC (de 3.960.000) em 74,3%; d) Saneamento: o serviço poderia crescer 103,8%, para acrescentar mais 23.347.547 casas com esgotos, o que diminuiria os riscos de saúde da população e a mortalidade infantil; e) Infraestrutura: poderiam ser construídas mais 13.230 Km de estradas de ferro, para o escoamento da produção, melhorando o sistema ferroviário em 525%, ou serem construídos 277 novos aeroportos, o que representaria um crescimento de 1383%, ou mais 172 novos portos, o que representaria um incremento de 1537%.

Ao lado do combate à corrupção, está a necessidade de aperfeiçoar os mecanismos de eficiência do Estado. Isso porque o desenvolvimento lento das políticas públicas não está associado apenas ao desvio de recursos públicos, mas também a não conclusão de projetos para os quais há a

---

[5] file:///C:/Users/eascambi/Downloads/custo-economico-da-corrupcao-final.pdf. Acesso em 07 de abril de 2014.

[6] Idem.

previsão orçamentária. Por exemplo, o Programa de Aceleração do Crescimento (PAC) 2, anunciado em 29 de março de 2010, até dezembro de 2013 havia concluído apenas 12% dos empreendimentos previstos[7]. Na saúde, das 24.006 obras de iniciativa do Ministério e da FUNASA apenas 2.547 (11%) ficaram prontas. Isto significa que, das 15.652 Unidades Básicas de Saúde previstas somente 1.404 (9%) foram concluídas; das 503 Unidades de Pronto Atendimento planejadas, só 14 foram terminadas; das 7.911 iniciativas em saneamento e recursos hídricos, só 1.129 (14%) foram finalizadas. Na Educação, das 5.257 creches e pré-escolas previstas no PAC 2 apenas 223 foram entregues à sociedade; das 9.158 quadras esportivas até o final de 2013 somente 481 tinham sido concluídas; nenhum dos 285 centros de iniciação ao esporte ficou pronto. Nos transportes, de cada três obras em rodovias, apenas uma foi terminada; das 48 intervenções em ferrovias, só 12 chegaram ao fim; e, dos 106 empreendimentos em aeroportos, quase 70%, em dezembro de 2013, ainda estavam em fases burocráticas.

## 2. Questões fundamentais para a redução do fenômeno da corrupção no Brasil

Para reduzir a corrupção no Brasil, elevar a confiança nas instituições democráticas e economizar recursos públicos para a realização de novos investimentos, é inadiável enfrentar algumas questões fundamentais.

### 2.1. A proibição do financiamento de campanhas políticas por pessoas jurídicas

Esta questão central para a reforma política brasileira está sendo objeto de Campanha do Movimento de Combate à Corrupção Eleitoral para a edição de lei de iniciativa popular, nos mesmos moldes da Lei do Ficha Limpa (Lei Complementar 135/2010). O cidadão pode aderir pelo sítio: www.eleicoeslimpas.org.br. Tal projeto veda o financiamento eleitoral por pessoas jurídicas e fixa em até R$ 700,00 o valor máximo de doação por pessoas físicas.

Ainda, o Projeto de Lei 6077/2013, de autoria do Deputado Federal Domingos Dutra (PT/MA), em tramitação lenta na Câmara dos Depu-

---

[7] BRANCO, Gil Castello. O PAC 3 e as eleições. Jornal *O Globo*, Rio de Janeiro, 15.04.2014, pág. 02.

tados, além de vedar a partido e candidato receber direta ou indiretamente doação procedente de pessoa jurídica (busca a alteração do artigo 24 da Lei 9.504/1997), também fixa a contribuição máxima de pessoas físicas em mil UFIR (modificando a redação do artigo 23, §1º, inc. I, da Lei 9.504/1997).

A matéria é objeto da Ação Direta de Inconstitucionalidade n. 4650, ajuizada pelo Conselho Federal da Ordem dos Advogados do Brasil, no Supremo Tribunal Federal, cuja maioria já se pronunciou pela vedação de financiamento eleitoral privado, mas, até o término deste texto, ainda não havia julgamento definitivo.

Em 11 de dezembro de 2013, o Ministro Luiz Fux, da ADI 4650, julgou procedente o pleito para: declarar a inconstitucionalidade parcial sem redução de texto do art. 24 da Lei 9.504/1997, na parte em que autoriza, a contrario sensu, a doação por pessoas jurídicas a campanhas eleitorais, com eficácia ex tunc, salvaguardadas as situações concretas consolidadas até o presente momento, e declarar a inconstitucionalidade do art. 24, parágrafo único, e do art. 81, caput e § 1º, da Lei 9.507/1994, também com eficácia ex tunc, salvaguardadas as situações concretas consolidadas até o momento. Declarar, ainda, a inconstitucionalidade parcial sem redução de texto do art. 31 da Lei 9.096/1995, na parte em que autoriza, a contrario sensu, a realização de doações por pessoas jurídicas a partidos políticos, e declarar a inconstitucionalidade das expressões "ou pessoa jurídica", constante no art. 38, III, e "e jurídicas", inserta no art. 39, caput e § 5º, todos da Lei 9.096/1995, com eficácia ex tunc, salvaguardadas as situações concretas consolidadas até o presente momento. Da mesma forma, votou pela declaração de inconstitucionalidade, sem pronúncia de nulidade, do art. 23, § 1º, I e II, da Lei 9.504/1997, e do art. 39, § 5º, da Lei 9.096/1995, com exceção da expressão "e jurídicas", devidamente examinada no tópico relativo à doação por pessoas jurídicas, com a manutenção da eficácia dos aludidos preceitos pelo prazo de 24 meses. Recomendou ao Congresso Nacional a edição de um novo marco normativo de financiamento de campanhas, dentro do prazo razoável de 24 meses, observados os seguintes parâmetros: a) o limite a ser fixado para doações a campanha eleitoral ou a partidos políticos por pessoa natural, deverá ser uniforme e em patamares que não comprometam a igualdade de oportunidades entre os candidatos nas eleições; b) idêntica orientação deverá nortear a atividade legiferante na regulamentação para o uso de recursos próprios pelos candidatos; e c) em caso de não elaboração da norma pelo Congresso Nacional, no prazo de 18 meses, será outorgado ao TSE a competência para regular, em bases excepcionais, a matéria[8].

É grave constatar que, com dados comparativos, as campanhas eleitorais estão se tornando cada vez mais onerosas. Por exemplo, nas eleições de 2002, os candidatos gastaram, no total, cerca de R$ 798 milhões. Em 2012, os valores ultrapassaram R$ 4,5 bilhões, montante mais de seis vezes maior[9].

Entre as eleições de 2002 e a de 2012, houve um crescimento de 471% dos gastos em campanhas eleitorais. O valor gasto *per capta* no Brasil, com campanhas eleitorais, supera países como França, Alemanha e Reino Unido, e, como proporção do Produto Interno Bruto (PIB), é maior que os Estados Unidos[10].

O incremento dos custos das campanhas eleitorais é resultado de uma combinação de, pelo menos, dois fatores[11]. De um lado, houve o aumento da competição eleitoral, baseada na mudança nos padrões organizacionais dos partidos políticos, que deixaram de ser partidos de massas (fundados em sólidas ideologias) capazes de cativar eleitores fiéis e militantes dispostos à cotização financeira. De outro lado, o desenvolvimento técnico de sondagens de opinião pública, recursos de propaganda eleitoral e tecnologia dos meios de comunicação, que elevaram sensivelmente os custos para o desenvolvimento de campanhas partidárias competitivas.

A necessidade de aumentar a arrecadação financeira para o desenvolvimento dessas campanhas eleitorais faz com que partidos e candidatos busquem recursos cada vez mais em setores empresariais dependentes de decisões governamentais, como bancos e construção civil. Isto gera o *ciclo da corrupção*: iniciada com a elevação dos custos

---

[8] Conferir Informativo STF, de 9 a 13 de dezembro de 2013, nº 732.

[9] Dados obtidos por meio das bases de dados do Tribunal Superior Eleitoral e do website "Às Claras". Disponível em <http://www.tse.jus.br/eleicoes/eleicoes-anteriores/eleicoes-2010/eleicoes-2010/estatisticas> e <http://www.asclaras.org.br/>. Acesso em 29 ago. 2013.

[10] Argumento exposto pelo Min. Luiz Fux, no julgamento da ADI 4650, em 11 de dezembro de 2013.

[11] MARENCO, André. Financiamento de campanhas eleitorais. In: *Corrupção. Ensaios e críticas*. Coord. Leonardo Avritzer *et ali*. Belo Horizonte: Humanitas, 2012. Pág. 321-322.

das campanhas eleitorais, passando pelo aumento de arrecadação financeira e terminando com o tratamento privilegiado aos investidores eleitorais nas decisões sobre fundos e políticas públicas. Os financiadores privados estão interessados no retorno de seus investimentos, seja sob a forma de acesso a recursos públicos seja pelo tratamento privilegiado em licitações, contratos ou regulamentação pública[12].

Mais de 90% dos recursos arrecadados com doações eleitorais são provenientes de pessoas jurídicas e a maior parte dos recursos é proveniente de um grupo pequeno de empresas (*v.g.*, construtoras e bancos). Nas eleições de 2010, 1% dos doadores (191 pessoas jurídicas), representaram 61% do valor total das doações[13]. Por outro lado, pelos dados da campanha eleitoral da Presidenta Dilma Rousseff, percebe-se que 97,9% das doações foram realizadas por pessoas jurídicas e apenas 2,1% por pessoas naturais.

Pode-se constatar que, apesar das pessoas jurídicas não poderem exercer direitos políticos, a sua influência nas campanhas é o que define as eleições, não a mobilização dos eleitores que são os titulares do direito ao voto.

Tal constatação é gravíssima porque representa a negação da cidadania. O exercício da soberania popular está assentado na concepção de que todos os cidadãos (pessoas físicas) – únicos sujeitos capazes de exercer o direito ao voto – podem influenciar, com seu voto, de modo igual, no processo de escolha política (uma pessoa, um voto), independentemente de sua condição econômica (ricos ou pobres), credo, raça ou orientação sexual[14].

A democracia não pode ser concebida como uma forma de poder político como outra qualquer. Pela visão cínica, a política não passa de uma disputa entre grupos poderosos que manipulam a opinião pública conforme os seus interesses[15]. No entanto, a forma mais adequada de com-

---

[12] Idem. Pág. 321.

[13] Cfr. *A responsabilidade das empresas no processo eleitoral*. Publicação patrocinada pelo Instituto Ethos de Empresas e Responsabilidade Social e Transparency International. Edição 2012. Pág. 34. http://www3.ethos.org.br/cedoc/a-responsabilidade-das-empresas-no-processo-eleitoral/#.U0RIjvldWSo Acesso em 08 de abril de 2014.

[14] Argumento trazido pelo Min. Dias Toffoli, no julgamento da ADI 4650, em 11 de dezembro de 2013, e publicado no Informativo do STF nº 732.

[15] SCHWARTZMAN, Simon. Coesão social, democracia e corrupção. Cit. Pág. 09.

preender a democracia é considera-la um sistema que formaliza, regula e legitima o exercício do poder, protege as minorias e assegura os direitos de participação de todos nas disputas eleitorais.

Admitir que as pessoas jurídicas possam financiar o processo eleitoral viola a soberania popular. O financiamento privado das campanhas eleitorais representa a influência do poder econômico sobre a vontade do eleitor, gera desequilíbrio no processo eleitoral e quebra o princípio da igualdade jurídica.

Ademais, como no Brasil poucas empresas são os grandes financiadores das campanhas eleitorais, os políticos acabam tendo uma relação muito próxima com aqueles que lhes dão dinheiro[16]. Os investidores de campanhas pretendem desenvolvem um longo relacionamento com políticos que têm potencial eleitoral e acabam por serem "patrocinadores" de suas carreiras políticas. Tais relacionamentos pressupõem confiança e reciprocidade. Como os investidores não se importam se o político é honesto ou não, desde que defendam os seus interesses privados, não investem naqueles políticos que não lhe dêem retornos políticos e/ou econômicos. Não estão interessados em dar ao político um *free ride* (isto é, um mandato desvinculado de compromissos políticos e econômicos) e, como as campanhas eleitorais custam muito caro, os políticos não podem deixar de serem fiéis aos seus grandes investidores, sob pena de não se reelegerem. Com isto o *ciclo da corrupção* permanece enquanto forem preservados os interesses privados dos financiadores e mantido o mandato pelos políticos financiados.

Afinal, se o processo eleitoral depende da arrecadação de recursos privados de campanha por partidos e candidatos, é quase inevitável a existência de conluios entre estes e os grupos financeiros e empresariais, o que acaba trazendo benefícios tangíveis para os financiadores, como a concessão de privilégios e alocação de recursos públicos, em detrimento dos investimentos necessários à promoção de direitos fundamentais sociais de interesse da população ou com o encarecimento dos valores pagos pelo erário.

---

[16] PEREIRA, Carlos; RENNÓ, Lucio R.; SAMUELS, David J. Corruption, campaign finance and reelection. In: *Corruption and democracy in Brazil. The struggle for accountability*. Coord. Timothy J. Power e Matthew M. Taylor. Indiana: University of Notre Dame Press, 2011. Pág. 83.

Portanto, o exercício da democracia depende do bom funcionamento dos sistemas partidário e eleitoral, para que os partidos políticos e os candidatos eleitos funcionem como mecanismo de administração e negociação de conflitos e de disputas, de modo a preservar o princípio da representatividade e servirem como forma de legitimação do exercício do poder.

## 2.2. Tornar hediondo os crimes graves contra a Administração Pública

O Brasil não é o país da impunidade. Possui a quarta maior população carcerária do mundo, atrás apenas dos Estados Unidos, da China e da Rússia. O país encerrou o ano de 2013 com 548 mil presos.

Pelos dados do InfoPen de 2013 do Ministério da Justiça, 69% dos presos cometeram crimes contra o patrimônio (furto, roubo, extorsão, receptação e estelionato) ou tráfico de drogas.

A maior parte dos presos é constituída por homens (mais de 90%), entre 18 e 24 anos (29,5%). Logo depois vem aqueles com idade entre 25 a 19% (25,3%), seguidos pelo grupo de homens entre 30 e 34 anos (cerca de 19,1%).

No universo de 548 mil presos, no final de 2013, apenas 722 estavam presos pelo crime de corrupção, o que equivale a 0,1% do total de presos do Brasil. Estavam presos no país, por crimes contra a Administração Pública, somente 2.703 pessoas.

Tal número contrasta com os mais de 38 mil presos por furto, delito contra o patrimônio praticado sem violência ou grave ameaça.

Com efeito, os crimes contra a Administração Pública são aqueles crimes elitizados, que, geralmente, abrangem uma camada da população mais escolarizada, com maior poder econômico e político. Por isto, podem ser enquadrados naqueles crimes denominados do *colarinho branco*.

Tais crimes, por desviarem milhões de reais dos cofres públicos, são extremamente graves, na medida em que retiram a possibilidade da proteção dos direitos fundamentais sociais (art. 6º/CF), diminuindo os recursos necessários para investir em políticas públicas indispensáveis ao desenvolvimento nacional.

Tornar os graves crimes contra a Administração Pública hediondo foi a sétima proposta mais bem votada na 1ª Conferência Nacional de Transparência e Controle Social – CONSOCIAL, realizada pela Controladoria Geral da União – CGU.

O aperfeiçoamento da legislação sobre crimes hediondos pode ser um fator de inibição da corrupção, servindo – ao lado de outras medidas patrimoniais (como a ação civil pública de extinção de domínio, a ser analisada abaixo) – para diminuir a sua impunidade.

Se os crimes contra a Administração Pública fossem hediondos, suas penas – independentemente da sua quantidade – começariam a ser cumpridas no regime fechado (por força do art. 2º § 1º da Lei 8072/90) e a progressão para o regime semiaberto deixaria de ser de apenas 1/6 (um sexto) como é hoje e passaria a ser de 2/5, se o apenado for primário, e de 3/5, se reincidente (art. 2º § 2º da Lei 8072/90).

Na Câmara dos Deputados, há vários projetos de lei para modificar a Lei 8072/90 (Lei de Crimes Hediondos), tais como o PLC 5784/2005 que tipifica como hediondo os crimes contra a Administração Pública, cometidos por agentes da Administração Pública, em detrimento dos direitos sociais do artigo 6º da Constituição Federal e em dispositivos do Código Penal.

No Senado Federal, há outros projetos para alterar a Lei de Crimes Hediondos, tais como: a) o Projeto de Lei 5900/2013 que torna hediondos os crimes graves contra o patrimônio público, alterando o artigo 1º da Lei 8.072/90 (Lei de Crimes Hediondos) para prever os delitos de peculato, concussão, excesso de exação, corrupção passiva e ativa como crimes hediondos; b) o PLS 363/2012, para também incluir no rol desses delitos, os crimes de quadrilha, corrupção ativa e passiva, peculato e os crimes contra licitações, quando a prática estiver relacionada com contratos, programas e ações nas áreas da previdência social; c) o PLS 124/2012 que acrescenta ao elenco dos crimes hediondos os atos de improbidade administrativa previstos nos artigos 9º e 10 de lei 8.429/92; d) o PLS 660/2011 para adicionar os tipos penais qualificados de peculato, concussão, corrupção ativa e corrupção passiva.

### 2.3. Aumentar a eficiência dos sistemas policial e judicial

O Estado brasileiro gasta a maior parte dos recursos com segurança pública para combater crimes contra o patrimônio particular. Isto explica porque 49% da população carcerária está presa por estes crimes.

Por outro lado, investe pouco para conter a criminalidade elitizada, possuindo, proporcionalmente, poucos profissionais treinados e habilitados para reprimir crimes contra a Administração Pública.

Dentre as estratégias para diminuir a impunidade da corrupção, o Estado deve facilitar e fortalecer as atividades investigatórias conjuntas entre as polícias e os Ministérios Públicos, a exemplo dos Grupos de Atuação Especial de Combate ao Crime Organizado – GAECOS.

Além disso, é preciso ressaltar o papel do Ministério Público brasileiro no combate à corrupção. Apesar dos avanços obtidos a partir da Constituição Federal de 1988, com o fortalecimento e a independência do Ministério Público, que resultaram na maior repressão à criminalidade elitizada, incluindo os crimes de colarinho branco, e à improbidade administrativa, amplos setores do Congresso Nacional se posicionam contra a instituição. Em 2013, estava pronta para ser aprovada pela Câmara dos Deputados a Proposta de Emenda Constitucional nº 37/2011. Esta PEC pretendia incluir um novo parágrafo ao Artigo 144 da Constituição Federal, que trata da Segurança Pública, que, se aprovada, passaria a ter a seguinte redação: *"A apuração das infrações penais de que tratam os §§ 1º e 4º deste artigo, incumbem privativamente às polícias federal e civis dos Estados e do Distrito Federal, respectivamente"*. A ideia era suprimir o poder de investigação criminal do Ministério Público.

A PEC 37/2011 somente foi rejeitada e arquivada pela Câmara dos Deputados (foram 430 votos contra, apenas 9 a favor e duas abstenções) devido às mobilização populares ocorridas em Junho de 2013. Milhões de brasileiros se organizaram e foram às ruas mostrando sua insatisfação com os governantes, a partir de protestos contra os gastos exorbitantes com a Copa do Mundo de 2014, durante a realização da Copa das Confederações. Dentre os temas das manifestações, foi incluída a pauta do combate à corrupção e, portanto, a rejeição da então denominada PEC da Impunidade.

Entretanto, a vitória do povo brasileiro não foi definitivamente consolidada. Setores políticos contrários à atuação firme e independente do Ministério Público não se deram por vencidos. Neste sentido, está em avançada discussão no Senado Federal a PEC 102/2011 que, na contramão dos argumentos que conduziram à rejeição da PEC 37/2011, propõe retirar do Ministério Público o controle externo da atividade policial[17].

---

[17] http://congressoemfoco.uol.com.br/noticias/senado-discute-nova-versao-da-pec-37/. Acesso em 10 de abril de 2014.

No âmbito judicial, também para reduzir a impunidade, deve racionalizar os foros privilegiados[18], com a criação de varas especializadas para julgar os casos de corrupção e tornar mais célere os procedimentos judiciais[19].

Os Tribunais mal dão conta do foro por prerrogativa de função em matéria penal. Conforme dados de agosto de 2013, 224 (duzentos e vinte e quatro) dos 513 (quinhentos e treze) Deputados Federais e Senadores, respondiam 542 (quinhentos e quarenta e dois) inquéritos e ações penais no Supremo Tribunal Federal[20]. Porém, a grande maioria dos casos penais prescreve sem dar tempo para o STF julgá-los. Isto contribui, gravemente, com a impunidade e ratifica a ideia de que os detentores do poder político, quando cometem crimes, raramente são responsabilizados. Isto porque os Tribunais não possuem estrutura para processarem tais delitos com a devida celeridade.

Para dar mais eficiência ao sistema judiciário, tramitam no Congresso Nacional as Propostas de Emenda Constitucional 470/2005 e 142/2012, visando extinguir ou reduzir apenas para as hipóteses de crimes de res-

---

[18] Na Ação Penal 536, o Min. Luís Roberto Barroso propõe um diálogo institucional entre o STF e o Congresso Nacional sobre o foro por prerrogativa de função. Sustenta que a existência deste foro para diversas autoridades (parlamentares, ministros, governadores e outros) fere o caráter republicano, já que todos os cidadãos são iguais e devem estar sujeitos às mesmas normas. Logo, a desequiparação deve ser medida excepcional e justificada. Além disso, o julgamento em única instância suprime a garantia do duplo grau de jurisdição e confere ao STF o papel de produzir provas e analisar questões de fato, o que não é da natureza das Cortes Supremas. Portanto, sugere que apenas o Presidente e Vice-Presidente da República, os Presidentes do Senado, da Câmara dos Deputados e do STF, além do Procurador-Geral da República, tenham foro especial no STF. As demais autoridades deveriam ser julgadas por uma vara federal de primeiro grau, que poderia ser criada em Brasília. O juiz titular deveria ser escolhido pelo STF e cumprir mandato de quatro anos. De suas decisões, caberia recurso ordinário para o STF ou o STJ, conforme a autoridade. http://www.conjur.com.br/2014-abr-02/luis-roberto-barroso-foro-privilegiado-restrito-autoridades. Acesso em 07 de abril de 2014.

[19] *"O Judiciário também favorece à corrupção quando seus procedimentos tornam excessivamente lentos, formais e dispendiosos, favorecendo os grupos e os setores mais capazes de mobilizar advogados e influências. No caso do Brasil, é praticamente impossível completar um processo judicial, civil ou criminal, contra pessoas que tenham recursos suficientes para impetrar todos os recursos judiciais que a lei permite. O resultado é a sensação de impunidade, que tem efeitos extremamente deletérios em relação à tentativa de reduzir os níveis de corrupção no país"* (Simon Schwartzman. Op. Cit. Pág. 31).

[20] MILITÃO, Eduardo; TORRES, Rodolfo; SARDINHA, Edson. Um congresso na mira do Supremo. *In: Revista Congresso em foco*, agosto/setembro de 2013, ano 2, número 7, pág. 8-27.

ponsabilidade (que só podem ser praticados por agentes políticos) o foro por prerrogativa de função nos crimes comuns.

## 2.4. Aprimorar os instrumentos de integração e fiscalização dos órgãos de controle

Otimizar recursos públicos pela atuação integrada de órgãos de prevenção e repressão da corrupção é um importante fator para assegurar a eficiência do sistema jurídico.

Assim, é importante destacar a Estratégia Nacional de Combate à Corrupção e à Lavagem de Dinheiro (ENCCLA) e incentivar a criação e ou o funcionamento das Redes estaduais de Controle da Gestão Pública.

Também é importante ampliar a interoperabilidade dos bancos de dados e racionalizar os excessos do garantismo.

Neste sentido, deve-se começar pela relativização do sigilo fiscal e bancário dos que recebem recursos públicos, bem como de servidores públicos e seus familiares, quando houver indícios de incompatibilidade entre seu patrimônio e sua renda; atente-se que o STF, em 26 de outubro de 2009, reconheceu a repercussão geral da aplicação do artigo 6º da Lei Complementar 105/2001.

Todavia, até o presente momento, ainda não resolveu se os órgãos fazendários podem receber informações da rede bancária, sem a necessidade de autorização judicial, gerando enorme insegurança jurídica.

## 2.5. Ampliar a fiscalização das entidades do terceiro setor que recebem recursos públicos

A tendência de terceirização dos serviços públicos faz com que entidades do terceiro setor recebam, cada vez mais, recursos públicos. Entretanto, é preciso verificar os custos e a eficiência dessas terceirizações, para se saber se as rígidas regras de aplicação dos recursos públicos estão sendo aplicadas e se tais recursos, efetivamente, estão sendo destinados para atender os interesses públicos.

Dados de 2007 apontavam que o Brasil possuía mais de 300 mil Organizações Não Governamentais[21]. Como é impossível fiscalizar todas elas,

---

[21] PINTO, Celi Regina Jardim. ONGs. In: *Corrupção. Ensaios e críticas*. Coord. Leonardo Avritzer *et ali*. Belo Horizonte: Humanitas, 2012. Pág. 374.

é preciso ter um cuidado especial com as que mais recebem recursos públicos.

## 2.6. Dar maior transparência às renúncias fiscais concedidas, às contrapartidas esperadas e aos resultados alcançados

Renúncias fiscais são formas indiretas de aplicação de recursos públicos. O rígido controle desses valores e se os resultados esperados foram atingidos torna a aplicação do dinheiro público mais eficiente e diminui a possibilidade de corrupção.

## 2.7. Aperfeiçoar os cadastros unificados e obrigar a consulta integrada dos registros de empresas inidôneas/suspensas e de pessoas condenadas por crimes contra a Administração Pública ou por improbidade administrativa, para inibir a participação em licitações ou a contratação pelo poder público, ou, ainda, para evitar a ocupação de cargos/funções públicas

Esses cadastros visam inibir que uma empresa, reconhecidamente inidônea ou suspensa, continue a participar de licitações e a contratar com a Administração Pública.

A consulta obrigatória a esses cadastros evitaria que servidor público punido em uma esfera federativa venha a ocupar cargo efetivo ou em comissão em outro ente da Federação.

## 2.8. Padronizar a nomenclatura dos produtos comprados pela Administração Pública para construir cadastro nacional e confiável de preços públicos, cuja consulta seria obrigatória nos processos licitatórios

Tal medida evitaria que um mesmo produto ou serviço fosse contratado por uma unidade federativa ou por um órgão da Administração Pública, direta ou indireta, por valor superior, gerando economia aos cofres públicos.

## 2.9. Reduzir o número de cargos comissionados

Estima-se que o Brasil possua mais de 90 mil cargos de provimento em comissão, enquanto os Estados Unidos da América – com população bem superior a brasileira (316 milhões de pessoas) – tem cerca de 9.000 cargos em confiança.

O número excessivo desses cargos desvirtua e descumpre a regra do artigo 37, inc. V, da Constituição Federal, a qual afirma que os cargos em comissão devem ser preenchidos por servidores de carreira nos caos, condições e percentuais mínimos previstos em lei, e se destinam apenas às atribuições de direção, chefia e direção.

A violação desta regra constitucional gera a não profissionalização da Administração Pública, permite que cargos em comissão sejam preenchidos com critérios meramente políticos, contribui para a ineficiência do Poder Público e não estimula a meritocracia, própria da realização séria e rigorosa de concursos públicos.

Com efeito, é possível diferenciar uma prática política corrupta, de outra não corrupta, pelo uso indevido de cargos e recursos públicos.

Nesse sentido, para diminuir a utilização abusiva de cargos comissionados no Brasil, o Supremo Tribunal Federal, no Ag.Reg no RE 365.368-SC, considerou que o número de cargos em comissão não pode ser superior ao de cargos efetivos, sob pena de violação do princípio da proporcionalidade.

## 2.10. Reformular os critérios de nomeação dos Ministros do Supremo Tribunal Federal, Superior Tribunal de Justiça e Tribunal de Contas da União, e dos Conselheiros dos Tribunais de Contas

Há várias propostas em discussão, no Parlamento, para evitar a indevida politização dos Tribunais Superiores e das Cortes de Contas. Por exemplo, a fixação de mandatos fixos, como ocorre em Cortes Europeias, ou que a escolha dos membros seja precedida de critérios técnicos, com a consulta ampla de órgãos de classe.

Na Câmara Federal, a Proposta de Emenda Constitucional (PEC) 374/2014, apensada à PEC 262/2008, que institui mandato com duração de 10 anos, vedando a recondução, para Ministros do STF, TCU e Tribunais de Contas dos Estados, bem como modificando o processo de escolha.

Ou ainda a Proposta de Emenda à Constituição nº 44/2012, em tramitação no Senado Federal, pela qual surgindo a vaga, além do cidadão ter entre 35 e 65 anos, notável saber jurídico e reputação ilibada, sejam indicados diretamente pelo Ministério Público, pelo Judiciário e pela Advocacia, por intermédio de seus Conselhos superiores.

Importante ressaltar, também, a Proposta de Emenda Constitucional nº 7/2014 que pretende modificar o § 2º, do artigo 73 da Constituição Federal, para que os Ministros do Tribunal de Contas da União sejam escolhidos mediante concurso público de provas e títulos, anteriormente a sabatina do Senado Federal, sendo a banca julgadora composta por juízes do Superior Tribunal de Justiça. Essa PEC tem o mérito de evitar a *politização* da Corte de Contas, cujo papel no controle externo, voltado para fiscalizar o uso dos recursos públicos, é de extrema relevância. O concurso público, para a investidura no cargo do TCU, tem o sentido de aumentar a eficiência da Corte para melhor proteger os interesses nacionais. A meritocracia na escolha do Ministro também contribui para a maior profissionalização do Poder Público, evitando indicações políticas marcadas pelo "toma lá, dá cá". Com isso, poderia ser aumentado o controle das constantes práticas de corrupção, que desviam recursos públicos cuja falta compromete o desenvolvimento do país.

## 2.11. Excluir a escolha dos Procuradores Gerais de Justiça e do Procurador Geral da República pelo Chefe do Poder Executivo

Tais escolhas pelo Chefe do Poder Executivo Estadual, Distrital ou Federal, ainda que provenientes de listas formuladas pelos respectivos Ministérios Públicos, pode comprometer a autonomia da instituição e a independência funcional do Procurador Geral. É a autoridade máxima do Ministério Público que, por força constitucional e legal, tem atribuição para investigar e processar o Chefe do Poder Executivo.

A não-escolha pelo Chefe do Executivo possibilita menor contaminação política do Ministério Público que é, por força constitucional (art. 127/CF), defensor dos interesses da sociedade e não do governo.

Neste sentido, também há várias propostas de alteração constitucional, tais como a PEC 31/2009, que propõe a alteração do artigo 128, § 3º, da Constituição Federal, para que a escolha do Procurador-Geral seja escolhido, dentre os integrantes da carreira, mediante eleições e na forma da lei respectiva, sendo o mais votado nomeado pelo Chefe do Poder Executivo.

## 2.12. Impedir o uso eleitoral do orçamento público, estipulando critérios rígidos para os repasses de recursos para emendas parlamentares, além de tornar mais abertas e acessíveis as contas públicas

A preocupação com gastos excessivos com emendas parlamentares, bem como a prática do "toma lá, dá cá", presente infelizmente no modelo de presidencialismo de coalisão brasileiro (reproduzido nos demais entes federativos), fez com que a Lei 12.919/2013, que dispõe sobre as diretrizes para a elaboração e execução da Lei Orçamentária de 2014, trouxesse critérios limitadores. Assim, o artigo 52, § 1º, dispõe que as *"emendas individuais ao projeto de lei orçamentária serão aprovadas no limite de 1,2% (um inteiro e dois décimos por cento) da receita corrente líquida prevista no projeto encaminhado pelo Poder Executivo, sendo que a metade deste percentual será destinada a ações e serviços públicos de saúde"*.

Ademais, o compromisso brasileiro com a busca por transparência, participação social, *accountability* e a prevenção e o combate à corrupção percorreu longo caminho histórico. Foi iniciado com a Constituição Federal de 1988, que assegurou o direito fundamental ao acesso às informações de interesse coletivo ou geral (art. 5º, inc. XXXIII), passou pela Lei Complementar nº 101/2000 (Lei de Responsabilidade Fiscal), alterada pela Lei Complementar nº 131/2009 (que exigiu que os entes federativos disponibilizassem, por meio eletrônico e em tempo real, informações pormenorizadas sobre sua execução orçamentária e financeira), e culminou com a Lei 12.257/2012, que regulamentou o artigo 5º, inc. XXXIII, da Constituição Federal.

Aliás, em 09 de junho de 2011, antes mesmo da promulgação da Lei de Acesso à Informação (Lei 12.257/2012), o Supremo Tribunal Federal jugou a Suspensão de Segurança nº 3.902-SP, em que sindicatos e associações de servidores públicos buscavam impedir informações funcionais, em sítio eletrônico oficial, inclusive a remuneração. O STF negou a pretensão dos servidores, fazendo prevalecer o princípio da publicidade administrativa, sobre os direitos fundamentais à privacidade, intimidade e segurança de servidores públicos[22].

---

[22] *"A prevalência do princípio da publicidade administrativa outra coisa não é senão um dos mais altaneiros modos de concretizar a República enquanto forma de governo. Se, por um lado, há um necessário modo republicano de administrar o Estado brasileiro, de outra parte é a cidadania mesma que tem o direito de ver o seu Estado republicanamente administrado. O 'como' se administra a coisa pública a preponderar sobre o 'quem' administra – falaria Norberto Bobbio -, e o fato é que esse modo público de gerir a máquina estatal é elemento conceitual da nossa República. O olho e a pálpebra da nossa fisionomia constitucional republicana"* (STF – SS 3902 AgR/SP – Tribunal Pleno – j. 09.06.2011 – pub. DJe-189 divulg. 30.09.2011 pub. 03.10.2011).

É relevante ainda salientar que, pelo Decreto de 15 de setembro de 2001, foi instituído o Plano de Ação Nacional de Governo Aberto, cuja abrangência está prevista no seu artigo 2º (*"Art. 2.º O Plano de Ação Nacional sobre Governo Aberto contemplará iniciativas, ações, projetos, programas e políticas públicas voltados para: I – o aumento da transparência; II – o aprimoramento da governança pública; III – o acesso às informações públicas; IV – a prevenção e o combate à corrupção; V – a melhoria da prestação de serviços públicos e da eficiência administrativa; e VI – o fortalecimento da integridade pública. Parágrafo único. O Plano de Ação Nacional sobre Governo Aberto deverá contemplar, prioritariamente, a inserção de iniciativas, ações, projetos, programas e políticas públicas inovadoras"*).

Portanto, o potencial da corrupção é muito maior em regimes políticos fechados, em que a distribuição de recursos e de privilégios se dá de forma autocrática e sigilosa[23].

## 2.13. Retirar o poder econômico dos agentes da corrupção

A legislação deve ser aprimorada com a aprovação do projeto de lei que regulamenta a ação civil pública de extinção de domínio (PLC 5.681/2013)[24].

Trata-se de instrumento eficaz para a recuperação de ativos vinculados à prática de ilícitos, com o objetivo de interromper a cadeia de retroalimentação de crimes, como o de lavagem de dinheiro, desarticular financeiramente às organizações criminosas (tornando indisponíveis o dinheiro para o seu financiamento) e combater a corrupção, não apenas com a prisão dos criminosos, mas também com o uso do perdimento dos bens relacionados às condutas ilícitas[25].

---

[23] SCHWARTZMAN, Simon. Op. Cit. Pág. 29.

[24] Tal projeto, dentre outras inovações, permite a avaliação e a alienação antecipadas, com os valores depositados em conta específica, ou a utilização do bem por entidades públicas, preferencialmente nas áreas de educação e segurança (art. 18, § 4º, e §7º). Possibilita, também, a inversão do ônus da prova, quando houver fundadas razões para supor a origem ilícita de bens, direitos, valores, patrimônios e incrementos (art. 7º).

[25] Verificar, dentre outros: VASCONCELOS, André. *Extinção civil do domínio. Perdimento de bens.* Belo Horizonte: Del Rey, 2010; LOPES, Nilza Teixeira. Medidas de combate ao crime organizado: Ação de extinção civil do domínio, uma análise do direito comparado. *Dissertação apresentada no Programa de Pós-Graduação Stricto Sensu em Direito Internacional Econômico da Universidade*

Estima-se que, nos últimos dez anos, o Brasil bloqueou tanto no país quanto no exterior cerca de U$ 3 bilhões, mas, conforme dados do Departamento de Recuperação de Ativos e Cooperação Jurídica Internacional da Secretaria Nacional de Justiça, do Ministério da Justiça, foram efetivamente recuperados apenas R$ 40 milhões, em razão da exigência do trânsito em julgado de sentença penal condenatória ser um grande obstáculo à recuperação desse dinheiro.

Além do trânsito em julgado da sentença penal condenatória ser demorado, o perdimento civil tem a vantagem de pertimir a recuperação de bens, usados ou adquiridos ilicitamente, ainda que a pretensão penal punitiva esteja prescrita ou o acusado tenha morrido. o perdimento civil está previsto no artigo 5o, inc. xlv, da constituição federal, podendo, após a edicação de lei ordinária, atingir o patrimônio adquirido ilicitamente, ainda que o autor dos crimes tenha transferido o produto dos delitos (ressalvado os direitos dos terceiros de boa-fé) ou tenha falecido.

A preocupação com o perdimento civil de bens e a cooperação de ativos são compromissos assumidos pelo Estado brasileiro, contemplados nas Convenções Internacionais das Organizações das Nações Unidas (ONU) de Palermo (Contra o Crime Organizado – 2000) e de Mérida (Contra a Corrupção – 2003), nas Recomendações 3 e 38 do Grupo de Ação Financeira contra a Lavagem de Dinheiro e o Financiamento do Terrorismo (GAFI-FATF), e na Estratégia de Combate à Corrupção e Lavagem de Dinheiro (ENCCLA), da Secretaria Nacional de Justiça, do Ministério da Justiça, nos anos de 2005 e 2010[26].

## 3. Cidadania, corrupção e educação

Na dimensão de uma utopia instigante, capaz de repensar as estruturas do poder, é importante construir uma agenda positiva entre os atores públicos e sociais para priorizar ações estratégicas e construir consensos

---

*Católica de Brasília, como requisito parcial para obtenção do Título de Mestre em Direito Internacional.* Orientação: Prof.ª. Drª. Arinda Fernandes. Brasília-DF, 2012.

[26] CAVALCANTI, José Robalinho. Recuperação de ativos vinculados ao crime fora do processo penal: a ação civil de extinção do domínio. In: *Direito e processo penal na Justiça Federal. Doutrina e jurisprudência*. Coord. Eugênio Pacelli de Oliveira. São Paulo: Atlas, 2011. Pág. 159-160 e 179.

possíveis entorno de medidas eficientes para minorar os efeitos da corrupção no Brasil.

A corrupção é inversamente proporcional ao exercício da cidadania. Quanto maior é a cidadania, menor é a corrupção. Por isso, deve-se apostar no empoderamento do cidadão e no aperfeiçoamento dos controles sociais[27].

Na perspectiva dos direitos civis, José Murilo de Carvalho divide os cidadãos em três classes[28]: **i)** os de primeira classe: os que estão acima da lei, que sempre conseguem defender seus interesses pelo poder do dinheiro e do prestígio social: são invariavelmente brancos, recebem mais de 20 salários mínimos, bem vestidos e com formação universitária; representam 8% da população brasileira; para eles, as leis não existem ou podem ser dobradas; **ii)** os de segunda classe: que nem sempre têm noção exata de seus direitos e quando a têm carecem de meios necessários – como acesso aos órgãos e autoridades competentes, bem como de recursos para custear as demandas judiciais – para fazer valer seus direitos; ganham entre 2 e 20 salários mínimos, representando 63% da população brasileira; para eles, há os Códigos Civil e Penal, mas são aplicados de maneira parcial e incerta; **iii)** os de terceira classe: que é a população marginal das grandes cidades, trabalhadores urbanos e rurais sem carteira assinada, posseiros, empregadas domésticas, biscateiros, camelos, menores abandonados, mendigos; são geralmente pardos ou negros, analfabetos ou com educação fundamental incompleta; possuem renda de até dois salários mínimos e representam 23% da população nacional; eles ignoram seus direitos civis ou têm eles sistematicamente desrespeitados pelos outros cidadãos, pelo governo e pela polícia; não se sentem protegidos pela sociedade e pelas leis; temem o contato com os agentes da lei, pois a sua experiência demonstra que quase sempre isto resulta em prejuízo próprio; muitos optam por desafiar a lei; para eles vale apenas o Código Penal.

---

[27] *"Sem os direitos civis, sobretudo a liberdade de opinião e organização, os direitos políticos, sobretudo o voto, podem existir formalmente mas ficam esvaziados de conteúdo e servem antes para justificar governos do que para representar cidadãos"* (José Murilo de Carvalho. *Cidadania no Brasil. O longo caminho.* 16ª ed. Rio de Janeiro: Civilização Brasileira, 2013. Pág. 10).

[28] Idem. Pág. 216-217.

INTRODUÇÃO

É necessário, pois, reagir contra a causa de todas as desigualdades que é a ausência de uma educação pública de qualidade[29]. Sem educação não há igualdade nem democracia. Tampouco é possível combater a corrupção, compreendida seja na escolha de políticos mais honestos para governar, seja na construção – a longo prazo – de uma cultura individual pautada em princípios éticos.

Aliás, pesquisas de opinião revelam que a maioria dos brasileiros consente ou até mesmo suporta os políticos que pregam o "rouba, mas faz"[30]. Conforme estudo realizado em 2002, 53% dos eleitores, sem educação básica, disseram que poderiam votar em políticos que "roubam, mas fazem". Dentre aqueles que possuem educação básica, 46% votariam nesses políticos. Tais percentuais diminuem para 38%, dentre aqueles que têm o ensino médio, e para 25%, dentre os que têm formação universitária. Muitos dos eleitores deixam de punir políticos que "roubam, mas fazem", desde que eles cumpram suas promessas de satisfazer os interesses pessoais dos votantes. Resultado disto é que grande parte dos políticos não se preocupam com acusações de corrupção, seja porque significativa parcela do eleitorado não pune o *"rouba, mas faz"*, seja porque poucos políticos são, efetivamente, investigados e processados, além de um número, ainda mais reduzido, chegarem a ser finalmente punidos. Logo, conforme apurado por Carlos Pereira, Lucio R. Rennó e David J. Samuels, 61% dos Deputados Federais envolvidos em escândalos de corrupção concorrem à reeleição, contra 75% de Deputados Federais, não implicados em escândalos, que tentam se reeleger[31]. Contudo, os implicados em escândalos de corrupção necessitam gastar mais dinheiro em suas campanhas eleitorais, exigindo maior proximidade com os finan-

---

[29] *"Reaja contra todas as desigualdades; mas, sobretudo, contra a mãe de todas elas: a educação desigual. Veja com horror a cara do futuro do país retratada nas decrépitas escolas de hoje. Veja e reaja. Seja um educacionista: no lugar de quer um país rico para só então fazer a boa escola para todos, queira a boa escola para todos como o caminho de fazer o país rico. Lute para que os filhos dos trabalhadores estudem nas mesmas escolas dos filhos dos patrões. E cada um evolua conforme seu talento, vocação e persistência – não pela sorte lotérica da genética ou da renda dos pais. Lute pelo direito democrático de funcionamento das escolas privadas, e para que um dia elas se tornem desnecessárias, graças à qualidade de toda escola pública"* (Cristovam Buarque. *Reaja*. Rio de Janeiro: Garamond, 2012. Pág. 13).

[30] PEREIRA, Carlos; RENNÓ, Lucio R.; SAMUELS, David J. Corruption, campaign finance and reelection. Cit. Pág. 81.

[31] Idem, pág. 87.

ciadores privados, o que realimenta, ainda mais, o *ciclo da corrupção*. De qualquer modo, os autores da pesquisa apuraram que 42% dos políticos, envolvidos em escândalos de corrupção, mesmos assim, conseguiram se reeleger[32].

O comportamento dos eleitores, e dos cidadãos de um modo geral, pode contribuir significativamente para o *ciclo da corrupção*. Por exemplo, quando se troca o voto pelo recebimento de favores pessoais, promove-se o processo de *privatização da política*[33]. A política democrática deixa de ser o caminho para atender os interesses comuns da sociedade, no presente e no futuro, passando a servir para a satisfação de objetivos individuais, sem grandes preocupações com o conjunto da sociedade ou com o seu futuro[34]. A *privatização da política* conduz o eleitor a votar e o cidadão a agir pelo seu interesse pessoal, sem pensar no país, o que impede a criação das bases sociais indispensáveis para promover as reformas que o Brasil precisa para o seu desenvolvimento humano, político, ético e social.

Logo, não basta reprimir a corrupção; é preciso educar para o exercício da cidadania. Construir, pela educação, cidadãos responsáveis por condutas éticas e sociais é indispensável para promover os valores positivos, tornar as pessoas menos egoístas, mais integradas e participantes do processo político-democrático; enfim, verdadeiras coautoras da construção de um país melhor e mais justo para todos.

Nesse sentido, por exemplo, o Movimento Paraná Sem Corrupção, organizado pelo Ministério Público do Paraná (www.paranasemcor

---

[32] Idem, pág. 91.

[33] BUARQUE, Cristovam. A privatização da política. *Jornal O Globo*, Rio de Janeiro, 22/03/2014, pág. 02.

[34] Há diversas formas de *privatização da política*. Pode ocorrer quando políticos se elegem e se apropriam de recursos públicos. Também acontece quando as políticas são benéficas para determinadas pessoas ou grupos sociais, mas não exige deles a sua contrapartida na construção de um país melhor. Cristovam Buarque (Idem. Ibidem) exemplifica com programas como o PROUNI, o Ciência Sem Fronteiras e o Bolsa Família, que beneficiam pessoas ou grupos sociais, mas que, se fossem exigidos destes beneficiados contrapartidas sociais, poderiam melhor contribuir com o desenvolvimento nacional. É o que também ocorre com a política de redução das tarifas de energia elétrica, sem ganhos de produtividade para o setor. O governo financia as perdas das empresas, criando gastos públicos para atender benefícios privados (fenômeno da *publicização dos custos para atender a privatização dos benefícios*). Esses financiamentos precisam ser pagos com dinheiro público, o que representa sacrifício de outras prioridades, endividamento ou aumento da inflação.

rupcao.org.br), se apresenta como um espaço de articulação entre o Estado e a comunidade. Em 2013, a campanha de educação para o exercício dos deveres e direitos fundamentais chegou a quase um terço de Municípios do Paraná, tendo sido visitadas 150 (cento e cinquenta) escolas e atingidos mais de 42.500 (quarenta e dois mil e quinhentos) alunos paranaenses[35].

Tais esforços mostram que é possível, com atitudes simples, afastar a descrença generalizada e fazer com que todos possam agir contra a corrupção. Sem o fortalecimento das formas de colaboração entre o Estado e a sociedade civil, não acontecerão as reformas institucionais necessárias à construção de sistemas de integridade republicanas. A redução da corrupção sistêmica é, pois, a garantia do nosso desenvolvimento econômico e social.

Entretanto, em um mundo globalizado, em que as informações circulam rapidamente, é preciso também repensar o papel da escola na formação do cidadão.

Albert Einsten alertava que *"não basta ensinar ao homem uma especialidade. Porque se tornará assim uma máquina utilizável, mas não uma personalidade. É necessário que adquira um sentimento, um senso prático daquilo que vale a pena ser empreendido, daquilo que é belo, do que é moralmente correto. A não ser assim, ele se assemelhará, com seus conhecimentos profissionais, mais a um cão ensinado do que a uma criatura harmoniosamente desenvolvida. Deve aprender a*

---

[35] Outro projeto bastante interessante é o do ensino da educação fiscal. Aliás, a segunda proposta mais bem votada na 1ª Conferência Nacional sobre Transparência e Controle Social (CONSOCIAL) concluiu: *"Criar e implantar lei que modifique a Lei de Diretrizes e Bases da Educação Nacional estabelecendo a obrigatoriedade do ensino de educação fiscal abordando os temas: controle social, receitas e despesas da gestão pública, direitos do cidadão e controle da gestão pública, políticas sociais e públicas, transparência, enfrentamento da corrupção, ética, senso crítico, formação do cidadão e gestão participativa das políticas públicas, acesso a dados públicos, direitos humanos, direito constitucional brasileiro, orçamento público, funções do Estado, direitos e deveres, voto consciente, respeito ao patrimônio público e atuação nos conselhos. Dessa forma, a lei alterará as diretrizes nacionais para a educação básica bem como integrará as matrizes curriculares dos cursos de nível superior priorizando os cursos de formação de professores e pedagogia. A lei deverá orientar editoras à produção de material didático sobre o referido tema e incluir a temática em concursos públicos e exames de admissão de estudantes para as Universidades, devendo veicular também um portal sobre esse tema em cooperação com a Secretaria da Fazenda, a Receita Federal do Brasil, CGU e demais controladorias no site do MEC e promover cursos gratuitos para os diversos segmentos da sociedade, bem como para os atores da comunidade escolar, em específico, garantindo a paridade".*

*compreender as motivações dos homens, suas quimeras e suas angústias para determinar com exatidão seu lugar exato em relação a seus próximos e à comunidade"*[36].

Sem educação para o exercício da cidadania o futuro do Brasil continuará condenado pela corrupção. É pela falta de conhecimento ou de exercício efetivo dos deveres e dos direitos fundamentais que a apatia se generaliza, a democracia é enfraquecida, os controles sociais ficam diluídos e o modelo social brasileiro se mantém caracterizado pelo patrimonialismo, pelo individualismo, pela desigualdade e pela injustiça.

Educar para o exercício da cidadania inclui a aproximação da teoria com a prática. As escolas precisam ser espaços democráticos, para poderem discutir as questões de interesse coletivo e agirem para melhorar a sociedade. Para adquirir um comportamento cívico ativo, os alunos precisam do desenvolvimento de competências (conhecimentos, habilidades e atitudes), que os possibilitem a participação na vida pública (*learning by doing*). A vivência da democracia deve começar na própria escola, a partir da escolha de representantes de turma, do incentivo à formação de grêmios estudantis e de diretórios acadêmicos, da participação direta em conselhos escolares ou na eleição dos órgãos de direção. A escola também deve ajudar os alunos a experimentar comportamentos cívicos responsáveis nas atividades extraescolares, com o envolvimento de professores, de educadores, de familiares e da comunidade.

---

[36] Outro projeto bastante interessante é o do ensino da educação fiscal. Aliás, a segunda proposta mais bem votada na 1ª Conferência Nacional sobre Transparência e Controle Social (CONSOCIAL) concluiu: *"Criar e implantar lei que modifique a Lei de Diretrizes e Bases da Educação Nacional estabelecendo a obrigatoriedade do ensino de educação fiscal abordando os temas: controle social, receitas e despesas da gestão pública, direitos do cidadão e controle da gestão pública, políticas sociais e públicas, transparência, enfrentamento da corrupção, ética, senso crítico, formação do cidadão e gestão participativa das políticas públicas, acesso a dados públicos, direitos humanos, direito constitucional brasileiro, orçamento público, funções do Estado, direitos e deveres, voto consciente, respeito ao patrimônio público e atuação nos conselhos. Dessa forma, a lei alterará as diretrizes nacionais para a educação básica bem como integrará as matrizes curriculares dos cursos de nível superior priorizando os cursos de formação de professores e pedagogia. A lei deverá orientar editoras à produção de material didático sobre o referido tema e incluir a temática em concursos públicos e exames de admissão de estudantes para as Universidades, devendo veicular também um portal sobre esse tema em cooperação com a Secretaria da Fazenda, a Receita Federal do Brasil, CGU e demais controladorias no site do MEC e promover cursos gratuitos para os diversos segmentos da sociedade, bem como para os atores da comunidade escolar, em específico, garantindo a paridade".*

## INTRODUÇÃO

Formar cidadãos vai além do ensino do conjunto de valores inerentes a uma comunidade democrática[37]. O processo de aprendizagem deve estar fundado na participação ativa – pelo diálogo, o debate, a tomada de decisões em conjunto – para que a resolução dos problemas da vida em comunidade possa contribuir para a criação de hábitos e virtudes cívicas. Os ideais democráticos devem ser postos em prática para que os valores éticos se fixem na base cultural da sociedade.

A socialização política é um processo de aprendizado acumulativo que, intensificado na infância e na juventude, permite assimilar códigos amplos de normas e crenças que se transmitem de geração em geração. A escola pode não apenas reproduzir a ordem social vigente (marcada pelo individualismo, pelo consumismo, pela separação de classes sociais e pela apatia do cidadão), mas, principalmente, contribuir para melhorar a sociedade, orientando a transição ética e axiológica entre o passado e o futuro.

Para tanto, é necessário capacitar melhor os professores, mas também dar-lhes o reconhecimento financeiro e social necessários para a formação de crianças, jovens e adultos. Ademais, é importante a adoção de estratégias integradas que permitam a repensar as políticas de educação com a comunicação dos sistemas político, econômico e social.

Entretanto, educação para a cidadania, voltada para a promoção da democracia e da coesão social, não termina na escola. Também deve envolver os meios de comunicação de massas[38], a educação familiar, o setor produtivo e os órgãos públicos. Isto porque a cidadania plena e ativa depende da capacidade de apreender durante toda a vida, para ter atitudes voltadas à concretização permanente dos valores éticos.

Sociedades organizadas para o bem comum e para a obtenção de benefícios de longo prazo dependem de comportamentos éticos, em que as pessoas possam confiar uma nas outras[39]. Por outro lado, sociedades

---

[37] VAILLANT, Denise. Educación, socialización y formação de valores cívicos. São Paulo/Santiago de Chile: iFHC/CIEPLAN, 2008. Pág. 14.

[38] Nos regimes democráticos, a imprensa e a opinião pública têm a função essencial de explicitar o que é de interesse geral da sociedade, para buscar colocar limites nas tendências de arbítrio que são frequentes no exercício do poder. Cfr. SCHWARTZMAN, Simon. Coesão social, democracia e corrupção. Cit. Pág. 09.

[39] Simon Swartzman argumenta com a *teoria dos jogos*, trazendo o famoso *dilema dos prisioneiros*: duas pessoas são acusadas de um mesmo crime. Se uma confessar e a outra não, a primeira

voltadas para resultados imediatos e de curto prazo estão baseadas em comportamentos predatórios. Quando há ética e cooperação, há maior respeito às leis, com um mínimo de coerção; é possível a divisão do trabalho, projetos de longa duração e menos ansiedade na vida cotidiana. Em contrapartida, nas sociedades predatórias, a lei é respeitada pela intimidação da força bruta e sempre que possível é burlada.

Porém, não basta qualquer educação para resolver os graves problemas de desigualdade social no Brasil. Para que a ética da cooperação prevaleça sobre os comportamentos predatórios, os meios devem estar disponíveis para todos, a fim de que as normas sociais possam ser aceitas e valorizadas. Simon Swartzman exemplifica[40]: um jovem nascido e criado em uma favela do Rio de Janeiro pode saber que, se ele estudar e trabalhar honestamente, que é o comportamento moral que se espera dos jovens, ele pode ter uma vida mais longa e melhor, do que a que teria caso se envolvesse com atividades criminosas, como a venda de drogas. No entanto, se a escola aonde ele estuda é de péssima qualidade, se ele nunca foi estimulado à leitura e ao estudo, e se os trabalhos que ele pode conseguir são precários, cansativos e que pagam mal, as chances que ele acabe por escolher o crime são maiores, pois lhe falta o acesso aos meios necessários para cumprir com as normas sociais.

É certo que as pessoas mais bem educadas possuem melhores condições de entender o contexto onde estão inseridas, buscar alternativas de trabalho e estilos de vida, e planejarem-se a longo prazo[41]. Contudo, o desenvolvimento da educação de qualidade é um processo complexo e permanente que, para produzir resultados efetivos, depende de recursos, mas também da associação de outras transformações sociais e culturais.

## 4. Corrupção e competitividade empresarial

Na década de sessenta do século passado, o pagamento de suborno, por parte das empresas, para autoridades públicas era um comportamento

---

recebe uma pena leve e a segunda, uma pena mais severa. Se os dois confessarem, ambos serão igualmente punidos. Mas se ninguém confessar, os dois podem ser absolvidos. Isto significa, independente do mérito da questão, que o melhor para os dois é um confiar no outro. O que está em jogo não é a moral individual, mas a ética da confiança e da cooperação. Idem. Pág. 22 e 23.
[40] Idem. Ibidem.
[41] Idem. Pág. 32.

considerado racional e que contribuía para tornar a atividade econômica mais eficiente[42]. O suborno era considerado uma taxa como outra qualquer a ser contabilizada nos custos normais das empresas.

Atualmente, a corrupção é considerada um fator de impacto negativo na economia dos países afetados, pois, apesar de facilitar a realização de negócios específicos, reduz a transparência dos mercados, impede a competição por eficiência e resultados e acaba por gerar ineficiências para a economia e a sociedade como um todo[43]. Afinal, se o suborno das autoridades fosse uma prática normal, tributos deixariam de ser arrecadados e os serviços públicos somente beneficiariam aqueles que poderiam pagar por fora, em detrimento dos investimentos públicos de interesse geral, em áreas como educação, saúde, segurança, transporte, moradia e infraestrutura[44].

A melhora da competitividade das empresas brasileiras está diretamente ligada ao combate à corrupção. Quanto menor são os índices de corrupção de um país, maiores são os graus de competitividade das empresas.

A comparação entre o Brasil e Cingapura evidenciam isto[45]. Enquanto o país asiático é o quinto menos corrupto do mundo, pelo índice de percepção da corrupção da Transparência Internacional, e o segundo com melhor ambiente de negócios do planeta, conforme o Relatório Global de Competitividade do Fórum Econômico Mundial, o Brasil, nos mesmos rankings, ocupou, em 2013, 72ª colocação em relação à corrupção (entre 177 países pesquisados) e a 56ª quanto à competitividade.

Dentre os fatores que explicam a grande disparidade entre os dois países estão o excesso de burocracia, a alta carga tributária (conforme dados do IPEA, os tributos respondem por 35,5% do PIB brasileiro) e o alto envolvimento das empresas com a corrupção[46].

Pesquisa realizada pela KPMG, em fevereiro de 2014, com cerca de 500 alto executivos de empresas brasileiras, sem a sua identificação nomi-

---

[42] Idem, pág. 06.

[43] Idem. Ibidem.

[44] Idem. Pág. 07.

[45] CAMPAGNOLO, Edson. O papel das empresas no combate à corrupção. *Jornal Gazeta do Povo*, 06.11.2013, pág. 02.

[46] Idem. Ibidem.

nal, revelou que 62% dos entrevistados afirmaram que sua empresa participaria de um ato de corrupção, 21% disseram que a sua empresa não se envolveria com atos de corrupção e outros 17% falaram não ter certeza[47].

Ademais, a pesquisa revelou, em relação à concorrência, que 60% dos executivos acreditam que suas concorrentes estão envolvidas, com frequência, em atos de corrupção, 25% disseram que tal prática é rara e apenas 5% dos entrevistados falaram que não acreditam que as empresas concorrentes praticam atos de corrupção.

O problema da corrupção não é exclusivo da esfera pública. Trata-se de um fenômeno cultural que atinge toda a sociedade. É um legado da colonização portuguesa[48] que nos deixou uma sociedade, com características patrimonialista, individualista, hierárquica e dividida[49].

O sistema colonial português foi baseado na monarquia absolutista, sustentada por vínculos eminentemente pessoais e paternalistas entre o monarca e os administradores. Tinha por objetivo o lucro desenfreado e o a subtração das riquezas da colônia. Não havia comprometimento com ideais éticos, deveres funcionais ou interesses coletivos. Tal forma de colonização estava baseada na concepção de que a coisa pública é coisa de ninguém, devendo atender os interesses exclusivos da classe que estava no poder[50].

A corrupção é marcada pela prática de hábitos e costumes contrários ao *cumprimento das leis*, à *valorização do trabalho produtivo*[51] e à *punição dos agentes corruptos*. Disso resulta a utilização do poder público em benefí-

---

[47] http://www.gazetadopovo.com.br/economia/conteudo.phtml?id=1448615. Acesso em 14.03.2014.

[48] ZANCARO, Antonio Frederico. *A corrupção político-administrativa no Brasil*. São Paulo: Academica, 1994.

[49] *"(...) nós, brasileiros, somos um povo marcado e dividido pelas ordens tradicionais: o nome de família, o título de doutor, a cor da pele, o bairro onde moramos, o nome do padrinho, as relações pessoais, o ser amigo do Rei, Chefe Político ou Presidente. Tudo isso nos classifica socialmente de modo irremediável. Jamais utilizamos o concurso público e a competição como algo normal entre nós (...)"* (Roberto Da Matta. *O que faz o Brasil, Brasil?* Rio de Janeiro: Rocco, 1986. Pág. 48).

[50] GARCIA, Emerson. *Repressão à corrupção no Brasil: entre realidade e utopia*. Rio de Janeiro: Lumen Juris, 2011. Pág. 02.

[51] *"Para nós, brasileiros, a festa é sinônimo de alegria, o trabalho é eufemismo de castigo, dureza, suor"* (Roberto Da Matta. Idem. Pág. 42).

cio privado, com o apego ao assistencialismo, clientelismo, nepotismo e parasitismo[52].

O aspecto cultural é tão relevante que o cumprimento das regras é marcada pela permissividade (não se diz "pode" ou "não-pode", mas "pode-e-não-pode")[53]. Admite-se o *jeitinho brasileiro* sob o qual se constrói uma ética perversa, consentida e cultuada, baseada na esperteza, na ganância, na hipocrisia, na exploração e na fraude, em detrimento do proceder correto, honesto e meritório.

Logo, a corrupção não está apenas nos agentes públicos, mas em toda sociedade, podendo ser compreendida como efeito da incorporação individual de valores sociais negativos.

Tal perspectiva é acentuada pelo projeto narcísico da civilização neoliberal[54], em que pessoas e grupos sociais, ao terem acesso à informação e ao consumo, ficam menos comprometidos com os avanços políticos e sociais e, cada vez mais, entorpecidos pelo prazer sem limites que conduz ao egoísmo e transforma o Mercado em um novo Deus[55].

---

[52] GHIZZO NETO, Affonso. *Corrupção, Estado Democrático de Direito e Educação*. Rio de Janeiro: Lumen Juris, 2012. Pág. 5.

[53] Conforme Roberto da Matta, "*é alarmante constatar que a legislação diária do Brasil é uma regulamentação do 'não pode', a palavra 'não' que submete o cidadão ao Estado sendo usada de forma geral e constante. Ora, é precisamente por tudo isso que conseguimos descobrir e aperfeiçoar um modo, um jeito, um estilo de navegação social que passa sempre nas entrelinhas desses peremptórios e autoritários 'não pode!'. Assim, entre o 'pode 'e o 'não pode', escolhemos, de modo chocantemente antilógico, mas singularmente brasileiro, a junção do 'pode' com o 'não pode'. Pois bem, é essa junção que produz todos os tipos de 'jeitinhos' e arranjos que fazem como que possamos operar um sistema legal que quase sempre nada tem a ver com a realidade social*" (Idem, pág. 62).

[54] Para contrapor o projeto liberal, verificar o modelo apresentado por Boa Ventura de Souza Santos (*Direitos humanos, democracia e desenvolvimento*. São Paulo: Cortez, 2013. Pág. 76-125).

[55] Os desafios éticos da sociedade contemporânea são bem sintetizados por Ari Roitman: "*Hoje, porém, em lugar de nos defrontarmos com uma facção que erige a banalidade do mal em política de Estado – como no pesadelo hitleriano – ou com uma burguesia espoliadora da força de trabalho da classe operária – como no modelo marxista para descrever o capitalismo -, a elite injusta e opressora é constituída, para surpresa de alguns bem-intencionados, por... nós mesmos! Ou seja, todos os que temos acesso à informação e ao consumo, integrantes quase sempre (já que são pouquíssimos os indivíduos que controlam as grandes riquezas) das camadas médias de todos os países. Isto não deveria surpreender ninguém, pois basta olhar para os lados e ver que esses setores estão cada vez menos comprometidos com os avanços políticos e sociais e cada vez mais imbuídos do projeto narcísico da civilização neoliberal, sintetizado com tanta felicidade por Jurandir Freire no triste lema 'sexo, drogas e credit card'. Este lema – paródia do anárquico e libertário slogan da juventude dos anos 60, 'sexo, drogas e rock'n roll' – reflete bem o ânimo dominante em nossos dias. O ego-ísmo (cf. a definição freudiana de narcisismo) é sua lei maior, o princípio do prazer*

Nem todo lucro deriva de corrupção, mas toda corrupção decorre da *ambição do lucro* [56]. De qualquer forma, não há corrupto sem corruptor. Mudanças de postura devem envolver toda a sociedade. Por isto, é importante que o setor privado, principalmente as empresas, contribua na prevenção e no combate à corrupção, pois quanto menor for a corrupção maior será a competitividade da economia brasileira. Diminuindo a corrupção, mais recursos poderão ser investidos em infraestrutura tornando menores os custos da produção, mas também é possível incentivar o empreendedorismo pelo fomento de empresas de pequeno e médio porte o que pode aumentar a concorrência, diminuir os preços e evitar que empresas se beneficiem de práticas ilícitas.

Portanto, a corrupção econômica restringe a livre competição por preços e qualidade de serviços, diminui os investimentos a longo prazo e limita o crescimento da economia e a distribuição de seus benefícios a sociedade como um todo[57]. O desenvolvimento econômico frustrado e a desigualdade de renda acentuam os conflitos sociais. A corrupção econômica, quando atinge o poder público, abala a legitimidade das instituições republicanas, impede o fortalecimento da administração pública profissional e estimula a seleção negativa dos dirigentes políticos. Logo, sociedades onde prevalece a corrupção econômica e política são pouco desenvolvidas, os mercados não são transparentes, a observância das leis é precária, o comportamento das autoridades públicas é imprevisível e as instituições públicas gozam de pouca legitimidade. Com efeito, a corrupção provoca a perda generalizada de confiança das pessoas nas instituições e nos valores coletivos, bem como tem como consequências a anomia individual e a fragmentação/hierarquização da sociedade em

---

*sem limites é sua regra do jogo, o mercado é o novo deus e os shoppings centers as novas catedrais (...). E é este desafio que nosso tempo nos propõe: seremos capazes de reconstruir esses pactos que possibilitam reconhecer o semelhante como semelhante – apesar de sempre diverso – e, portanto, como companheiro de percurso e interlocutor válido no frágil transcurso da existência? Poderemos aspirar a um renascimento ético que sobreponha a justiça e à solidariedade às leis do mercado? Será possível construir novas utopias neste nosso mundo carente de valores?" (O desafio ético. Rio de Janeiro: Garamond, 2009. Pág. 11-12).*

[56] SANTOS, Wanderley Guilherme dos. Democracia: In: *Corrupção. Ensaios e críticas.* Coord. Leonardo Avritzer *et ali.* Belo Horizonte: Humanitas, 2012. Pág. 110.

[57] SCHWARTZMAN, Simon. Op. Cit. Pág. 25-26.

grupos[58] isolados de cidadãos, divididos em classes conforme a renda, a escolaridade e o conhecimento dos direitos e dos deveres fundamentais.

## 5. O escopo da Lei 12.846/2013

A Lei 12.846/2013, também conhecida como Lei Anticorrupção Empresarial, pretende inaugurar uma nova era de responsabilidade para o empresariado nacional.

Foi originária do Projeto de Lei 6.826/2010, gestado pela Controladoria Geral da União (CGU) e encaminhado pela Chefia do Poder Executivo Federal para a Câmara dos Deputados em 18 de fevereiro de 2010.

O projeto tramitava, lentamente, na Câmara até surgirem manifestações populares, em todo o país, em junho de 2013, em meio à realização da Copa das Confederações, para protestar contra a decisão do governo federal de gastar milhões de reais para fazer estádios caríssimos com a finalidade de abrigar a Copa do Mundo de Futebol, organizada pela Federação Internacional de Futebol (FIFA). Em resposta aos protestos, o Governo Federal, rapidamente, agilizou à tramitação do Projeto de Lei 6.826/2010.

Tanto é que a Comissão de Constituição e Justiça e de Cidadania aprovou o projeto em 11 de junho de 2013. Em pouco menos de um mês, em 04 de junho de 2013, o Senado também deliberou pela aprovação da lei.

Embora com vetos parciais, tal projeto foi transformado na Lei Ordinária 12.486/2013 e publicada no Diário Oficial da União em 02 de agosto de 2013.

Ora, tamanha rapidez pode ser explicada pelo temor do Planalto em acalmar as multidões que clamavam pela diminuição da corrupção no país.

Trata-se de uma lei bastante rígida que prevê a responsabilização civil e administrativa objetiva das pessoas jurídicas que praticam atos lesivos à Administração Pública, nacional e estrangeira. As multas podem chegar até R$ 60 milhões e a empresa pode ser punida, inclusive, com a sua dissolução compulsória pelo Poder Judiciário.

O espírito da lei, e outra não deve ser a sua exegese, é de combater duramente os corruptores. Nesse sentido, é importante salientar que o artigo 30 da Lei 12.846/2013 estabeleceu um *microssistema de combate à*

---

[58] Idem. Pág. 27.

*corrupção* ao integrar – sem revogar ou excluir – as possibilidades de aplicação concorrentes das sanções previstas em outras leis, para a prática de atos de improbidade administrativa (Lei 8.429/92) e atos ilícitos, regulamentados na Lei 8.666/93 e em outras normas de licitações e contratos da administração pública, inclusive quanto ao Regime Diferenciado de Contratações Públicas, instituído pela Lei 12.462/2011.

Mesmo que se pretenda dissociar o conteúdo da Lei Anticorrupção Empresarial da sua gênese histórica, a mesma conclusão pode se chegar ao compatibilizá-la com as normativas internacionais assumidas pelo Brasil.

A Convenção das Nações Unidas contra a Corrupção foi assinada na cidade de Mérida, no México, em 15 de dezembro de 2003. O seu artigo 12.1. prevê que *"os Estados Partes devem adotar medidas para prevenir a corrupção e melhorar as normas contábeis e de auditoria no setor privado, assim como prever sanções civis, administrativas e penais eficazes"*. Tal Convenção entrou em vigor internacional em 14 de dezembro de 2005.

O Brasil foi o 41º país do mundo a aderir a Convenção. O Congresso Nacional aprovou o texto da Convenção das Nações Unidas contra a Corrupção, por meio do Decreto Legislativo nº 348, de 18 de maio de 2005. O Governo brasileiro ratificou a citada Convenção em 15 de junho de 2005 e a promulgou, em 31 de janeiro de 2006, pelo Decreto n. 5.687.

Antes da Convenção da ONU, o Brasil já havia assinado a Convenção contra a Corrupção da Organização dos Estados Americanos (OEA). Ela foi firmada em Caracas, Colômbia, em 29 de março de 1996 e aprovada pelo Decreto Legislativo n. 152, de 25 de junho de 2002, e promulgada por meio do Decreto Presidencial nº 4.410, de 7 de outubro de 2002. Dentre os propósitos desta Convenção, estabelecidos no Artigo II.1 *"estão promover e fortalecer o desenvolvimento, por cada um dos Estados Partes, dos mecanismos necessários para prevenir, detectar, punir e erradicar a corrupção"*.

Importante salientar, ainda, a Convenção sobre o Combate da Corrupção de Funcionários Públicos Estrangeiros em Transações Comerciais Internacionais (Convenção da OCDE). Essa Convenção determinou que, em todos os Estados signatários, fosse criminalizado o oferecimento, a promessa ou a doação de vantagem pecuniária ou de outra natureza indevida a um funcionário público estrangeiro, direta ou indiretamente, no intuito de que, por meio de ação ou omissão no desempenho de suas funções oficiais, esse funcionário realizasse ou dificultasse transações ou obtivesse outras vantagens ilícitas na condução de negócios internacionais. Também estabeleceu, expressamente, responsabilidades de pessoas jurídicas pela corrupção de funcionário público estrangeiro e a necessidade de sanções não-penais dissuasivas nos casos em que ordenamento jurídico do país não admitir a sanção penal das pessoas jurídicas. No Brasil, a Convenção foi ratificada em 15 de junho de 2000 e promulgada pelo Decreto Presidencial n. 3.678, de 30 de novembro de 2000.

Portanto, não se pode retirar a Lei 12.846/2013 de seu contexto histórico e normativo, para se compreender que tal lei deve ser interpretada e aplicada com rigor no combate a todas as práticas contrárias ao respeito e à proteção do patrimônio público.

# Capítulo I
# Disposições gerais
Comentários aos artigos 1º a 4º

*Fábio André Guaragni*

**1. Aspectos Introdutórios da Lei Anticorrupção: a influência das obrigações convencionais internacionais assumidas pelo Brasil e a política legislativa que o texto carrega**

Com *vacatio legis* de cento e oitenta dias, a Presidência da República sancionou e publicou, em 01 de agosto de 2013, a Lei 12.846. Dispõe, segundo sua ementa, "sobre a responsabilização administrativa e civil de pessoas jurídicas pela prática de atos contra a administração pública, nacional ou estrangeira...".

Com vigência a partir de fevereiro de 2014, o texto legislativo deu cumprimento parcial às obrigações internacionais assumidas pela República Federativa do Brasil, enquanto signatária de convenções internacionais. Liga-se, de modo imediato, à Convenção das Nações Unidas contra a Corrupção, adotada pela Assembleia Geral em 31 de outubro de 2003 e assinada pelo Brasil em 09 de dezembro de 2003 (ato da Presidência da República, *ex vi* art. 84, VIII, CR).

Referida Convenção foi internalizada pelo Decreto Legislativo 348/2005, ato do Congresso Nacional realizado na forma do art. 49, I,

CR e, após, ratificada e promulgada pelo Decreto Presidencial 5.687, passando a integrar o direito pátrio a partir de 31 de janeiro de 2006. Em particular, cumpre-se o contido no art. 26 do documento internacional, assim vazado:

> Art. 26. Responsabilidade das pessoas jurídicas. 1. Cada Estado Parte adotará as medidas que sejam necessárias, em consonância com seus princípios jurídicos, a fim de **estabelecer a responsabilidade de pessoas jurídicas por sua participação nos delitos** qualificados de acordo com a presente Convenção. 2. Sujeito aos princípios jurídicos do Estado Parte, a responsabilidade das pessoas jurídicas poderá ser de **índole penal, civil ou administrativa**. 3. Tal responsabilidade existirá sem prejuízo à responsabilidade penal que incumba às pessoas físicas que tenham cometido os delitos. 4. Cada Estado Parte velará em particular para que se imponham sanções penais ou não penais eficazes, proporcionadas e dissuasivas, incluídas sanções monetárias, às pessoas jurídicas consideradas responsáveis de acordo com o presente artigo. (grifamos)

Conquanto não vincule os Estados-parte à punibilidade de pessoas jurídicas corruptoras – exceto empresas que pratiquem atos de corrupção lesivos à administração pública estrangeira, em crime denominado "suborno transnacional"[59] pelo respectivo art. VIII – a Convenção Interamericana contra a Corrupção, de 29 de março de 1996, deve também ser considerada fonte de compromissos internacionais brasileiros no combate à corrupção. O documento foi internalizado pelo Decreto Legisla-

---

[59] Art. VIII: Suborno transnacional: Sem prejuízo de sua Constituição e dos princípios fundamentais de seu ordenamento jurídico, cada Estado Parte proibirá e punirá o oferecimento ou outorga, por parte de seus cidadãos, pessoas que tenham residência habitual em seu território e empresas domiciliadas no mesmo, a um funcionário público de outro Estado, direta ou indiretamente, de qualquer objeto de valor pecuniário ou outros benefícios, como dádivas, favores, promessas ou vantagens em troca da realização ou omissão, por esse funcionário, de qualquer ato no exercício de suas funções públicas relacionado com uma transação de natureza econômica ou comercial. Entre os Estados Partes que tenham tipificado o delito de suborno transnacional, este será considerado um ato de corrupção para os propósitos desta Convenção. O Estado Parte que não tenha tipificado o suborno transnacional prestará a assistência e cooperação previstas nesta Convenção relativamente a este delito, na medida em que o permitirem as suas leis.

DISPOSIÇÕES GERAIS

tivo 152/2002, sendo ratificado e promulgado pelo Decreto 4.410 da Presidência da República, de 07 de outubro de 2002, ocasião em que passou a compor o ordenamento jurídico interno do Brasil.

Outro documento internacional que aparece como protagonista nos compromissos assumidos pelo Brasil no combate à corrupção é a Convenção da OCDE – Organização para a Cooperação Econômica e o Desenvolvimento, de maio de 1997, destinada ao "Combate da Corrupção de Funcionários Públicos Estrangeiros em Transações Comerciais Internacionais". Também assinada pela República Federativa do Brasil, foi internalizada pelo Decreto Legislativo 125/2000, ratificada e promulgada pelo Decreto Presidencial 3.678, de 30 de novembro de 2000.

Nela, fez-se expressa referência à obrigatoriedade da adoção de medidas repressivas em face da pessoa jurídica que, sediada no país signatário, corrompa funcionários de administrações públicas estrangeiras, nos seguintes termos: "Art. 2º. Responsabilidade de Pessoas Jurídicas. Cada Parte deverá tomar todas as medidas necessárias ao estabelecimento das responsabilidades de pessoas jurídicas pela corrupção de funcionário público estrangeiro, de acordo com seus princípios jurídicos." Estas medidas em face do ente coletivo, a princípio, dar-se-iam no âmbito criminal. É o que se recolhe do art. 3º, inciso 2, *a contrario sensu*. A disposição diz: "2. Caso a responsabilidade criminal, sob o sistema jurídico da Parte, não se aplique a pessoas jurídicas, a Parte deverá assegurar que as pessoas jurídicas estarão sujeitas a sanções não-criminais efetivas, proporcionais e dissuasivas contra a corrupção de funcionário público estrangeiro, inclusive sanções financeiras." Esta ressalva só tem sentido acaso se compreenda que, preferencialmente, as medidas referidas no artigo anterior – o artigo 2º – teriam natureza criminal.

Trata-se, claramente, de indicação convencional criminalizadora[60], instando desde o plano internacional a adoção, pelo Estado-parte, de cri-

---

[60] Tema desenvolvido no seguinte texto, submetido e aprovado no Conpedi – Unicuritiba, 1º semestre de 2013: GUARAGNI, Fábio André e PORTELLA Júnior, José Carlos. "Tutela penal de bens jurídicos supra-individuais no contexto da globalização: a questão das indicações convencionais criminalizadoras e o princípio da reserva legal". In Direito Penal e Criminologia. Org. FÁBIO ANDRÉ GUARAGNI, NESTOR EDUARDO ARARUNA SANTIAGO e NIVALDO DOS SANTOS. Florianópolis: FUNJAB, 2013, pp. 24-41. A Convenção da OCDE ora comentada faz outros usos de mandados de criminalização. Veja-se, por exemplo, o art. 3º, 1: "A corrupção de um funcionário público estrangeiro deverá ser punível com **penas criminais** efetivas, proporcionais e

mes e penas para o combate à corrupção. A adoção de mandados internacionais de criminalização, previstos em tratados e convenções, tem sido comum nas últimas três décadas. Evidencia a ideia de que – na cena do direito penal internacional – compreende-se a necessidade de proteção de bens jurídicos individuais, estatais (desde que úteis ao indivíduo) e supra-individuais (individuais homogêneos, coletivos e difusos, conforme sugere a referência legislativa brasileira do CDC, art. 81, parágrafo único) não só contra o Estado, mas através do Estado, contra ataques de quaisquer terceiros. Isto é corolário de um princípio de proporcionalidade visualizado com dupla feição[61]: a) como vedação de excesso ou arbítrio por parte do Estado, ao invadir liberdades públicas, quando de reações penais; b) como vedação de proteção deficiente de bens jurídicos de vítimas, por parte do mesmo Estado. Esta segunda feição impõe que o Estado "adote medidas positivas com vista a garantir e proteger de forma efetiva a fruição dos direitos fundamentais"[62], não se omitindo diante de agressões sofridas pelas vítimas, sejam elas derivadas de agentes estatais, sejam de "particulares e até mesmo de outros Estados"[63], e mesmo pessoas jurídicas de direito privado.

Assinale-se que o país cumpriu o dever de criminalização das condutas objeto da Convenção, mediante reforma pontual do Código Penal, com a criação de dois novos tipos penais. Assim, pela Lei 10.467/2002, foram acrescentados ao *codex* os artigos 337-B (corrupção ativa em transação comercial internacional) e 337-C (tráfico de influência em transação comercial internacional). O art. 337-D, enquanto norma definitória, conceituou o funcionário público estrangeiro, tomando por paralelo e referência o art. 327, CP, cujo teor contém norma não incriminadora explicativa definindo a condição de *intraneus* para efeitos penais. Não é demais ressaltar a importância de normas de definição, sobretudo diri-

---

dissuasivas. A extensão das penas deverá ser comparável àquela aplicada à corrupção do próprio funcionário público da Parte e, em caso de pessoas físicas, deverá incluir a privação da liberdade por período suficiente a permitir a efetiva assistência jurídica recíproca e a extradição."

[61] STRECK, Maria Luíza Schäfer. *Direito Penal e Constituição: a face oculta dos direitos fundamentais.* Porto Alegre: Livraria do Advogado, 2009, p. 65.

[62] SARLET, Ingo Wolfgang. *A eficácia dos Direitos Fundamentais.* 11ª ed. Porto Alegre: Livraria do Advogado, 2012, p.. 190.

[63] SARLET, Ingo Wolfgang. *A eficácia dos Direitos Fundamentais.* 11ª ed. Porto Alegre: Livraria do Advogado, 2012, p.. 190.

gidas a normas penais incriminadoras, por auxiliarem a norma penal a tornar-se certa (*nullum crimen, nulla poena sine lege certa* ou princípio da taxatividade da lei penal, corolário do princípio da reserva legal – art. 5º, XXXIX, CR e 1º, CP).

Voltando ao panorama convencional, importa salientar o seguinte: a Convenção Interamericana, de 1996, ainda concentra seu foco no combate ao corrupto. Repete a tradicional toada político-legislativa – nomeadamente criminal e atualmente *sob mudança profunda* – de mostrar-se "cega" em relação ao corruptor.

A corrupção, num cenário de Estados fortes, como aquele característico da primeira metade do século XX, provinha do funcionário público e era um "preço a pagar" por parte do agente privado que pretendesse atuar em setor econômico com intervenção estatal. No final do século XX, contudo, o fenômeno da corrupção já não tinha este feitio. Ao contrário. A corrupção passa a ser funcional para o agente privado. Ao invés de perder parte do ganho, pagando-o como propina para poder participar do setor negocial controlado pelo Estado, a corrupção permite-lhe ganhar *mais do que ganharia sem ela*. Assim, o corpo estatal é acossado por ataques corporativos, destinados à obtenção de licenças indevidas, licitações dirigidas, num horizonte em que o crime é "componente necessário no desenvolvimento das práticas negociais, abrindo oportunidades agregadas", cumprindo a corrupção "uma função indispensável para a consecução dos objetivos de grandes grupos econômicos"[64], como assinalam BAIGUN e BISCAY. Assim, a propina abre portas para superfaturamentos de negócios com o Estado, prorrogações contratuais lesivas ao erário, toda a sorte de ganhos possíveis. Deste modo, o corruptor passa a protagonizar a cena ilícita.

A correta compreensão desta mudança, em que o corrupto vira coadjuvante e o corruptor estrela principal das atividades corruptoras *lato sensu*, vincula-se à hegemonia da atividade empresária corporativa sobre o poder estatal, sobretudo desenhada a partir dos anos 90, com a última

---

[64] BAIGUN, David e BISCAY, Pedro."Actuación preventiva de los organismos estatales y no estatales en el ámbito de la corrupción y la criminalidade económica". In *Delincuencia económica y corrupción*. Coord. DAVID BAIGUN e NICOLAS GARCIA RIVAS. Buenos Aires: Ediar, 2006, p. 16.

globalização[65]. Realizada a reboque da revolução dos transportes e das comunicações, implicou na proliferação de centros de poder, destacando-se as empresas transnacionais. O "eixo do poder" passa "pelas empresas e pelos organismos", diz MÁRIO FERREIRA MONTE, adicionando:

> É, de facto, indiscutível o poder que as empresas têm em todo o mundo, algumas da quais chegam mesmo a ter um PIB (produto interno bruto) superior ao de muitos Estados, poder esse que é, curiosamente, repartido com certos organismos e organizações, nomeadamente internacionais, não com governamentais..."[66].

Pode-se visualizar, a partir dela, que o Estado mingua e recua, como agência de poder, e o espaço por ele deixado é ocupado pelas corporações prestadoras de serviços e produtoras de bens de consumo. Neste sentido, PUREZA diagnostica o acréscimo de poder corporativo, fruto da globalização econômica, a partir de um caldo cultural que evidencia a prevalência do princípio do mercado sobre o princípio do Estado, a subordinação dos interesses do trabalho aos interesses do capital, o protagonismo incondicional das empresas transnacionais e o declínio dos Estados nacionais[67]. Realmente: a debilidade do poder de regulação estatal, o crescimento da tecnologia da informação, a derrubada das fronteiras – com a consequente revisão do velho conceito de soberania como exercício de poder sob uma dada zona territorial -, a facilidade de deslocamentos de pessoas e mercadorias são recortes da economia que se unem pelo signo da desterritorialização e atingem diretamente a eficácia do poder punitivo estatal. O motivo é claro: o Estado atua como agência de poder territorial, ao passo que a criminalidade usualmente praticada no bojo da atividade empresarial afeta bens jurídicos supra-individuais (como o meio ambiente, a organização do trabalho, as relações de consumo) de maneira supraterritorial. Assim, há necessidade de fundar um

---

[65] A primeira concerne à expansão ultramarina, a partir do século XV. Aludindo à primeira circunavegação, a aventura de FERNÃO DE MAGALHÃES é magistralmente romanceada por BERGREEN, Laurence. *Além do fim do mundo*. Rio de Janeiro: Objetiva, 2004, *passim*.

[66] MONTE, Mário Ferreira. *Apontamento Introdutório*. Prefácio à obra de FERNANDES, Paulo Silva. Globalização, sociedade de risco e o futuro do direito penal. Coimbra: Almedina, 2001, p. 17.

[67] PUREZA, José Manuel. Para um internacionalismo pós-vestefaliano. In *A Globalização e as Ciências Sociais*. Coord. Boaventura de Souza Santos. 2ª. ed. São Paulo: Cortez, 2002, p. 240.

novo modelo persecutório de tais delitos. A desterritorialização do poder conduziu GHÉHENNO à seguinte síntese:

"Agora o Estado-nação, querendo combinar numa moldura única as dimensões política, cultural, econômica e militar do poder, torna-se prisioneiro de uma concepção espacial do poder (...) O espaço não sendo mais critério pertinente, será que a política sobreviverá a esta revolução? Desde sua origem, desde a cidade grega, ela é a arte de governar uma coletividade de homens definidos pelo fato de serem enraizados num lugar, numa cidade (polis) um numa nação. Se a solidariedade não se deixa mais limitar pela geografia, se não há mais cidade, se não há mais nação, pode ainda haver política?"[68]

A resposta é cortante e imediata: "O desaparecimento da nação implica na morte da política"[69]. E num Estado adoecido, debilitado. Os crimes contra a administração pública também sofrem consequências derivadas deste quadro, tornando-a mais devassável, até mesmo sujeitada pelo poder corporativo. Nesta quadra, a transferência do protagonismo da corrupção do corrupto para o corruptor parece desfecho natural.

Pois bem. Este panorama escapou à Convenção Interamericana de 1996, tímida em identificar o ente coletivo privado como protagonista de atos corruptores, com a exceção do já destacado art. VIII. Porém, tanto a Convenção da OCDE, de 1997, como a da ONU, acima destacada, agasalham uma perfeita percepção do fenômeno criminológico que tomam por objeto, identificando através de vários dispositivos o ente coletivo como centro de iniciativa de atos corruptores e, por conseguinte, alvo necessário das políticas anticorrupção que pretendem capitanear.

Paralelamente, pode-se traçar esta mesma mudança de percepção na normativa brasileira. A Lei 8.429, de Improbidade Administrativa, datada de 1992, conquanto também tenha sanções estendidas a entes coletivos privados e particulares que se beneficiam de atos ímprobos, combate atos funcionais de corrupção – dentre outros – focada sobremaneira no *intraneus*. Neste sentido, a Lei 12.846/13, vindo a lume, parece guiar-se *por*

---

[68] GUÉHENNO, Jean-Marie. *O fim da democracia: um ensaio profundo e visionário sobre o próximo milênio*. Trad. Howard Johnson e Amaury Temporal. Rio de Janeiro: Bertrand Brasil, 1994, p. 30.
[69] GUÉHENNO, Jean-Marie. *O fim da democracia: um ensaio profundo e visionário sobre o próximo milênio*. Trad. Howard Johnson e Amaury Temporal. Rio de Janeiro: Bertrand Brasil, 1994, p. 31.

*um flagrante aumento da percepção do ente coletivo enquanto figura protagonista de iniciativas lesivas aos interesses voltados à preservação de uma administração pública imaculada.* O foco, desta feita, não é o corrupto, mas o corruptor[70].

Traçadas estas considerações sobre o ambiente convencional internacional que está na gênese da nova lei, bem como considerações de ordem político-legislativa (inclusive político-criminal) atinentes ao combate à corrupção, fazem-se observações iniciais sobre a Lei 12.846/13.

O combate à corrupção move-se em sentido amplo. Falaremos, no correr do texto, de corrupção *lato sensu*, designando as situações concebidas pela Lei 12.846/13 – em especial no art. 5º – como atos de corrupção em sentido amplo, quando comparados aos conceitos de corrupção ativa e passiva que emergem do Código Penal, arts. 333 e 317. Neles, alude-se ao *crime de corrupção*, ou corrupção *stricto sensu*.

O novo diploma legal é constituído de trinta e um artigos, distribuídos em sete capítulos. O primeiro versa sobre disposições gerais. O capítulo II traça os atos lesivos à administração pública, sublinhando-se, em especial, o art. 5º. Os capítulos III e IV disciplinam a responsabilidade administrativa e o respectivo processo. Cominam-se sanções administrativas no art. 6º, no bojo do capítulo III. Prevê-se no capítulo V o acordo de leniência, que pode incidir tanto no âmbito do processo administrativo, como judicial (interpretação extraída do fato de que, havendo acordo, o texto exonera a pessoa jurídica da sanção prevista no art. 19, IV, cuja aplicação dá-se exclusivamente pelo Poder Judiciário, ao contrário das sanções do art. 6º). O capitulo VI dispõe sobre a responsabilização judicial

---

[70] A própria mídia tem dificuldades de visualizar o corruptor. Talvez por esperar do detentor da *res publica* respeito às confianças que lhe são depositadas, tanto quanto a população também espera, os jornalistas concentram suas baterias sobre o corrupto em cada novo escândalo que vai aos noticiários. Porém, um certo esquecimento do corruptor desequilibra a análise adequada do fenômeno. Não há corrupto sem corruptor. E setores econômicos privados parecem literalmente *viver às voltas com a corrupção do aparelho de Estado e dela dependerem.* Emblemático, o Mensalão revelou alguns, como agências publicitárias e bancos, quando contratam com o Estado. Há uma longa lista de acréscimos, como empreiteiras, empresas de medicamentos. Tanto quanto se disseca a vida do corrupto, em busca de provas da corrupção, deve-se investigar jornalisticamente a atividade do corruptor. Interessa dissecar, por exemplo, os contratos públicos da empreiteira corruptora de um político tanto quanto a corrupção do agente de Estado. Afinal, onde a empresa contratar com o poder público, haverá repetição da prática de corromper para intensificar ganhos. Escrevemos a respeito em texto jornalístico: GUARAGNI, F. A. . O mensalão e a abertura do olhar. Gazeta do Povo, Curitiba, 29 jul. 2012.

DISPOSIÇÕES GERAIS

– civil e administrativa – dos entes coletivos, derivada dos atos de corrupção *lato sensu* contidos no art. 5º. O capítulo VII traça disposições finais.

No trabalho em mesa, atemo-nos às disposições gerais, consubstanciadas nos artigos 1º ao 4º. Como dito, são considerações iniciais, a serem feitas após a transcrição dos artigos, na forma que segue.

**Art. 1º** *Esta Lei dispõe sobre a responsabilização objetiva administrativa e civil de pessoas jurídicas pela prática de atos contra a administração pública, nacional ou estrangeira*

*Parágrafo único. Aplica-se o disposto nesta Lei às sociedades empresárias e às sociedades simples, personificadas ou não, independentemente da forma de organização ou modelo societário adotado, bem como a quaisquer fundações, associações de entidades ou pessoas, ou sociedades estrangeiras, que tenham sede, filial ou representação no território brasileiro, constituídas de fato ou de direito, ainda que temporariamente.*

**Objeto da lei e sujeitos das infrações.** O artigo principia pela fixação do objeto da lei, consistente na responsabilização de pessoas jurídicas pela prática de atos contra a administração pública. A pretensão de coibir atos lesivos contra a administração pública vem associada à indicação de um sujeito ativo dos atos ilícitos (enumerados no art. 5º), sobre o qual incide a responsabilização, consistente na pessoa jurídica. Desde logo, a redação do artigo sugere que o praticante do ato é o próprio ente coletivo – aspecto que ganha explicitação em disposições diversas, como o art. 2º (comentado adiante) e, muito especialmente, o caput do art. 5º.

**Subjetividade Ativa.** Há uma indicação legal do âmbito de abrangência da subjetividade ativa. Segundo o parágrafo único, aplica-se a lei às "sociedades empresárias e às sociedades simples, personificadas ou não, independentemente da forma de organização ou modelo societário adotado, bem como a quaisquer fundações, associações de entidades ou pessoas, ou sociedades estrangeiras, que tenham sede, filial ou representação no território brasileiro, constituídas de fato ou de direito, ainda que temporariamente." É interessante o cotejo entre a disposição e o art. 44, CC, que traça a relação de pessoas jurídica de direito privado no Brasil. Este dispositivo alude, nos três primeiros incisos, às sociedades, associações e fundações. Estas entidades estão, do modo mais ampliativo possível, contempladas como sujeitos ativos das infrações de corrupção combatidas pela Lei 12.846/13. Veja-se que há uma expressa dispensa de que tais pessoas jurídicas estejam "constituídas de direito", dispensando--se a personificação respectiva mediante registro de atos constitutivos, na forma do art. 45 do CC. Acaso a sociedade seja não personificada, a exegese do art. 1º parágrafo único combina-se com os arts. 986 a 996, CC.

Note-se que o legislador, no art. 1º, parágrafo único, não aludiu às pessoas jurídicas que o CC assinala nos incisos IV a VI do art. 44: organizações religiosas, partidos políticos e empresas individuais de responsabilidade limitada (as "Eirelis"). O silêncio acerca destas entidades leva à exegese de que não podem ser atingidas pela Lei Anticorrupção?

Quanto a organizações religiosas e partidos políticos – conquanto tenham fins que as tornam peculiares – são modalidades de associações *lato sensu*, eis que representam conjuntos de pessoas que se organizam sem fins lucrativos, conforme a definição legal do CC, art. 53. Neste sentido, parece-nos que a definição legal do art. 1º, parágrafo único, é-lhes extensível.

Já a Eireli não constitui propriamente um ente coletivo, enquanto resultado de uma coletividade humana, desde que disposta por um só indivíduo (CC, art. 980-A). Todavia, se: a) a lei civil estende-lhe a condição de pessoa jurídica – alheia ao aspecto ôntico de que constituída por um agente; b) se, para efeitos atinentes ao direito, aplica-se às Eirelis toda a normativa própria de sociedades limitadas (art. 980-A, parágrafo 6º); c) se é possível convergirem para a Eireli, concentrando-se num único sócio, todas as cotas de quaisquer outras sociedades (art. 980-A), nada impedindo também o avesso, há uma permeabilidade entre a concepção tradicional de sociedades e a figura jurídica consistente na empresa individual de responsabilidade limitada.

Neste contexto, sendo o art. 1º, parágrafo único da Lei 12.846/13 ampliativo, abarcando a mais vasta gama de modelos societários, parece--nos também atingir a Eireli (ressalvadas situações em que não estejam presentes atos de entes coletivos, situação a ser divisada adiante). Pode--se opor o seguinte: não é necessário que a Eireli seja atingida pela Lei Anticorrupção, eis que as infrações nela contidas repetem, total ou parcialmente, crimes como corrupção ativa (art. 333, CP) ou aqueles previstos nos arts. 89 e ss. da Lei de Licitações 8666/93. Assim, o instituidor da Eireli, enquanto pessoa natural poderá, em regra, ser penalmente res-

## DISPOSIÇÕES GERAIS

ponsabilizada. Ademais, havendo atuação conjugada com improbidade por funcionário ou agente público, a própria Lei de Improbidade Administrativa atinge o particular. Porém, há uma série de sanções adequadas à pessoa jurídica que escapam àquelas reações sancionadoras estatais anteditas. Por exemplo, a contrapropaganda contida no art. 6º, II. Nestes termos, a incidência da Lei Anticorrupção sobre Eirelis guarda natural correlação com as pretensões legislativas. A subjetividade ativa das Eirelis resulta da interpretação teleológica do novel diploma.

As pessoas jurídicas de direito público interno constantes do art. 41 do CC não são atingidas pela Lei. Além de figurarem como sujeitos passivos das infrações, tem-se que não podem ser destinatárias das penalidades contidas na Lei 12.846/13, v.g., suspensão de atividades (uma vez que são orientadas para o bem comum) ou dissolução (cuja ocorrência acarretaria autêntica ruptura da ordem constitucional de divisão e distribuição de poderes e competências). Tais penas, naturalmente, não têm também como ser dirigidas a pessoas jurídicas de direito público externo. A execução das penalidades, ademais, esbarraria nas soberanias de Estados estrangeiros.

Acrescente-se que nenhuma pessoa jurídica de direito público interno afeiçoa-se à ideia de sociedades empresárias, sociedades simples, "personificadas ou não, independentemente da forma de organização ou modelo societário adotado, fundações, associações de entidades ou pessoas, ou sociedades estrangeiras", conforme dispõe a literalidade do texto legal.

Por fim, assinale-se que pessoas jurídicas de direito privado estatais, como sociedades de economia mista e empresas públicas, mesmo quando voltadas à exploração da atividade econômica em sentido estrito[71], têm uma concepção jurídica inconciliável com a maior parte das sanções da Lei Anticorrupção. Aquelas do art. 19 mostram-se inaplicáveis. O perdimento de bens, direitos ou valores como penalidade que leva à transferência dos objetos confiscados para as pessoas jurídicas lesadas, de direito público interno (art. 24 da Lei 12846/13), mostra-se destituído de maior lógica, desde que não penaliza o patrimônio privado, mas aquele que,

---

[71] O art. 173, CR, trata desta exploração, conforme esclarece GRAU, Eros. *Comentários à Constituição do Brasil.* Coord. J. J. GOMES CANOTILHO, GILMAR FERREIRA MENDES, INGO WOLFGANG SARLET, LENIO LUIZ STRECK. São Paulo: Saraiva, 2013, p. 1829.

excepcionalmente, foi disposto pelo próprio Estado para realizar intervenção direta e excepcional em atividade econômica "quando necessária aos imperativos da segurança nacional ou a relevante interesse coletivo", *ex vi* art. 173, CR. Assim, o confisco de bens do art. 19, I afrontaria, na suma, estas pretensões.

Os mesmos fins constitucionais que justificam a criação legal de pessoas jurídicas de direito privado pelo Estado seriam violentados acaso houvesse suspensão ou interdição das atividades empresárias (art. 19, II). Já a dissolução das pessoas jurídicas em questão – art. 19, III – não poderia ser imposta pelo Poder Judiciário, pena de violar a respectiva instituição mediante autorização legal[72] (art. 37, XIX) e, pois, a esfera de competências atribuída na Carta Magna ao Poder Legislativo. Por fim, as vedações do art. 19, IV e a contrapropaganda do art. 6º, II, igualmente iriam contra os fatores excepcionais que levaram o legislador a constituir, *no interesse público*, pela via do art. 173, CR, um campo de exploração direta, pelo Estado, da atividade econômica.

De todo modo, quando a CR assinala que a lei estabelecerá o estatuto da empresa pública ou sociedade de economia mista, dispondo sobre "a sujeição ao regime jurídico próprio das empresas privadas, inclusive quanto aos direitos e obrigações civis", parece cometer à lei de criação do ente coletivo a decisão sobre a extensão das obrigações civis e outras[73].

---

[72] Martins, Fernando Rodrigues. *Controle do Patrimônio Público*. 5ª. ed. São Paulo: RT, 2013, p. 76, afirma que "sociedades de economia mista, a exemplo dos demais entes indiretos, são pessoas jurídicas criadas por lei como elemento de ação do Estado." Enquanto só podem ser criadas como sociedades anônimas, as empresas públicas podem assumir "qualquer forma societária" (op. cit., p. 79).

[73] Martins, Fernando Rodrigues. *Controle do Patrimônio Público*. 5ª. ed. São Paulo: RT, 2013 aponta que, quando as sociedades de economia mista são criadas para explorar a atividade econômica, "a despeito de se sujeitarem às regras de direito público, também estão sob o impacto das diretrizes privadas, isso porque a exploração de atividade econômica e a busca de lucro se dão com amplitude no setor não público". Carvalho Filho, José dos Santos. *Manual de Direito Administrativo*. 25ª. ed. São Paulo: Atlas, 2012, p. 496, assinala o caráter híbrido do regime jurídico destes entes. Assinala, porém, que a regra deve ser a da equiparação às empresas privadas, pois os entes aludidos no art. 173 da CR "não devem ter privilégios que as beneficiem, sem serem estendidos às empresas privadas, pois que isso provocaria desequilíbrio no setor econômico em que ambas as categorias atuam". Evoca a súmula 39 do STJ como guiada por esta ideia. De todo modo, a inaplicabilidade parcial da Lei 12.846/13 aos entes referidos no art. 173, CR, deriva não de privilégios que se lhes queira atribuir, mas à natureza das próprias sanções, colidente com a estrutura das citadas pessoas jurídicas.

Lei posterior pode deliberar sobre esta extensão? Sim, desde que o faça de modo expresso, para adequado cumprimento do ditame constitucional, cuja pretensão é *ajustar* a natureza do ente coletivo, seus fins estratégicos – enfim, o coração da intervenção estatal direta na economia – ao conjunto de obrigações civis, trabalhistas, ficais, etc. Não há este ajuste na Lei 12.846/13. De novo: obrigações civis – inclusive as indenizatórias resultantes de corrupção previstas na Lei Anticorrupção – só podem ser estendidas às pessoas jurídicas da administração pública indireta, nominadas no art. 173, parágrafo 1º, CR, mediante disposição da *própria lei que estabelece seu estatuto jurídico* ou por lei que tome a natureza destes entes coletivos em conta de modo expresso.

Tudo isto deriva, também, de outra disposição da Constituição: o art. 173, parágrafo 5º, ao disciplinar que a lei pode estabelecer a responsabilidade dos entes coletivos em questão "sujeitando-a às punições compatíveis com sua natureza, nos atos praticados contra a ordem econômica e financeira e contra a economia popular". Não há, na Lei 12.846/13, qualquer esforço neste sentido.

Assim, de um lado, o texto do art. 1º, parágrafo único, Lei 12.846/13, *não distingue* entre pessoas jurídicas de direito privado componentes da administração pública indireta daquelas que são de cunho exclusivamente privado, sugerindo ao intérprete que também não distinga. Isto levaria à inclusão dos entes coletivos ora mencionados como sujeitos ativos. Porém, a incompatibilidade parcial das sanções previstas na Lei com estes entes coletivos (a rigor, só a multa parece remanescer, e ainda assim haveria necessidade de superarem-se os argumentos – extensíveis a esta espécie de sanção – que indicam a não plausibilidade do confisco como resposta punitiva para empresas públicas e sociedades de economia mista) aliada à falta de um expresso ajuste das punições à natureza das empresas públicas e sociedades de economia mista indicam – ao menos de maneira parcial – a inaplicabilidade do novo diploma a tais entidades.

Aqui, vai uma fragilidade do novo texto. A realidade da vida econômica indica a necessidade de que a Lei Anticorrupção tenha incidência sobre tais entes. Há possibilidade, em tese, de uma sociedade de economia mista brasileira, exploradora de petróleo e derivados (v.g., Petrobrás) obter contratos mediante corrupção de administrações públicas estrangeiras? É possível que a Cobra S.A. (sociedade anônima de capital fechado, com acionista único consistente no Banco do Brasil), seja contratada por município administrado pelo mesmo partido político do governo federal, com inexigibilidade de licitação incabível (diante de um amplo leque de empresas privadas prestarem iguais serviços), para abrir um canal de remessa de recursos municipais para a empresa, por razões de cunho partidário da pior espécie (como facilitar o desvio de recursos para campanhas políticas e enriquecimento dos envolvidos)? Teme-se que sejam positivas ambas as respostas. E a Lei, nos termos em que vazada, mostra-se incapaz de dar adequada conta destas realidades.

**Subjetividade Passiva.** Já o Estado, enquanto titular da relação de disponibilidade[74] com o ente "administração pública", figura como sujeito passivo dos atos lesivos, através de seus órgãos ou entidades.

Por força de o legislador pretender a proteção, também, da administração pública estrangeira, é possível que o Estado estrangeiro, mediante procuradoria ou representação própria, ingresse em Juízo para obter a imposição das sanções contidas no art. 19 da Lei. Porém, há estranheza em conferir a Estados estrangeiros a possibilidade de aplicar multas e impor contrapropaganda – sanções do art. 6º da Lei 12846/13 – a partir de auto-executoriedade e exercício de poder de polícia, para as pessoas jurídicas que as afrontem mediante atos de corrupção, inclusive por atos cometidos no exterior (art. 28). Note-se que um processo administrativo para a reparação do dano conduzido pelo estado estrangeiro (em sua embaixada?), acaso conduza à obrigação de indenizar não adimplida, não poderá resultar em lançamento do valor em dívida ativa... Enfim, conquanto proclame-se a tutela da administração pública estrangeira como objeto da lei e, por conseguinte, fixe-se o ente estrangeiro como sujeito passivo, ao menos no tocante ao processo administrativo, não há uma mecânica contida no texto legal para que referido ente se valha da

---

[74] Bens de proteção não devam ser considerados meros objetos, entes ou coisas (conquanto esta tenha sido a primeira concepção de bem jurídico, ao menos para o direito penal, como demonstra, dentre outros, YACOBUCCI, Guillermo e GOMES, Luiz Flávio. *As grandes transformações do Direito Penal tradicional*. São Paulo: RT, 2005, p. 78), mas relações de disponibilidade entre um titular e um ente. A concepção do bem jurídico como relação de disponibilidade serve à identificação da vítima das infrações e – mais – serve para *dar-lhe visibilidade*. Acaso um bem de proteção legislativa (tanto no espaço do direito penal, como extrapenal) seja concebido como coisa ou objeto, dá-se um "eclipse" do sujeito, um não enxergar da vítima, que deslegitima a atividade legal de proteção estatal. Neste sentido, ZAFFARONI, Eugênio Raúl e PIERANGELI, José Henrique. *Manual de Direito Penal Brasileiro*. São Paulo: RT, 1997, p. 464.

Lei Anticorrupção e, por outro, revela-se inadequado que a atuação do Estado estrangeiro seja admitida de modo direto, auto-executável, sem mediação soberana do Poder Judiciário brasileiro. Assim, em parte – no tocante às penalidades do art. 6º – há uma aparente frustração da proteção de Estados estrangeiros. A solução passa por admitir, não obstante o silêncio da lei, que postulem as sanções do art. 6º em Juízo.

Finalmente: além das pessoas jurídicas de direito público, todos nós figuramos como sujeitos passivos de atos de corrupção. A preservação da administração pública não interessa somente ao Estado, mas a todo cidadão que esteja albergado no espaço social a que correspondam os poderes-deveres de Estado. *Mutatis mutandis,* é o mesmo fenômeno que legitima a tutela penal da administração pública contida no último título do Código Penal, dando-se a mesma meta de proteção – ainda – em outros corpos legislativos, a exemplo da Lei de Improbidade Administrativa. Neles, o Estado também figura como titular do bem jurídico, mas todos, e cada um dos indivíduos do tecido social, são igualmente protegidos, desde que a regularidade da administração pública interessa a todos e a cada um. Afinal, os préstimos sociais de mais variadas naturezas – desde saúde, educação pública, previdência social, etc. – são patrocinados pela agência estatal, em favor dos cidadãos.

Anote-se que qualquer uso de poder sancionador estatal – ainda que incida sobre pessoas jurídicas, como no caso – não pode ter por meta final a única e exclusiva proteção do Estado. É dizer, não pode o Estado usar de seu poder punitivo (multifacetado em direito penal, administrativo sancionador, sancionador judicial – caso da Lei de Improbidade, dentre outras mecânicas) para proteger a si mesmo, sem ulterior benefício para os cidadãos. Do contrário, quebra-se a parte boa da herança Iluminista, segundo a qual o Estado é para nós, não nós para o Estado. Enfim, nenhum poder sancionador é legítimo ao emergir por puras razões de Estado. A cidadania de cada membro do tecido social é que deve – ao final – ser fortalecida e preservada com a eventual incidência da atividade sancionadora de Estado. Isto vale também aqui, na Lei 12.846/13, fixando uma linha exegética para seus dispositivos e dando-lhe, sob este manto discursivo, toda legitimação. A meta a que se propõe o legislador, de tutela da administração pública, mediante a sanção do ente coletivo corruptor *lato sensu,* é louvável e calha com um momento em que é preciso coibir a emergência da corporação enquanto agência de poder.

A partir desta percepção, não só os Estados são sujeitos passivos, mas cada membro das respectivas coletividades sociais.

Assinale-se, por fim, que o sujeito passivo vem grafado no plural: "Estados". Isto porque a proteção não se destina somente ao Estado brasileiro. Também os estrangeiros, desde que o caput do artigo 1º enuncia como objeto de tutela a administração pública nacional ou estrangeira. Neste sentido, a Lei 12.846/13 complementa a tutela penal contida nos arts. 337-B e 337-C, CP, bem como segue os comandos convencionais dos documentos internacionais acima aludidos (Convenção Interamericana contra a Corrupção de 1996, Convenção da OCDE contra a Corrupção de 1997 e Convenção da ONU contra a Corrupção de 2003). Note-se a ponte entre esta pretensão de proteção, de um lado, e a letra do art. 28 do diploma legal, ao contemplar hipótese de aplicação dos seus comandos normativos a fatos ocorridos fora do Brasil, em que pessoa jurídica brasileira ofenda a administração pública estrangeira. Trata-se de aplicação extraterritorial da lei 12.846/13, motivada pela origem do sujeito ativo – uma "nacionalidade" brasileira respectiva ao ente coletivo -, cumulativamente com a ideia de defesa ou proteção do bem jurídico "administração pública estrangeira". Há um paralelo no art. 7º, CP, que traça os casos de extraterritorialidade da aplicação da lei penal e erige, dentre outros princípios, tanto o da nacionalidade ativa, como o da defesa de bens jurídicos, como reitores da aplicação da lei penal brasileira a crime cometido fora do território do país.

**Natureza da responsabilidade atribuída aos entes coletivos quanto aos campos em que produz efeitos.** O art. 1º vai além de fixar o objeto da lei (evidenciando suas pretensões político-legislativas) e os sujeitos ativo e passivo dos atos lesivos que pretende coibir. Cuida de fixar a natureza da responsabilidade que atribui aos entes coletivos corruptores da administração pública.

Esclarece o texto legal que a natureza da responsabilidade atribuída ao ente coletivo é administrativa e civil. Visivelmente, o legislador quis driblar toda a sorte de polêmicas que emergiriam de uma eventual fixação da natureza penal da responsabilidade do ente coletivo, bem como – talvez – evitar o cerco de garantias ao imputado em matéria penal, no afã de facilitar o sucesso das pretensões sancionatórias. O Brasil adota esta responsabilidade na matéria penal ambiental (art. 225, parágrafo 3º, CR;

art. 3º, Lei 9605/98), porém a doutrina se mostra resistente[75]. Todavia, na maior parte dos países Ocidentais sequer se discuta, ainda, se deve haver reação penal diante do ente coletivo. O debate concentra-se no "como fazê-lo", eis que dominantemente admitida[76].

**Responsabilidade Administrativa.** A responsabilidade administrativa deriva da possibilidade de submeter o ente coletivo às sanções administrativas contidas no art. 6º, aplicadas pela autoridade máxima do órgão ou entidade dos Poderes Executivo, Legislativo e Judiciário, a partir da conjugação do art. 8º, caput, com o art. 12 da Lei 12.846/13. Quanto a estas sanções, é inquestionável a natureza administrativa sancionadora, por forças das características baseadas em auto-executoriedade e poder de polícia. A auto-executoriedade dimana da imposição do ato administrativo sancionador ser "posto em execução pela própria Administração Pública, sem necessidade de intervenção do Poder Judiciário"[77] (DI PIETRO). O poder de polícia é o "modo de atuar da autoridade administrativa que consiste em intervir no exercício das atividades individuais suscetíveis de fazer perigar interesses gerais, tendo por objeto evitar que se produzam, ampliem ou generalizem os danos sociais que a lei procura prevenir"[78] (MARCELO CAETANO). No caso da Lei Anticorrupção, ganha expressão através do órgão ou entidade ofendido, intervindo com a imposição de multa ou contrapropaganda (art. 6º, incisos I e II) para prevenir atos de corrupção das pessoas jurídicas e os correlatos danos sociais.

Há, ainda, um rol de sanções contidas no art. 19, cuja aplicação dá-se pelo Poder Judiciário. Não obstante sejam sanções administrativas, são aplicadas pelo Poder Judiciário, segundo máximas afeitas ao *processo penal*

---

[75] Uma boa síntese destas resistências encontra-se na seguinte obra coletiva: DOTTI, René Ariel e PRADO, Luiz Regis (org.). *Responsabilidade Penal da Pessoa Jurídica.* 2ª. ed. São Paulo: RT 2009.

[76] Boa parte da doutrina brasileira vem se inclinando pela admissão da responsabilidade penal da pessoa jurídica, inclusive nós. Vide, para o amplo desenvolvimento do tema, BUSATO, Paulo Cesar e GUARAGNI, Fábio André. *Responsabilidade Penal da Pessoa Jurídica.* Curitiba: Juruá, 2012. Nosso, também: GUARAGNI, Fábio André e LOUREIRO, Maria Fernanda. "A Lei 9.605/98 e o modelo de imputação do crime à pessoa jurídica: estudo de casos. In *Direito Penal e Criminologia – Conpedi. (Recurso Eletrônico Online)* Org. RODRIGO DE SOUZA COSTA, NESTOR EDUARDO ARARUNA SANTIAGO e WAGNER GINOTTI PIRES. Florianópolis: FUNJAB, 2012, pp. 34-53

[77] DI PIETRO, Maria Sylvia Zanella. *Direito Administrativo.* 26ª ed. São Paulo: Atlas, 2013, p. 208.

[78] CAETANO, Marcelo. *Princípios fundamentais de Direito Administrativo.* Rio de Janeiro: Forense, 1977, p. 339.

– *nulla poena sine judice et nulla poena sine judicio.* Aqui, a auto-executorie-dade do ato administrativo sancionador deixa de existir. É possível que emerja a atribuição de natureza penal ao texto de lei, à revelia da vontade do legislador.

Algo similar ocorreu na jurisprudência italiana, em relação ao Decreto Legislativo 231/2001, que estatuiu a responsabilidade administrativa do ente coletivo por crimes, inclusive alguns contra a administração pública, vinculados a contratos decorrentes de licitações. A doutrina e a jurispru-dência, no curso de uma década e pouco, entenderam existir, no Decreto, uma "fraude de etiquetas", e cristalizaram o entendimento dominante de que se tratava, materialmente, de responsabilidade penal, embora taxada com natureza administrativa[79]. Dali se produziu uma farta doutrina acerca da responsabilidade penal do ente coletivo, bem como pulsante jurisprudência.

De nossa parte, entendemos que o ordenamento jurídico brasileiro revela, a partir da Carta Constitucional, a possibilidade de existirem sis-temas sancionadores judiciais[80] constituídos pela legislação infraconsti-

---

[79] Para um rol de autores que adotam este posicionamento, inclusive o próprio, v. PALIERO, Carlo Enrico. "Dieci anni di 'corporate liability' nel sistema italiano: Il paradigma imputa-tivo nell'evoluzione della legislazione e della prassi'. In *Le Societá – Mensile di diritto e pratica commerciale, societaria e fiscale.* Supplemento. Ano XXX, n.12, dez/2011, p. 15, nota 29. Contra, considerando tratar-se efetivamente de responsabilidade administrativa, por força da definição legal, MARINUCCI, Giorgio e DOLCINI, Emilio. *Manuale di Diritto Penale.* 4ª. ed. Milano: Giuffrè, 2012, pp. 701-702.

[80] Referindo-se à Lei de Improbidade Administrativa como expressão de um "direito san-cionador judicial", v. BIANCHINI, Alice e GOMES, Luiz Flávio. "Agentes políticos não estão sujeitos à lei de Improbidade Administrativa". Disponível em: http://atualidadesdodireito. com.br/alicebianchini/2013/08/26/agentes-politicos-nao-estao-sujeitos-a-lei-de-improbidade-administrativa/. Acesso em 08.04.14. Para estes autores, o direito sancionador judicial "se situa entre o Direito penal e o Direito administrativo (em outras palavras: está fora do Direito penal e do Direito administrativo, mantendo com eles apenas alguns pontos de interconexão). Distingue-se do Direito penal porque não se permite a aplicação de pena privativa de liber-dade; de outro lado, suas sanções não produzem os efeitos secundários típicos das sanções penais (antecedentes criminais, reincidência etc.). Também não se situa na linha do Direito administrativo porque é aplicado pelo juiz e não por uma autoridade administrativa. Sendo de competência do Judiciário, mas sem que se encontre legitimado o uso da pena de prisão, o Direito sancionador judicial permite uma certa flexibilização das garantias do sistema de imputação, bem como a possibilidade de elaboração de acordos, de transação etc." Ambos,

## DISPOSIÇÕES GERAIS

tucional que não se caracterizam, necessariamente, como direito penal. Calha a doutrina de Fábio Medina Osório:

> "A Administração Pública pode ser vítima de ataques a bens jurídicos por ela protegidos ou que digam respeito à sua existência, assumindo posições diversificadas na perspectiva processual, ora como promotora de acusações, ora como vítima de ilícitos, ora nessa dúplice condição simultaneamente. No patamar de vítima, pode ocorrer que a Administração não disponha de titularidade para determinado processo punitivo, não obstante tratar-se de interesses seus e da sociedade que estejam em jogo. Em tal situação, vale frisar que o Estado-Administração recebe a tutela do Direito Administrativo, embora sua operacionalização possa ocorrer pelo Poder Judiciário e de instituições como o Ministério Público. Esta será uma deliberação do legislador, que ostenta competências soberanas e discricionárias para tanto. Segundo se percebe, em realidade, cabe ao legislador outorgar a juízes e tribunais poderes sancionadores de Direito Administrativo, tendo em conta o princípio da livre configuração legislativa de ilícitos e sanções."[81]

Exemplo de modelo sancionador não penal é o tratamento conferido pela Carta Magna à matéria de improbidade administrativa, através do art. 37, parágrafo 4º.: "Os atos de improbidade administrativa importarão a suspensão dos direitos políticos, a perda da função pública, a indisponibilidade dos bens e o ressarcimento ao erário, na forma e gradação previstas em lei, sem prejuízo da ação penal cabível."

O texto constitucional aponta sanções que restringem direitos e expressamente não constituem matéria penal. E indica a possibilidade de o legislador infraconstitucional assim proceder.

É o que ocorre na Lei 12.846/13: o legislador infraconstitucional, pela gravidade das sanções, exige que sejam impostas pelo Poder Judiciário. Tudo é corolário do devido processo legal, sustentado por máximas emprestadas do processo penal (as já citadas, relativas à inexistência de sanção sem processo e sem juiz). Tem-se: 1 – que, pela Constituição, sanções não necessariamente são penais; 2 – que a imposição de processo

---

em conversa pessoal sobre a Lei 12.846/13, externaram a opinião de que se trata, também, de um direito sancionador judicial.

[81] Osório, Fábio Medina. *Direito Administrativo Sancionador*. 3ª ed. São Paulo: RT, 2009, p. 82.

judicial pelo legislador infraconstitucional coliga-se antes à pretensão de que tais sanções não-penais sejam impostas dentro de um ambiente de garantias consistente, mesmo alheias ao direito e ao processo penal; 3- que a adoção de uma tal estrutura de respostas para o tema da improbidade administrativa pode servir para interpretar a pretensão legislativa também na Lei Anticorrupção 12.846/13, até pela familiaridade e mesmo complementariedade que são visíveis entre a Lei de Improbidade e o novel diploma legal. Então, há um apelo a um direito sancionador judicial, que cerca a responsabilização administrativa de pessoas jurídicas, em face de atos lesivos de corrupção, de garantias que transcendem aquelas que usualmente acompanham as sanções administrativas tradicionais. Tais garantias são apoiadas na exigência de juiz e processo judicial, separando o órgão julgador daquele que capitaneia o órgão que sofreu a lesão, tendo em conta o maior gravame imposto pelas sanções contidas no art. 19, quando cotejadas com aquelas de menor vulto – autoexecutáveis – do art. 6º. Mais: conquanto a pessoa jurídica de direito público lesada tenha a iniciativa da ação judicial, esta também é dada ao Ministério Público. Cinde-se, aqui, a unidade entre *persecutor* e vítima que, de certo modo, ocorre no tocante à imposição das sanções do art. 6º [82].

Por fim, um comentário. Antes do advento do Estado Social de Direito pós-segunda guerra, a pretensão revelha de encaixar os ramos do direito em público e privado era fácil: direito privado para relações entre particulares; público, para relações entre o particular e o Estado. Esta catalogação fácil derrui. Foi se tornando mais difícil à medida que setores do direito, embora envolventes de relações entre particulares, foram marcados por forte presença estatal – sobretudo voltada à compensação de vulnerabilidade e hipossuficiências de um dos particulares envolvidos nas relações jurídicas de base. Tratava-se do estado cumpridor de limites positivos, não mais só negativos, que entrou em cena secundando o advento dos direitos de segunda e, sobretudo, terceira geração, de cariz supra-individual. Assim, ramos como o direito do trabalho, o direito consumerista e outros tem difícil encaixe na revelha classificação.

Do mesmo modo que este encaixe dos ramos do direito, como público e privado, foi dificultado pela emergência de novas realidades, também as

---

[82] Conquanto as sanções contidas no art. 6º também possam ser postuladas pelo M.P. em juízo (art. 20).

DISPOSIÇÕES GERAIS

próprias fronteiras entre os ramos do direito foram redesenhadas e, em alguma medida, abolidas. As rígidas delimitações – próprias dos discursos "classificatórios científicos" da modernidade – sugeriam, por exemplo, que a sanção penal era preventivo-retributiva, ao passo que a civil era ressarcitória. Conquanto eminentemente se mantenham assim distinguidas, tem-se visto um direito penal que busca reparação (v. a pena restritiva de direito da prestação pecuniária, inserida no Brasil em 1998, ou a redação atual do art. 387, CPP, que determina ao juiz criminal a fixação da indenização ao pé da sentença condenatória), bem como um direito civil que sanciona com fins preventivos e retributivos, como na ação civil pública ou em multas.

Assim como se perderam os discursos sólidos da modernidade, produzindo-se uma atual "modernidade líquida", no feliz titulo de um dos mais famosos livros de BAUMAN[83], também é possível falar-se de um "direito líquido". A cruza entre ramos outrora taxativamente separados produz ordenamentos hibridizados: assim a lei de improbidade, assim a Lei Anticorrupção. Basta lançar o olhar sobre ela que se verá nítida presença de um "direito líquido", que toma algo emprestado do direito penal (a estrutura do art. 2º, como veremos adiante, aproxima-se em muito do art. 3º da Lei de Crimes Ambientais 9605/98, bem como qualquer um há de se lembrar dos critérios de dosimetria de pena do art. 59, CP, ao deparar-se com o roteiro de dosimetria do art. 7º da Lei Anticorrupção), do direito civil (reparação de dano), do direito administrativo (sanções que lhe são próprias), do processo penal (exigência de juiz e processo para a sanção), de processo civil e administrativo, etc. A arte, que sempre anuncia, como vanguarda, a tendência das ideias, apontava na primeira metade do século XX, nos relógios derretidos de SALVADOR DALÍ, para a liquefação dos grandes discursos. Inclusive jurídicos, ora entretecidos no novo texto legal. Nele, há literalmente, um espaço privilegiado para os especialistas de todos os velhos "ramos" do direito.

Este "direito líquido", de toda sorte, não muda algo cuja centralidade emerge da carta constitucional: toda a emanação de poder punitivo estatal – denomine-se como se queira – exige interpretação restritiva, pelo postulado das liberdades como regra e a intervenção, nelas, como exce-

---

[83] BAUMAN, Zygmunt. *Modernidade Líquida*. Rio de Janeiro: Jorge Zahar, 2001.

ção[84]. Assim, sanções que incidam sobre a propriedade, que é direito fundamental do art. 5º (limitada pela função social respectiva), construída sobre a livre iniciativa, enquanto reitora da ordem econômica insculpida no art. 170, CR, submetem-se a esta linha de interpretação. Noutros termos: o princípio de proteção eficiente deve desenvolver-se de modo a não violentar o princípio da vedação de excesso (também coibindo, naturalmente, eventual violência reversa, deste sobre aquele, capaz de levar a atuação estatal ao absoluto desprestígio e ineficácia).

Note-se, sem embargo, que há situações em que a própria norma sugere ao intérprete que adote exegese ampliativa (caso do art. 1º, parágrafo único, ao arrolar os sujeitos ativos das infrações de corrupção). Nestes casos, a interpretação restritiva cede passo à *mens legis* (algo semelhante ocorre no direito penal, quando o legislador faz uso de enumerações exemplificativas, *numerus apertus,* permitindo ao intérprete a denominada interpretação analógica[85]).

Em resumo, há sanções administrativas impostas a partir de um exercício de poder de polícia estatal, na base da auto-executoriedade (art. 6º, incisos I e II), bem como sanções administrativas impostas a partir de um exercício de poder sancionador judicial (sanções do art. 19).

**Responsabilidade Civil.** A responsabilidade civil prevista no novo texto legal diz com a obrigação de "reparação integral do dano causado" (art. 6º, parágrafo 3º) às entidades e órgãos estatais, imposta às pessoas jurídicas praticantes de atos de corrupção. Esta obrigação reparatória cumula-se com as sanções administrativas, com elas não se confundindo. Assim, a multa prevista no art. 6º, I, não tem qualquer pretensão de fun-

---

[84] Osório, Fábio Medina. *Direito Administrativo Sancionador.* 3ª ed. São Paulo: RT, 2009, p. 144, pensa da mesma maneira. Sem embargo de ressaltar as diferenças entre o direito penal e o direito administrativo sancionador, questionando a unidade do *jus puniendi* estatal, afirma que "é necessário reconhecer, no campo constitucional, cláusulas comuns ao Direito Público Punitivo, não como ramo jurídico, mas como aquele conjunto de normas que disciplinam as várias manifestações punitivas do Estado."

[85] Que não se confunde com a analogia. Esta é uma técnica de integração de lacunas de lei, isto é, pressupõe ausência de lei. No direito penal, é vedada em desfavor do réu, por força da reserva legal (*nullum crimen, nulla poena sine lege stricta*). A interpretação analógica – que pode ser aplicada em desfavor do réu – exige a presença de lei, cuja letra abre ao intérprete um leque de possibilidades, para além das que enumera. É, neste aspecto, o oposto da analogia.

cionar como multa reparatória. Não faz parte da indenização derivada das infrações elencadas no art. 5º. Indenização e multa se cumulam.

Da mesma forma, a indenização derivada das infrações *lato sensu* de corrupção praticadas pelo ente coletivo não se confunde com a penalidade de perdimento de bens, direitos ou valores oriundos de vantagem direta ou indireta da infração, contemplada no art. 19, I. O confisco em questão, a propósito, sequer tem o prejuízo causado como baliza, mas a vantagem auferida (que pode transcender, em muito, o prejuízo causado à administração pública).

Note-se que a redação do art. 13 sugere que a reparação do dano pode (não necessariamente deve) ser apurada em processo administrativo distinto. O texto de lei assinala que as sanções administrativas do art. 6º, neste caso, não deverão aguardar o término do processo administrativo tangente à reparação do dano. Naturalmente, deve haver – para a imposição das sanções do art. 6º – a superveniência da coisa julgada administrativa no processo administrativo alusivo a elas. Quanto ao valor apurado como montante indenizatório, acrescenta o art. 13, parágrafo único que, uma vez não pago, dá-se a inscrição do crédito em dívida ativa da fazenda pública.

E se não for realizado um processo administrativo que objetive a reparação do dano? Esta reparação ainda poderá ser obtida como resultado do processo judicial, destinado à imposição das sanções do art. 19 (e mesmo do art. 6º, que também podem ser requeridas ao Juízo, acaso omissa a autoridade administrativa incumbia da respectiva aplicação – art. 20). É a letra do art. 21, parágrafo único, quando estatui que a condenação às sanções previstas na Lei 12.846/13 pelo Poder Judiciário "torna certa a obrigação de reparar, integralmente, o dano causado pelo ilícito, cujo valor será apurado em posterior liquidação, se não constar expressamente da sentença".

Assinale-se, por fim, quanto à obrigação civil de reparação do dano, que o acordo de leniência previsto no art. 16 não exonera o ente coletivo. É a expressa letra do art. 16, parágrafo 3º.

**Natureza da responsabilidade em face do princípio da culpabilidade: a questão da responsabilidade objetiva.** A opção legislativa contida na Lei 12.846/13 foi de conferir natureza objetiva tanto à responsabilidade administrativa da pessoa jurídica, quanto à civil. A responsabilização do ente coletivo não dependerá da evidência de que um membro seu, atuando em seu nome, fê-lo com responsabilidade subjetiva. Dispensa-se, portanto, qualquer dolo ou culpa por parte dos seres humanos que tenham atuado em nome do ente coletivo quando do ato de corrupção da administração pública.

Do ponto de vista legislativo formal, é possível a responsabilidade civil dar-se de modo objetivo. O art. 927, parágrafo único, CC, contém expresso permissivo:

> "Art. 927. Aquele que, por ato ilícito (arts. 186 e 187), causar dano a outrem, fica obrigado a repará-lo.
>
> Parágrafo único. Haverá obrigação de reparar o dano, independentemente de culpa, nos casos especificados em lei, ou quando a atividade normalmente desenvolvida pelo autor do dano implicar, por sua natureza, risco para os direitos de outrem."

A ressalva do art. 927, CC, em favor da responsabilidade objetiva, pode ser exemplificada através dos arts. 12[86] e 14[87] do CDC. Em ambos, respectivos a defeitos do produto e do serviço, o fornecedor repara os danos deles decorrentes "independentemente da existência de culpa". Igualmente, a Lei 12.846/13 serve como novo exemplo da ressalta do CC.

Mais: o uso de responsabilidade civil objetiva, quanto dirigido à pessoa jurídica, tem respaldo formal na própria na própria Carta Constitucional. Assim, o art. 37, parágrafo 6º estatui que pessoas jurídicas de direito público, bem como de direito privado, prestadoras de serviços públicos, "responderão pelos danos que seus agentes, nessa qualidade, causarem a terceiros, assegurado o direito de regresso contra o responsável nos casos de dolo ou culpa". É dizer: causando dano, respondem objetivamente; após, sendo condenadas, as pessoas jurídicas em questão podem cobrar-

---

[86] Art. 12, caput, CDC: "O fabricante, o produtor, o construtor, nacional ou estrangeiro, e o importador respondem, independentemente da existência de culpa, pela reparação dos danos causados aos consumidores por defeitos decorrentes de projeto, fabricação, construção, montagem, fórmulas, manipulação, apresentação ou acondicionamento de seus produtos, bem como por informações insuficientes ou inadequadas sobre sua utilização e riscos."

[87] Art. 14, CDC. "O fornecedor de serviços responde, independentemente da existência de culpa, pela reparação dos danos causados aos consumidores por defeitos relativos à prestação dos serviços, bem como por informações insuficientes ou inadequadas sobre sua fruição e riscos."

-se de terceiros regressivamente, desde que provem dolo ou culpa. Logo, somente é subjetiva a responsabilidade civil na ação de regresso.

Também no tocante à responsabilidade administrativa objetiva, há exemplos precedentes no direito brasileiro de seu uso. A Lei 12.529/11, que regulamenta o CADE e reprime infrações contra a ordem econômica, prevê sanções administrativas impostas ao infrator nos seguintes termos:

"Art. 36. Constituem infração da ordem econômica, independentemente de culpa, os atos sob qualquer forma manifestados, que tenham por objeto ou possam produzir os seguintes efeitos, ainda que não sejam alcançados:
I – limitar, falsear ou de qualquer forma prejudicar a livre concorrência ou a livre iniciativa;
II – dominar mercado relevante de bens ou serviços;
III – aumentar arbitrariamente os lucros; e
IV – exercer de forma abusiva posição dominante."

Esta legislação substituiu a Lei 8884/94, que era dirigida tanto a pessoas jurídicas, quanto às naturais. Em relação a estas, era discutível a adoção de responsabilidade objetiva pura. É que, quando da operação de direitos sancionadores de qualquer espécie em face de seres humanos, há um primado do princípio da culpabilidade, exigente de dolo ou no mínimo culpa para configurar o desvalor de ação embutido na infração[88].

---

[88] CARVALHO FILHO, José dos Santos. *Manual de Direito Administrativo*. 25ª. ed. São Paulo: Atlas, 2012, p. 1069, exigindo dolo ou culpa em atos de improbidade administrativa. OSÓRIO, Fábio Medina. *Direito Administrativo Sancionador*. 3ª ed. São Paulo: RT, 2009, p 367, sustenta a necessidade de dolo e culpa nas infrações administrativas, ainda que as divida em infrações praticadas por particular contra a administração pública (caso da Lei 12.846/13) e infrações praticadas por agentes submetidos a "especiais relações jurídicas" com a Administração (pp. 363-4), após sustentar a ampla incidência do princípio da culpabilidade nas infrações administrativas, a partir do Tribunal Supremo Espanhol, Corte que assentou "a doutrina de que o Direito Administrativo Sancionador exige, para efeitos de responsabilidade subjetiva, malícia, negligência, imprudência ou ignorância inescusável do suposto infrator, o que remete a várias categorias inerentes à responsabilidade subjetiva, ainda que dirigida a pessoas jurídicas" (op. cit, p. 357). Afastamos, todavia, a incidência de responsabilidade subjetiva em modelos de auto-responsabilidade, no correr do texto. O próprio autor citado reforça nosso modo de pensar, ao sustentar que culpabilidade dirige-se a "pessoas dotadas de certa liberdade e autodeterminação capazes de embasar sua responsabilidade".

De fato, um longo percurso histórico insculpiu a responsabilidade subjetiva como exigência necessária para sancionar seres humanos.

Na antiguidade pré-cristã, a responsabilidade do ser humano era objetiva. O construtor que construir uma casa e esta ruir, matando o proprietário, que morra o construtor – dizia a legislação mesopotâmica[89]. Pouco interessava a vontade do construtor. Se: 1) construísse a casa para ruir e matar o proprietário; 2) construísse-a descuidadamente, não prevendo a eventual queda pela inadequação dos materiais empregados; 3) construísse-a com todo o cuidado e rigor, não prevendo o imprevisível (por exemplo, que as fundações da casa viriam a baixo por força de uma mina d' água imperceptível logo abaixo dela, em todas estas três situações, a condenação à morte ocorreria. O raciocínio é simples: a partir de uma cosmovisão teocêntrica, interessava a vontade divina. A vontade humana não era percebida nem tinha valor. Todo o fato mundano era interpretado para descoberta da vontade dos deuses. Neste contexto de plena valorização do mágico, "não há um obstáculo principiológico de levar todo o problema causal ao âmbito do sobrenatural e responder a qualquer conflito, enquanto destino decidido por deuses, com sacrifícios aos deuses"[90].

No exemplo, se os deuses deixaram que resultasse a morte do proprietário do trabalho do construtor, é porque desejam a consequente morte do construtor, prevista numa legislação também sacralizada. Daí, a responsabilidade objetiva, centrada nos elos causais (a causa da causa é a causa do que foi causado), levar à pena de morte. Do trabalho surge a construção, desta o desabamento, deste a morte. O nexo causal é o bastante para a responsabilização.

Outro exemplo é recolhido por Jakobs da "Legenda Aurea", de Iacopo da Varazze. Esposa de Albuin, Rei dos Longobardos, Rosamunde sente-se ofendida por ele. Então, deita-se no leito de uma das concubinas de um dos duques do rei, que com ela mantém relação carnal sem suspeitar de sua identidade. Findo o ato, Rosamunde revela-se e afirma: "agora com certeza fizeste algo pelo qual haverás de matar o Rei ou morrer por

---

[89] O exemplo foi recolhido de Batista, Nilo. *Introdução Crítica ao Direito Penal Brasileiro*. Rio de Janeiro: Revan, 1990, p. 102.

[90] Jakobs, Günther. *Sobre la normativización de la dogmática jurídico-penal*. Bogotá: Universidad Externado de Colombia, 2004, p. 30. Vide, do mesmo autor e sobre o mesmo ponto: Jakobs, Gunther. *Fundamentos do Direito Penal*. São Paulo: RT, 2003, pp. 15-18.

sua mão..." Pelo princípio da culpabilidade, inexistindo dolo ou culpa por parte do Duque, nada lhe deveria ocorrer. Porém, importante é a...

"...barbaridade de que um vassalo do Rei teve comércio carnal com a esposa deste: isso revoluciona a ordem hierárquica, e, com isso, da sociedade dos longobardos; esta 'ferida no organismo de todas as relações vitais' (VICTOR ACHTER) só pode curar se se elimina a contradição que está na sua base, e isso significa que um dos dois, rei ou duque, deve desaparecer da terra."[91]

A conclusão de JAKOBS é de que a "lenda ainda conhece forças superiores que intervém de modo independente dos seres humanos no mundo, e o fazem de um modo pleno de sentido (MAX WEBER), e por isso conhece também responsabilidade sem lado subjetivo do fato."

A cultura cristã assenta-se sobre bases um tanto distintas[92]. O homem recebe de Deus livre-arbítrio, chave da escolha entre o bem e o pecado. Errando, peca, devendo penitenciar-se e arrepender-se. Do contrário, sofre condenação pela sua culpa. Aqui, inscreve-se uma valorização da vontade humana no discurso religioso, que foge a uma plena predestinação divina. O direito penal canônico tem esta marca.

Naturalmente, com o *cogito* cartesiano, um homem que autojustifica sua existência por pensar, valoriza mais ainda a subjetividade. É uma das sementes iniciais da modernidade, tanto quanto a pouco anterior obra de FRANCIS BACON denominada "Novum Organum", escrita em 1620, que

---

[91] JAKOBS, Günther. *Sobre la normativización de la dogmática jurídico-penal.* Bogotá: Universidad Externado de Colombia, 2004, pp. 64-65.

[92] V. GARRAFA, Volnei e , SELETTI, Jean Carlos. *As Raízes Cristãs da Autonomia.* Petrópolis: Vozes, 2005, pp. 19-22, demarcando a diferença de concepção de PELÁGIO, para quem o homem tem livre arbítrio e o pecado é um "ato isolado de vontade", frente à de SANTO AGOSTINHO, que entende o ato de rebeldia humana contra Deus, causador da expulsão do paraíso, como ato livre, condutor – todavia – a um posterior estágio de alma corrompida pelo pecado e por ele guiada num "servo-arbítrio" ("não posso não pecar", dizia) que só pode ser superado pela salvação. Com ela, há um resgate do livre-arbítrio. Os autores anotam, ainda, que livre-arbítrio não deve ser confundido com liberdade formal, pois é "capacidade do ser humano de fazer o bem", e não uma qualquer liberdade de agir sem expressar "juízo de valor" (op. cit., p. 18). V., também, AGOSTINHO, Santo. *O Livre-Arbítrio.* 2ª ed., tradução de Nair de Assis Oliveira, São Paulo: Paulus, 1995, passim.

demarca o surgimento "das ciências da natureza"[93] (Jakobs). O pensamento cartesiano, do começo do século XVII, defluirá, por exemplo, na plena autonomia humana, num homem que faz sua própria lei, proclamada no pensamento kantiano. E, nesta altura – começo do século XIX, final do XVIII – a responsabilidade subjetiva, exigente de dolo ou no mínimo culpa, ganha seus contornos finais: a responsabilidade de seres humanos há de tomar a subjetividade em conta (o que o agente quer, conhece, prevê, etc..). Agora, o primeiro construtor poderá ser condenado por um homicídio doloso, o segundo, com menor censura, recebe a pena de um homicídio culposo, e o terceiro é absolvido, por não prever o imprevisível – caso fortuito.

Neste percurso todo, há lugar, referência ou alusão a pessoas jurídicas? *Não*. O percurso histórico da responsabilidade subjetiva – aqui apresentado de modo bastante resumido – não passa pelo ente coletivo, nada diz com ele, sobre ele e dele. É alheio à pessoa jurídica.

Assim, quando se trata de pessoas jurídicas, que não são entes morais, evidentemente a exigência de dolo ou culpa – como modalidades de responsabilidade subjetiva e expressões de desvalor de ação, para além do necessário desvalor de resultado – perde toda a razão de ser. A *ratio essendi* do ente coletivo não se compagina com a exigência de dolo ou culpa. Aquele, enquanto representação e vontade e esta, enquanto não previsão de um evento objetivamente previsível, voltam-se ao substrato humano, dotado de psique.

É possível construir a culpabilidade do ente coletivo noutro aspecto: a ideia de que culpabilidade é reprovabilidade feita a alguém por uma infração, quando a omissão de sua prática era viável. Neste contexto, em que não se fala de culpabilidade como responsabilidade subjetiva, mas como reproche ou censura, há possibilidade de construir-se uma culpabilidade de entes coletivos. Funda-se no déficit organizacional de estruturas internas que fossem criadas e operassem de modo a evitar a infração. Acaso criadas e conquanto operando, tenham sido *burladas,* é possível pensar na exculpação do ente coletivo que não se mostrou deficitário para prevenir o evento danoso, conquanto este tenha ocorrido. Esta acepção de culpabilidade, como reprovação ou censura, é passível de construção quando

---

[93] Jakobs, Günther. *Sobre la normativización de la dogmática jurídico-penal*. Bogotá: Universidad Externado de Colombia, 2004, p. 65.

dirige-se a pessoas jurídicas. Porém, uma exigência de dolo ou culpa, como expressões de responsabilidade subjetiva e desvalor de ação, carece de todo o sentido. Daí a correção da solução legislativa, ao criar uma responsabilidade objetiva administrativa para as práticas de corrupção por pessoas jurídicas, previstas no art. 5º da lei 12. 846/13.

Por fim: com a previsão de pura responsabilidade objetiva, o texto de lei conduz à automática punição do ente coletivo quando da obtenção de vantagem fortuita (aquela derivada de caso fortuito, caracterizada por imprevisibilidade objetiva)? A resposta é negativa. Sem embargo da adoção de responsabilidade objetiva pura, há um conjunto de requisitos necessários para que as infrações caracterizadoras de corrupção ocorram. Tais requisitos *decotam* a responsabilidade. Restringem-na. Assim, um benefício fortuito não conduzirá à aplicação de sanções, acaso não derive: a) dos tipos previstos na normativa, contidos no art. 5º; b) de um ato praticado pelo ente coletivo, cujos elementos serão expostos adiante. Quando da amarração do benefício aos moldes típicos do art. 5º e à exigência de um "ato do ente coletivo", situações em que deva ser considerado *fortuito são barradas.*

Este comentário, aliás, sugere a necessidade de ingressar na análise do art. 2º da Lei, atinente aos requisitos da infração conducente às sanções nela previstas.

**Art. 2º** *As pessoas jurídicas serão responsabilizadas objetivamente, nos âmbitos administrativo e civil, pelos atos lesivos previstos nesta Lei praticados em seu interesse ou benefício, exclusivo ou não*

**Requisitos materiais do comportamento punível**: O art. 2º fixa os requisitos da infração que, praticada pelo ente coletivo, conduz às penalidades do art. 6º, pelas autoridades máximas de cada "órgão ou entidade dos Poderes Executivos, Legislativo e Judiciário" (art. 8º, caput e art. 12), bem como daquelas contidas no art. 19, pela via judicial, instada tanto pelos órgãos de "advocacia pública ou representação judicial" da União, Estados, Distrito Federal e Municípios, como pelo Ministério Público.

O dispositivo, conjugado a outros da *lex*, arrola *requisitos materiais do comportamento punível*, consistentes em: a) um *ato* lesivo realizado pela *universitas*; b) a previsão do ato lesivo no texto da Lei 12.846/13 (i.é, segundo os moldes do art. 5º), de modo a configurar-se um *ilícito típico*; c) a respectiva realização no *interesse ou benefício*, parcial ou integral, do ente coletivo. Tais requisitos, repita-se, são necessários e idênticos para todas as espécies de sanções administrativas contidas na lei, sejam de ordem administrativa pura ou aplicadas pelo Poder Judiciário (mediante o antedito direito sancionador judicial). Quanto à incidência de responsabilidade civil, o conjunto de requisitos desloca-se para a letra do art. 186, C.C..

Segue a análise dos requisitos da infração para imposição das sanções contidas nos arts. 6º e 19.

**Ato lesivo realizado pelo ente coletivo:** Há uma ampla discussão, que arranca do direito penal, sobre se pessoas jurídicas praticam ações. Afirmada esta possibilidade, surge outra questão: quando se está diante de uma ação do ente coletivo? A dogmática debruça-se sobre a criação dos requisitos da ação, que permitam ao operador do direito constatar se está diante de uma. Tais discussões são fortemente reanimadas por força do texto legal em análise e servem-lhe como referência.

Efetivamente, a leitura do art. 1º da Lei 12.846/13 indica a incidência da *lex* para "responsabilização (...) de pessoas jurídicas pela prática de atos contra a administração pública". Não diz quem pratica tais atos. Não coliga os atos a pessoas físicas, sejam elas ocupantes de posições apicais – i.é, ocupantes do ápice da pirâmide hierárquica organizacional -, sejam subalternas. A dispensa de referência a seres humanos no texto legislativo repete-se no art. 2º: "As pessoas jurídicas serão responsabilizadas (...) pelos atos lesivos previstos nesta Lei praticados no seu interesse ou benefício..."

O silêncio acerca de pessoas físicas praticantes dos atos lesivos em nome ou por conta do ente coletivo permitiria, com tranquilidade, concluir-se pela existência de um modelo de auto-responsabilidade administrativa e civil. Significa que o ente coletivo é responsabilizado por atos praticados por ele mesmo, diretamente. Não se trata de um modelo de hetero-responsabilidade, exigente de seres humanos enquanto substratos sobre os quais recai a responsabilidade que, ao depois, é transferida ao ente coletivo. Nos modelos de hetero-responsabilidade, o ente coletivo sofre responsabilidade pela prática de ilícito efetuada por alguém *diferente* do próprio ente. O prefixo hetero deixa isto evidente. Porém, não é o modelo legal. A própria adoção de responsabilidade objetiva auxilia a chegar nesta conclusão.

Para além do exposto, o modelo de auto-responsabilidade deriva, de modo cabal, do art. 5º do *corpus* legislativo. Diz, textualmente, que "constituem atos lesivos à administração pública, nacional ou estrangeira, para os fins desta lei, todos aqueles praticados *pelas pessoas jurídicas (...) que atentem contra...*" Quem pratica o ato ilícito? A própria pessoa jurídica, diretamente. Não se exige – repita-se – substrato humano.

É claro que um ente coletivo é derivado da pluralidade de seres humanos. São revelhas as discussões sobre a natureza jurídica da *universitas*, enquanto realidade orgânica ou ficção. Remontam ao século XIX. Em particular, a teoria da ficção, desenvolvida por SAVIGNY, concebendo a "realidade da existência de um ente coletivo (...) sobre as determinações de um certo número de representantes que em virtude de uma ficção eram consideradas próprias do ente"[94]. Ao contrário, concebendo os entes coletivos como *sujeitos*, a teoria organicista, de GIERKE, colocou-os como "associações concebidas como organismos, isto é, como entidades que têm uma personalidade real (...) e que não são explicáveis pelas categorias individualistas do direito privado."[95] Claramente, vê-se uma raiz de hetero-responsabilidade no primeiro modelo, enquanto o segundo sugere auto-responsabilidade.

Para além da herança civilista individualista visualizada na percepção de SAVIGNY, de corte liberal-burguês, que colocava em dúvida a possibilidade de que existissem atos ou ações como expressões do ente coletivo, há também uma herança jurídico-penal de idêntico corte. Concebendo uma teoria do delito antropocêntrica, esta herança criou os pilares de sustentação da máxima *societas delinquere non potest*. Atualmente, porém, há construções dogmáticas sofisticadas para rompê-la, sustentando-se, v.g., que o ente coletivo pratica *atos,* ponto de partida para imputar-lhe ilícitos e sanções correlatas.

---

[94] GARRIGÓS, DEGANUT e SANSONE. "Origen y evolución de la responsabilidad penal de las personas jurídicas". In *Temas de Derecho Penal Econòmico y Responsabilidad de las Personas Jurídicas*. Coord. ZULITA FELLINI. Tomo I. Buenos Aires: Grün, 2004, p. 164.

[95] BACIGALUPO, Silvina. "La responsabilidad penal de las personas jurídicas: un problema del sujeto del derecho penal. In *La Responsabilidad Penal de las Personas Jurídicas, Órganos y Representantes*. Coord. Percy García Cavero. Mendoza: Ediciones Jurídicas Cuyo, 2004, p. 78.

Tais construções derivam precipuamente do direito penal hodierno, que inverte a máxima antes referida: *societas delinquere potest*. Sustenta-se hoje um modelo de delito afeiçoado às pessoas jurídicas, autorizador da respectiva responsabilidade penal. Gradualmente, os ordenamentos jurídico-penais vão admitindo a responsabilidade penal da pessoa jurídica. E, assim como o delito praticado por seres humanos exige uma ação – *nullum crimen sine conducta* –, também se a exige para que o ente coletivo pratique um crime, bem como – a teor dos arts. 1º, 2º e 5º da Lei 12.846/13, uma infração de corrupção *lato sensu*.

Uma teoria da conduta da pessoa jurídica pode ser estruturada a partir da linguagem cotidiana[96]. Bem anota SILVA SANCHEZ:

> "...partindo-se de que, a partir do Direito, atribui-se às pessoas jurídicas a condição de 'centros de imputação' poder-se-ia afirmar, coerentemente, que seus fatos constituem, enquanto tais, *expressão de sentido*, e que podem ser objetos de uma valoração. Se, em continuidade, condensa-se, neste extremo, a concorrência de uma ação, então as pessoas jurídicas atuam (isto é, interatuam, comunicam)."[97]

O modo como linguisticamente construímos nosso universo de sentido compõe-se, diuturnamente, de atribuição de conduta aos entes coletivos. Manchetes de jornais dizem que a empresa X lançou um produto no mercado, que a Y efetuou um *recall*, que a Z construiu uma nova unidade fabril. No panorama jurídico, igualmente diz-se que a empresa contratou outra empresa, ou mesmo um trabalhador. Nas relações comerciais, entes coletivos vendem, compram, tomam empréstimos. Trata-se, pois, de um conteúdo significativo (i.é, decorrente de signos linguísticos) compartilhado por economistas, contadores e administradores de empresa. E tudo isto se dá num universo econômico corporativo, ou seja, que cen-

---

[96] BUSATO, Paulo César. *Direito Penal*. São Paulo: Atlas, 2013, p. 734. V., também, BACIGALUPO, Silvina. "La responsabilidad penal de las personas jurídicas: un problema del sujeto del derecho penal. In *La Responsabilidad Penal de las Personas Jurídicas, Órganos y Representantes*. Coord. Percy García Cavero. Mendoza: Ediciones Jurídicas Cuyo, 2004, pp. 92-93.

[97] SILVA SÁNCHEZ, Jesús María. "La responsabilidad penal de las personas jurídicas y las consecuencias accesorias del artículo 129 del Código Penal Español". In *La Responsabilidad Penal de las Personas Jurídicas, Órganos y Representantes*. Coord. Percy García Cavero. Mendoza: Ediciones Jurídicas Cuyo, 2004, p. 124.

DISPOSIÇÕES GERAIS

traliza nas pessoas jurídicas a geração de produtos e serviços, bem como a respectiva distribuição ao consumo. Em todas estas situações, verifica--se a posição do ente coletivo como sujeito de verbos – signos de condutas ou ações – praticados em relação a objetos. Reportada realidade não se modifica quando diante de coletividades sem fins lucrativos, como ONG's, associações, etc. Também elas figuram como sujeitos de ações.

De modo mais sofisticado, existem propostas formuladas no âmbito do direito penal – sobretudo econômico – para dar contornos às "ações institucionais". Calha citar, por exemplo, a teoria da ação institucional desenvolvida por DAVID BAIGÚN.

A Ação Institucional deriva de um fenômeno de inter-relação. Esta inter-relação transcende a soma de vontades de cada indivíduo formador da coletividade, formando uma "objetividade qualitativamente diferente do interesse de cada um dos indivíduos"[98]. É o mesmo sentir de GARRIGÓS, DEGANUT e SANSONE:

> "Quando se tomou uma decisão institucional, e logo, por fatores de uniões ou vendas acionárias, um grupo predomina sobre outro, ou quando a execução há de corresponder a agentes que estão a milhares de quilômetros e distanciados hierarquicamente do lugar da decisão, é evidente que se está ante o fenômeno da alienação, no sentido de que se objetiva tanto a questão que está totalmente separada da vontade dos iniciadores (...) Por isso a ação institucional das pessoas jurídicas não é a ação humana; é humana no sentido de que a fazem os homens mas não é humana no sentido de que não é produto de uma reação emocional. A ação institucional é uma ação qualitativamente diferente."[99]

Para que se verifique a conduta do ente coletivo, enquanto ação institucional, devem incidir cumulativamente três requisitos, segundo assinala BAIGÚN. São eles: marcos regulatórios, plano organizacional e interesse econômico.

---

[98] BAIGÚN, David. *La responsabilidad penal de las personas jurídicas (Ensayo de un nuevo modelo teórico)*. Buenos Aires: Depalma, 2000, p. 38.

[99] GARRIGÓS, DEGANUT e SANSONE. "Origen y evolución de la responsabilidad penal de las personas jurídicas". In *Temas de Derecho Penal Econòmico y Responsabilidad de las Personas Jurídicas*. Coord. ZULITA FELLINI. Tomo I. Buenos Aires: Grün, 2004, p. 191.

O primeiro requisito – regulação normativa – concerne às normas que estabelecem como devem ser tomadas as decisões dentro das corporações, a composição dos seus órgãos, dentre outras questões referentes à constituição e ao desenvolvimento das atividades da pessoa jurídica. A base para análise da regulação normativa de cada ente coletivo é o ordenamento jurídico do país onde a empresa é constituída. Seu ato constitutivo e todas as normas atinentes ao seu funcionamento hão de ser elaboradas em conformidade com o sistema legal do país[100]. Nesta toada, é possível divisar uma normativa externa, representada pelo ordenamento jurídico empresarial, e uma normativa interna, representada por estatutos, contratos sociais ou atos constitutivos diversos. O art. 1º, parágrafo único, da Lei 12.846/13, é em boa medida remissivo àquela.

O segundo requisito para existir uma ação institucional é a existência de um plano organizacional. Caracteriza-se pelos seguintes fatores: uma coletividade humana de certa magnitude, um conjunto de fins racionais, um sistema de comunicação institucionalizado, um sistema de poder e um nível de conflito interno[101].

O primeiro deles – coletividade humana – é comum a praticamente todas as organizações. Mesmo uma "Eireli" – empresa individual de responsabilidade limitada (art. 980, CC) –, tem suas atividades, de modo geral, desenvolvidas com conjugação de esforços entre o constituinte e terceiros, seus subordinados.

Agora, existindo pessoas jurídicas com este perfil, e empreendidas *todas* as atividades por um só agente (suponha-se que atue sozinho, sem auxílio de qualquer terceiro), torna-se discutível que a "Eireli" pratique ações institucionais, por falhar o requisito organizacional da pluralidade de pessoas. Parece-nos, *prima facie*, abrir-se exceção à incidência da Lei 12.846/13, situação que sugere devam incidir as sanções alheias à lei em análise, previstas para a pessoa física nos demais setores do direito, derivadas do ato corruptor por ela perpetrado. De todo modo, esta exceção não sugeriria propriamente um convite ao corruptor *lato sensu* para constituir Eireli com o propósito de cometer atos lesivos, até porque a criação

---

[100] Baigún, David. *La responsabilidad penal de las personas jurídicas (Ensayo de un nuevo modelo teórico)*. Buenos Aires: Depalma, 2000, p. 40.
[101] Idem, p. 44 e ss..

proposital da pessoa jurídica com este perfil para corrupção caracteriza-ria as figuras infracionais do art. 5º, incisos II e III.

Em segundo lugar, para haver um plano organizacional, exigem-se fins racionais ou estatutários. O objeto social empresário vem definido no contrato social ou atos constitutivos diversos, tanto quanto há um objeto que move – enquanto fim racional – atividades protagonizadas por pessoas jurídicas não empresárias. Estes fins racionais podem – e devem – ser diferenciados dos fins reais, derivados da interação dos membros da pessoa jurídica com as normas que definem os fins estatutários. O reconhecimento destes fins reais é a constatação de um *status* de organização que, unido ao lucro, pode desviar a corporação da persecução dos fins estatutários ou racionais[102]. Avulta, aqui, a prática, por exemplo, de uma lavagem de dinheiro, ou mesmo dos atos de corrupção previstos na lei *sub examen*.

Para que sejam atingidos os fins racionais, passa-se por um processo de comunicação, que é a terceira característica do plano organizacional. A organização, enquanto conjunto de atividades e pessoas, não prescinde, para seu funcionamento, de um emitente – a fonte emissora de atos comunicativos ou informativos -, da mensagem neles veiculada (que exibe a finalidade do emitente), uma linguagem que dá forma à mensagem, mediante signos, e um destinatário ou receptor[103].

Quarto requisito: é preciso um sistema de poder para haver organização. Trata-se de uma relação de poder presente nos entes coletivos, que possibilita a atuação de um indivíduo ou grupo sobre outros indivíduos ou grupos com o escopo de deles obter algo[104]. Trata-se de hierarquia. O sistema de poder supõe relações de forças, controle e aplicação de regras entre os integrantes da coletividade. As estruturas corporativas sofisticadas têm organogramas, compostos de cargos projetados segundo uma prévia descrição e divisão interna de tarefas, como mecanismos que, em abstrato, projetam estas relações de poder.

Vale salientar a crítica de PALMUCCI, FARSA e MÓNACO no tocante a este requisito. Consideram que a referência de BAIGÚN a relações de poder – além de apelar para um elemento de perfil genérico e abstrato –

---

[102] Ibid., p. 45.
[103] Ibid, p. 46.
[104] Ibid., p. 47.

dificulta a cisão entre ações humanas e institucionais, pois se estas "são o produto das relações de poder, será evidente que as mesmas se verificaram entre indivíduos"[105].

Não é possível aceitar a crítica. Evidentemente que há uma pluralidade de pessoas em interação no âmbito organizacional. Porém, atuam dentro de marcos regulatórios, no afã de realização de um fim comum. Tais fatores balizam, demarcam e limitam as atividades decisórias humanas de tal forma que mitigam, nelas, a expressão de vontade humana. Para além, cada ser humano atua como centro de poder parcial, dentro da mecânica organizacional adrede planejada. São os seres humanos detentores de poder, nestas estruturas, cumpridores de papéis, antes de qualquer coisa. É justo por isso que tem razão BUSATO, quando afirma – a partir de analogia com a física – que a vontade da pessoa jurídica é "uma resultante, que em um problema de forças que agem sobre um corpo pode determinar um resultado para uma direção diferente de todas elas."[106]

Por fim, há no plano organizacional um nível de conflito. A colisão de interesses entre grupos ou subgrupos pode determinar a decisão final. Em outros termos, segundo BAIGÚN, o conflito entre interesses tem o condão de repercutir sobre "um curso de ação distinto do esperado"[107]. O autor trabalha com dois possíveis níveis de conflito: a um, aquele resultante de contraposições fundadas na expectativa de recompensas ou consolidação de poder; a dois, divergências relacionadas a interesses econômicos. Ressalta que o segundo nível sobredetermina o primeiro, pois é o interesse econômico que delineia a atuação da empresa[108]. A sobrevivência de organizações não empresárias pauta-se, também, pelo viés econômico.

Quanto ao interesse econômico no âmbito empresário, enquanto perspectiva de ganho ou benefício, encontrando-se intrinsecamente relacionado ao processo de acumulação, a partir do qual se origina um fluxo de formação originária de capital (BAIGUN)[109]. É possível verificar,

---

[105] PALMUCCI, FARSA e MÒNACO. "Acción". In *Temas de Derecho Penal Econòmico y Responsabilidad de las Personas Jurídicas*. Coord. ZULITA FELLINI. Tomo I. Buenos Aires: Grün, 2004, p. 191.

[106] BUSATO, Paulo César. *Reflexões sobre o sistema penal do nosso tempo*. Rio de Janeiro: Lumen Juris, 2011, p. 224.

[107] BAIGÚN, David. *La responsabilidad penal de las personas jurídicas (Ensayo de un nuevo modelo teórico)*. Buenos Aires: Depalma, 2000, p. 49.

[108] *Idem*, p. 49.

[109] *Ibidem*, p. 51.

no comportamento das empresas, a busca sistemática por acumulação de capital como um de seus objetivos. Resulta dessa premissa que o competidor conhece as variáveis envolvidas na tomada de decisão, elegendo a alternativa que lhe proporcione a maior rentabilidade[110]. O interesse econômico consiste em algo almejado pelos indivíduos, cuja realização conforma um conjunto próprio de leis, às quais se sujeitam os membros da coletividade[111]. O lucro atende à ideia de remuneração do risco empresarial, na teoria geral econômica.

Porém, este requisito da ação institucional proposta por BAIGÚN, em se tratando de pessoas jurídicas não empresárias, deve ser matizado. E a matização é necessária, sobretudo, por força de dois aspectos ligados à redação da Lei 12.846/13. O primeiro é de que a lei não se restringe a sociedades empresárias. Apanha também, como sujeito ativo de atos institucionais lesivos à administração pública, as sociedades simples, "personificadas ou não, independentemente da forma de organização ou modelo societário adotado, bem como a quaisquer fundações, associações de entidades ou pessoas, ou sociedades estrangeiras (...) constituídas de fato ou de direito", segundo versa o art. 1º, parágrafo único.

De fato, uma *universitas*, para ser reconhecida como tal e, pois, sujeito ativo de ações institucionais, não precisa ser movida por necessário interesse econômico. O interesse pode ter viés político, ideológico ou diverso. Aliás, a própria ideia de um plano organizacional não exige fins econômicos racionais, mas fins racionais, pura e simplesmente. Por isto, o requisito do interesse econômico há de ser mitigado, abrindo-se a possibilidade de reconhecimento de uma ação institucional quando qualquer interesse – não sé econômico – mover a *societas*.

O segundo aspecto diz com a conversão do interesse do ente coletivo como exigência para a infração de corrupção *lato sensu* se caracterizar. Segundo o art. 2º da Lei 12.846/13, o interesse ou benefício projetado para o ente coletivo não necessita ser econômico. Pode ter qualquer natureza.

Em suma: examinados os três requisitos necessários à configuração da ação institucional – regulação normativa, organização e interesse (matizou-se a necessidade de ser econômico) –, percebe-se que é possível

---

[110] *Ibidem*, p. 54
[111] *Ibidem*, p. 54.

reconhecer a pessoa jurídica como expressão institucional de entidade autônoma em relação a seus membros, capaz de praticar atos institucionais de corrupção *lato sensu.*

A ação institucional é o produto da decisão dos órgãos do ente coletivo associada ao uso dos mecanismos estatutários. Tal decisão ocorre a partir do funcionamento de uma organização, cujo reconhecimento pede a presença de elementos cumulativos. Uma vez entrelaçados num plano organizacional, emitem processos comunicativos perfeitamente assimiláveis a decisões finais, movidas no marco do interesse comum, usualmente – embora não necessariamente – econômico. Bem afirma PALIERO: no âmbito corporativo, o ilícito nasce de "processos decisórios complexos, nunca próprios e exclusivos de um sujeito individual ou de um restrito núcleo de sujeitos não previamente inserido em uma estrutura orgânica e organizada"[112].

Daí, ser possível afirmar a ação institucional como expressão da vontade do ente coletivo não no plano psíquico (a pessoa jurídica não possui instância psíquica, razão pela qual efetivamente não lhe é possível atribuir dolo e culpa, no senso de uma responsabilidade subjetiva), mas – por certo – no plano comunicativo, seja pelo apego ao modo cotidiano de reconstrução de mundo efetuado linguisticamente, por todos nós, seja sofisticando o conjunto de exigências para reconhecimento da ação do ente coletivo, através da associação do processo comunicativo constitutivo do ato institucional a um *substrato.* Para conformação dos requisitos deste substrato, recorre-se ao conjunto de elementos constitutivos da teoria da ação institucional. Ela é capaz de fornecer os elementos necessários para que se identifique a prática de atos pela pessoa jurídica, conforme exige o art. 5º da lei 12.846/13 para existência de uma infração, no marco de um modelo de auto-responsabilidade do ente coletivo, sugerido pelos arts. 1º e 2º da mesma lei, ao silenciarem sobre a necessidade de ações em nome ou por conta da *societas,* praticadas por seres humanos em posição apical ou subalternos.

**Ilícito típico:** Quanto ao segundo requisito, tem-se que a Lei 12.846/13 prevê um ilícito típico. Este modelo de ilícito – caracterizado por tipicidade – remete ao protótipo de ilicitude jurídico-penal. É bem

---

[112] PALIERO, Carlo Enrico. "La societá punita: del come, del perché, e del per cosa". In *Rivista Italiana di Diritto e Procedura Penale.* Nuova serie. Anno XLIII, 2008, p. 1.518.

verdade que o ilícito tributário também é ilícito típico, diante da necessidade de incidência, pelo contribuinte, em hipótese de incidência, prevista em lei como fato gerador, do poder tributário estatal. Do mesmo modo, o direito administrativo sancionador opera com ilícitos típicos, conquanto constituídos de exigências de estreiteza mitigadas em relação ao poder punitivo estatal exercido mediante o direito penal[113]. Neste campo, sim, há um clássico princípio de Reserva Legal, cuja incidência deriva em necessidade de *lex praevia, stricta, scripta et certa* para a criminalização primária de comportamentos e cominação de penas (art. 1º, CP, bem como 5º, XXXIX, CF).

A Lei em análise apela para categorias dogmáticas de vários ramos do direito, como já afirmado. O apelo ao ilícito típico advém da previsão de responsabilidade administrativa, conducente a severas sanções de mesma natureza (ao menos, segundo proclama o legislador). O comportamento ilícito civil, gerador da responsabilidade de igual natureza, não precisaria cingir-se a tipos previamente delineados de comportamentos. Afinal, a responsabilidade civil deriva da produção de dano a outrem, conforme art. 186, CC, com os contornos do art. 403, CC. Provém de quaisquer comportamentos, cujas formas são livres. O art. 927, CC, conquanto exija dolo ou culpa no comportamento proibido, ressalva a possibilidade de responsabilidade civil objetiva – similar à estatuída na Lei 12.846/13 – em hipóteses legais. Tais casos estão apoiados, de regra, na teoria do risco, a exemplo dos já exemplificados artigos 12 e 14 do CDC. No texto em mesa, não seria impensável derivar da teoria do risco a responsabilidade objetiva civil do ente coletivo. Basta verificar que a corrupção impregna seto-

---

[113] De fato, o princípio da legalidade atua no direito administrativo sancionador, ainda que possa sofrer mitigações em relação aos rigores que possui no campo do direito penal. Nesta toada, só a título de exemplo, a observação de José Armando da Costa (*Direito Disciplinar – temas substantivos e processuais*. Belo Horizonte: Fórum, 2008, p. 134): *"Advirta-se, desde já, que a regra da relativa tipicidade – predominante na área do Direito Disciplinar – é aplicável apenas nos casos de punições mais leves. E, mesmo assim, isso não significa que o funcionário possa ser punido arbitrariamente. Apenas traduz que os motivos da punição não necessitam de estar, prévia e rigorosamente, previstos em lei. Não prescinde, contudo, de que tenha, realmente, havido comportamento de fato atribuído ao servidor. Comportamento esse que deve ser contrário aos deveres da função ou que, tratando-se de procedimento particular, chegue a denegrir a honra e a reputação do agente público. E, por consequência, repercuta de modo desfavorável ao prestígio do órgão público. Se esses "pressupostos de fato" forem inexistentes, resulta nulo o ato punitivo que os tenha tomado por esteio."*

res da economia de maneira endêmica, crônica e funcional. Nestes setores, constata-se uma simbiose entre a realização dos fins corporativos e a produção de riscos concretos de lesão à administração pública, nacional ou estrangeira, mediante atos de corrupção. Então, danos resultantes dos correlatos comportamentos obrigarão a corporação à indenização civil.

Dispensando dolo ou culpa – situação derivada do modelo de auto-responsabilidade do ente coletivo adotado (conforme será visto abaixo) – a Lei 12.846/13 exige a realização objetiva dos seguintes elementos, para caracterização da infração contida no art. 5º: a) que o ente coletivo atente, *alternativamente,* contra: 1- o patrimônio público nacional ou estrangeiro; 2- contra princípios da administração pública (basicamente, art. 37, caput, CF, atinentes à legalidade, impessoalidade, moralidade, publicidade e eficiência); 3- contra compromissos internacionais assumidos pelo Brasil. O verbo típico é *atentar.* Tratando-se de atentado, não se exige dano efetivo ao objeto sobre o qual incide, mas a mera *exposição a perigo concreto.* Este é o *resultado jurídico* produzido por qualquer atentado. Quando, além do perigo concreto, este perigo convola-se em dano, dá-se um *plus* em relação ao resultado de perigo correlato a qualquer conduta de atentar contra o objeto de proteção legal (no caso, patrimônio público, princípios da Administração Pública ou compromissos internacionais brasileiros). Na suma: o art. 5º, caput, exige um *resultado jurídico de perigo concreto para os objetos de proteção legal que elenca.*

É importante não confundir o resultado jurídico de perigo, exigido no caput do art. 5º, com o resultado naturalístico que, eventualmente, seja necessário para configuração de uma das formas vinculadas de realização da corrupção *lato sensu.*

De fato. Além do resultado de perigo, o dispositivo pode ser compreendido como ilícito típico de *forma vinculada:* não são todas as gerações de perigo concreto para os citados objetos de proteção que constituem a infração legal. A princípio, somente aquelas realizadas pelos comportamentos definidos em *numerus clausus,* nos incisos I a V do art. 5º, é que constituem a infração e permitem as sanções da novel legislação. São modais ou modos de realização. O art. 5º não versa, portanto, sobre ilícitos típicos de forma livre.

Nos incisos I e IV, os modais de realização de corrupção *lato sensu* reproduzem, total ou parcialmente, o texto de tipos penais contemplados no ordenamento jurídico nacional. O art. 5º, inciso I, remete à corrupção ativa prevista no art. 333 do Código Penal, reproduzindo-o. Excepciona tão só o elemento subjetivo diverso do dolo, consistente na tendência interna transcendente de oferta ou promessa de vantagem, pelo sujeito ativo corruptor, "para determinar [o funcionário público] a praticar, omitir ou retardar ato de ofício". Trata-se de supressão proposital: se a responsabilidade criada na lei dispensa culpa e dolo, não seria lógico exigir um elemento subjetivo diverso do dolo por parte do ente coletivo. Até porque tal ente não constitui instância psíquica ou moral. Já o inciso IV remete, nas suas alíneas, total ou parcialmente, aos seguintes tipos penais:

a) alínea a: art. 90 da Lei 8666/93 (com nova retirada do elemento subjetivo diverso do dolo aludido no tipo penal da Lei de Licitações "com o intuito de obter, para si ou para outrem, vantagem...", em consagração do modelo de responsabilidade objetiva adotado);

b) alínea b: art. 93 da Lei 8666/93 (exemplo: emprego de documento falso no certame licitatório);

c) alínea c: art. 95 da Lei 8666/93, sem a restrição dos modais de violência ou grave ameaça que a Lei de Licitações exige (aqui, protege-se o caráter competitivo do certame licitatório, punindo-se, por exemplo, o prévio ajuste entre concorrentes, que poderão ser atingidos mesmo sem vantagem);

d) alínea d: art. 96 da Lei 8666/93, assinalando-se que, enquanto este vincula formas de fraude em incisos, a Lei Anticorrupção deixa livres as formas de fraude, incidindo sobre um maior número de hipóteses de fato que a Lei de Licitações;

e) alínea e: evoca ato preparatório do art. 93 da Lei 8666/93;

f) alínea f: art. 92, 1ª parte, Lei 8666/93 (há, portanto, restrição em relação à redação do art. 92 da Lei de Licitações);

g) alínea g: evoca o art. 96, V, da Lei 8666/93 (há superposição em relação à hipótese da alínea d, mostrando-se pleonástica a redação do texto legal. Pode ser aplicada, v.g., a uma elevação arbitrária de valor contratual pelo ente coletivo contratado pelo Poder Público).

O modo de realização típica contido no art. V, atinente à turbação dos atos investigatórios, em obstrução da justiça, não reproduz, total ou parcialmente, qualquer tipo penal. No entanto, guarda clara simetria com a redação do tipo penal derivado contido no art. 2º, parágrafo 1º da Lei 12.850/13, que trata do combate a organizações criminosas: "Nas mesmas penas incorre quem impede ou, de qualquer forma, embaraça a investigação de infração penal que envolva organização criminosa." A considerar-se o comum fenômeno criminógeno de organizações ou associações criminosas revestirem-se de verniz de licitude mediante operações realizadas através de pessoas jurídicas regularmente constituídas, a simetria apontada transcende a mera coincidência.

Os modos de corrupção contemplados nos incisos II e III não evocam direta relação com a redação de tipos penais. No entanto, é visível, no inciso II, a previsão de *atos conexos* aos modos de praticar corrupção, arrolados nos incisos I e IV do art. 5º – e estes, na medida exposta, evocam tipos penais. Efetivamente, numa leitura jurídico-penal, quem financia, custeia, patrocina ou subvenciona atos de corrupção, figura como partícipe e assume subjetividade ativa, *ex vi* art. 29, CP. Quanto ao inciso III, a utilização de interposta pessoa – física ou jurídica – para ocultar ou dissimular interesses do ente coletivo infrator e beneficiário, evidencia subjetividade ativa nas infrações dos incisos I e IV mediante autoria mediata. Assim, o que o inciso III faz é aludir a um conceito extensivo de autor da infração (o que pode, inclusive, ser associado à teoria do domínio do fato, em suas várias matizações).

A depender do verbo e demais elementos típicos elencados em cada modal (incisos I a V do art. 5º), além do resultado jurídico de perigo concreto, algumas situações exigirão resultado naturalístico de dano. Nestes casos – e não em todas as infrações -, incide com força um limitador derivado da previsão de responsabilidade objetiva administrativa e civil para o ente coletivo: só haverá responsabilidade do ente coletivo uma vez demonstrado o *nexo de causalidade entre o ato institucional e o resultado naturalístico contido na previsão típica*. É, por exemplo, o caso do inciso IV, alínea f: o modal de corrupção *lato sensu* indica que o ente coletivo deve "obter vantagem ou benefício indevido (...) de modificações ou prorrogações" contratuais, mediante fraude. Deve haver nexo causal entre a ação institucional consistente em fraudar e o resultado material danoso, de prejuízo para a administração pública. Trata-se de corolário do art. 186, do Código Civil. Neste caso, incidem a obrigação de indenizar – civil – e as sanções demais, de caráter administrativo puro e impuro.

Já no caso do inciso IV, alínea e, a criação de pessoa jurídica para participar de licitação, de modo fraudulento ou irregular, uma vez que não dê causa ao resultado material de lesão patrimonial ao ente público, não acarretará em responsabilidade civil. Mais uma vez, incide o art. 186, CC. É que, neste caso, o modal típico dispensa resultado patrimonial lesivo. Incidirão somente sanções administrativas.

Na suma, o art. 5º exige um resultado de perigo concreto, cuja produção deve ocorrer mediante formas não livres, mas vinculadas (incisos respectivos).

Por fim, uma importante discussão: e se as formas de realização do comportamento não se subsumirem exatamente aos modais elencados? Haverá incidência das reações previstas na Lei?

Em relação à responsabilidade civil, considerando que exige causação de dano a outrem como requisito central – e emanando da ordem constitucional especial proteção ao erário, inclusive com a imprescritibilidade de lesões que venha a sofrer (art. 37, parágrafo 5º) – não há qualquer óbice ao emprego de analogia *in malam partem*. É que o ilícito civil, como hipótese geradora de reparação de danos, não é ilícito-típico. Em corolário disso, a própria prescrição das sanções prevista no art. 25 (que inadequadamente fala em prescrição da infração, pois o que prescreve é a pretensão de puni-la), v.g., cede diante da norma constitucional do art. 37, parágrafo 5º (imprescritibilidade de lesões patrimoniais produzidas contra o erário), em racionalidade similar àquela operada quanto a atos de improbidade administrativa pelas Cortes Superiores. Veja-se, nos precedentes que seguem, que a prescrição, quanto à improbidade administrativa, não atinge a reparação do dano, mas somente as sanções administrativas impostas pelo Poder Judiciário:

> *Recurso especial – Administrativo e processual civil – Improbidade administrativa – Corréus – Prescrição – Contagem individual– Ressarcimento ao erário – Imprescritibilidade. 1. As punições dos agentes públicos, nestes abrangidos o servidor publico e o particular, por cometimento de ato de improbidade administrativa estão sujeitas a prescrição quinquenal (art. 23 da Lei n. 8.429/92), contado o prazo individualmente, de acordo com as condições de cada réu. Precedente do STJ. 2. Diferentemente, a ação de ressarcimento dos prejuízos causados ao erário é imprescritível (art. 37, § 5o, da Constituição). 3. Recurso especial conhecido e parcialmente provido (REsp n. 1.185.461/ PR, Rel. Min. Eliana Calmon, 2a Turma, julg. em 1o.6.2010, DJ 17 jun. 2010).*

> *Processual civil. Administrativo. Ação civil publica. Improbidade administrativa. Lei 8.429/92. Ressarcimento de dano ao erário. Imprescritibilidade. Contratação de ser-*

*vidores sem concurso público. Ausência de dano ao erário e de má-fé (dolo). Aplicação das penalidades. Principio da proporcionalidade. Divergência indemonstrada. [...] 8. A aplicação das sanções previstas no art. 12 e incisos da Lei 8.429/92 se submetem ao prazo prescricional de 05 (cinco) anos, exceto a reparação do dano ao erário, em razão da imprescritibilidade da pretensão ressarcitória (art. 37, § 5o, da Constituição Federal de 1988). Precedentes do STJ: AgRg no REsp 1038103/SP, Segunda Turma, DJ de 04/05/2009; REsp 1067561/AM, Segunda Turma, DJ de 27/02/2009; REsp 801846/AM, Primeira Turma, DJ de 12/02/2009; REsp 902166/SP, Segunda Turma, DJ de 04/05/2009; e REsp 1107833/SP, Segunda Turma, DJ de 18/09/2009. (...)* (REsp n. 909.446/RN, Rel. Min. Luiz Fux, 1a Turma, julg. em 6.4. 2010, DJ 22 abr. 2010.)

*Processo Administrativo. Ação de Improbidade. Prescrição. Indeferimento da Inicial. Ressarcimento dos danos causados ao erário. Ação autônoma. Agravo Regimental.*
*1. A norma prescritiva do quinquênio, prevista no art. 23, I, da Lei n. 8.492, de 1992, é válida para todas as sanções previstas na Lei de Improbidade, salvo para as ações de ressarcimento.*
*2. Prescrita a ação de improbidade, em face do disposto no art. 23, I, da Lei n. 8.492, de 1992, e, assim, indeferida a inicial, o ressarcimento do dano, decorrente do ato ímprobo – imprescritível por força de norma constitucional (CF/88, art. 37, § 5o) –, só pode ser pleiteado em ação autônoma.* (TRF 1ª R – AGAID n. 2003.01.00.021831-4/TO; Agravo Regimental na Ação de Improbidade Administrativa, Rel. Des. Tourinho Neto, 2a Seção, julg. em 9.3.2005, DJ 18 mar. 2005, p. 3.)

Quanto à responsabilidade administrativa, antevê-se a possibilidade de sustentar a existência de tipos abertos no art. 5º, por duas razões: a) o caput diz com a violação de princípios, para além do patrimônio da administração pública nacional ou estrangeira e de compromissos internacionais brasileiros: a violação deles dá-se de modo amplo, vindo à memória a redação do art. 11 da Lei de Improbidade Administrativa; b) a Lei Anticorrupção fecha um microssistema de proteção da administração pública que engloba a Lei de Improbidade. Esta mais se dirige ao funcionário público ímprobo ou corrupto em sentido amplo, ainda que abranja o particular quanto aos seus efeitos, inclusive pessoas jurídicas. Já a Lei Anticorrupção foca o corruptor pessoa jurídica. Ambas devem ser interpretadas em conjunto. Nesta toada, dimanando da Lei de Improbidade Administrativa o caráter exemplificativo dos tipos que elenca – nitida-

DISPOSIÇÕES GERAIS

mente abertos – não haveria razão para que sua "contraparte" também fosse interpretada deste modo. Logo, a Lei 12.846/13 comporta analogia *in malam partem* e contém tipos abertos.

É uma linha sedutora de pensamento, desde que não se está, aqui, diante de normas jurídico-penais, adstritas a um duro princípio de reserva legal e vedação de analogia como método de integração de lacunas.

Porém, parece-nos que há uma clara diferença entre o texto em comento e a Lei de Improbidade na *redação dos tipos:* a lei de improbidade explicitamente trabalha com um rol de infrações elencadas em *numerus apertus.* Os arts. 9º, 10 e 11 traçam parâmetros gerais das condutas lesivas e firmam os modais como exemplos de realização destas lesões, ao agrupá-los após o uso da expressão "e notadamente". As reais exigências atinentes aos atos de improbidade administrativa estão nos resultados contidos nas cabeças dos arts. 9 a 11, e não nos modos de realização. O rol é exemplificativo[114].

A redação da Lei Anticorrupção é diferente: ela não evidencia, em nenhum momento, que os modos de realização das infrações possam ser diversos daqueles enumerados nos incisos do art. 5º. Pelo contrário: por ela, constituem atos lesivos aqueles praticados pelas pessoas jurídicas, violadores do patrimônio público, dos princípios da administração pública ou dos compromissos internacionais assumidos pelo Brasil *"assim definidos"* – literalidade do art. 5º. Ato contínuo, lista a definição dos modais de realização típica. Como dito, trata-se de rol exaustivo, segundo a interpretação literal da disposição.

Por outro lado, dentro da perspectiva de um microssistema – e considerada a parcial sobreposição de reações contidas na Lei de Improbidade quando cotejada com a Lei Anticorrupção – o ente coletivo que praticar conduta auxiliar de improbidade sofrerá de todo modo sanções contidas na Lei 8429/92. Afinal, não se olvide que a Lei de Improbidade prevê multa (ainda que em parâmetros distintos), perda dos bens ou valores acrescidos ilicitamente ao patrimônio, paralela ao confisco previsto no art. 19, bem como "proibição de contratar com o Poder Público ou receber benefícios ou incentivos fiscais ou creditícios, direta ou indiretamente,

---

[114] Neste sentido, NEVES, Daniel Amorim Assumpção e OLIVEIRA, Rafael Carvalho Rezende. *Manual de Improbidade Administrativa.* São Paulo: Método-GEM, 2012, p. 75; CARVALHO FILHO, José dos Santos. *Manual de Direito Administrativo.* 25ª. ed. São Paulo: Atlas, 2012, p. 1069.

ainda que por intermédio de pessoa jurídica da qual seja sócio majoritário", com paralelismo em relação ao art. 19, IV. Ademais, impõe o ressarcimento integral do dano. É claro que esta não cobre a Lei Anticorrupção, até porque – na improbidade – opera-se com responsabilidade subjetiva e o ente coletivo é atingido mediante hetero-responsabilidade. Porém, há – ainda assim – um conjunto de respostas para a pessoa jurídica.

Parece-nos inadequado avançar os limites do Poder Punitivo estatal – ainda que sancionador judicial, quando não administrativo sancionador puro – para além daqueles fincados em lei, pena de fragilização do regime geral de liberdades públicas, herdade do Iluminismo. Importa repetir a advertência de Fábio Medina Osório:

> "...a garantia da tipicidade não pode ser interpretada em dissonância com o princípio da segurança jurídica, tendo em conta, sempre, a dinâmica interna do Direito Administrativo Sancionador, que é diferente do Direito Penal, mas guarda raízes comuns com a normativa que preside o Direito Público Punitivo. Essas peculiaridades do terreno administrativo admitem uma tipicidade proibitiva mais ampla, genérica, tendo por referência o comando legislativo, mas também exigem coberturas normativas que induzam à previsibilidade dos comportamentos proibidos."[115]

A regra das liberdades permanece frente às intervenções nelas. A livre iniciativa e a atividade empresária regem-se, também, por estas balizas. De toda forma, a experiência doutrinária e jurisprudencial pode conduzir a outro entendimento, bem como à revisão destas primeiras impressões.

**Interesse ou benefício, exclusivo ou não, do ente coletivo.** Quanto ao terceiro requisito, a exigência de interesse ou benefício para o ente coletivo, exclusivo ou não, *decota* a responsabilidade objetiva. Restringe seu campo e harmoniza-se com a teoria do risco, sem qualquer dúvida.

Pode-se indicar uma grande fonte de exegese para compreensão destes aspectos do art. 5º. Trata-se do art. 3º da Lei 9605/98, que estabelece requisitos para a responsabilidade penal da pessoa jurídica por crimes ambientais, dentre eles, os mesmos *interesse* ou *benefício,* em favor da coletividade. Do cotejo, é possível extrair conclusões de que interesse é a perspectiva objetiva, *ex ante factum,* de que o ente coletivo pode obter

---

[115] Osório, Fábio Medina. *Direito Administrativo Sancionador.* 3ª ed. São Paulo: RT, 2009, p. 225.

vantagens, em tese, com o ato ilícito. O interesse seria a "qualidade que caracteriza a conduta idônea a produzir um benefício para o ente"[116]. Toda vez que um terceiro observador imparcial, ciente do ato ilícito a ser realizado, puder antever possibilidade de vantagem para a pessoa jurídica, dá-se o respectivo *interesse.*

Por outro lado, o benefício é deduzido da análise do fato após sua ocorrência. *Ex post factum*, se é dado a um observador imparcial concluir que o ente coletivo obteve qualquer espécie de vantagem efetiva com a infração legal, tem-se o *benefício.*[117] Corresponde à vantagem apontada no Decreto Legislativo 231/2001 da Itália, que disciplinou a responsabilidade administrativa dos entes coletivos por crimes (inclusive contra a administração pública), vinculada à obtenção de *interesse ou vantagem* pela *universitas.*

A doutrina e jurisprudência peninsulares sobre o tema, de mais de uma década, permitem a diferenciação acima enunciada[118], mostrando-se fundamentais para o entendimento da Lei 9605/98, brasileira, que versa sobre a responsabilidade do ente coletivo por crimes, no art. 3º, bem como para a exata compreensão da Lei 12.846/13, ora sob análise.

Da experiência italiana emerge, por exemplo, a importante conclusão – transferível para a exegese brasileira da Lei 12.846/13 – que interesse e benefício são requisitos alternativos, e não cumulativos. É elucidativo o precedente da *Cassazione* italiana, de 20 de dezembro de 2005, número 3615, caso JOLLY MEDITERRANEO. O julgado distinguiu "um interesse

---

[116] Assim, EPIDENDIO, Tomaso Emilio & PIFFER, Guido. "La responsabilità degli enti per reati colposi". In *Le Società – Mensile di diritto e pratica commerciale, societaria e fiscale.* Ano XXX, n. 12 (supplemento), dez/2011, p. 36.

[117] Neste sentido, VIGANÒ, Francesco. *I problemi sul tapetto a dieci anni dal D. Lgs. 231/2001*, item 2.3, p. 7, disp. em http://www.personaedanno.it/attachments/allegati_articoli/AA_003504_resource1_orig.pdf. Acessado em 25 de janeiro de 2012. Do mesmo modo, SCOLETTA, Marco Maria. "Responsabilitá ex crimine dell'ente e delitti colposi d'evento: la prima sentenza di condanna". In *Le Società – Mensile di diritto e pratica commerciale, societaria e fiscale.* Ano XXIX, n.9, set/2010, pp. 1.120, conquanto não compreenda interesse e vantagem como critérios autônomos, exceto para os crimes culposos.

[118] A propósito, v. GUARAGNI, Fábio André. "GUARAGNI, F. A.2Interesse ou benefício como exigências para a responsabilização da pessoa jurídica decorrente de crimes ambientais no Brasil." In *Diritto Penale Contemporaneo – Rivista Trimestrale.* Vol. 2. Ano 2013, pp. 07-26. Com mais detalhes, v. "interesse ou benefício..." em GUARAGNI, Fábio André e BUSATO, Paulo César. *Responsabilidade Penal da Pessoa Jurídica.* Curitiba: Juruá, 2012, pp. 93-131.

inicial da sociedade a um locupletamento – prefigurado, embora eventualmente *não alcançado de fato* – em consequência do ilícito, em relação a uma vantagem objetivamente obtida pelo êxito do crime, ainda que não expressamente vislumbrado *ex ante* pelo agente", repetindo a orientação no precedente de 02 de outubro de 2008, n. 2808.[119] Pelo precedente, a vantagem que pode derivar do ato não precisa efetivamente ocorrer, conforme sublinhamos. O interesse é uma perspectiva. A importância desta autonomia e alternatividade entre os critérios é visível em fatos culposos. Sem embargo de a Lei 12.846/13 versar hipótese de responsabilidade objetiva do ente coletivo, e também sem embargo de que o sistema nela insculpido é de auto-responsabilidade, é claro que o fato concreto pode ser movido por dolo ou culpa de seres humanos por trás do ente. Para fatos dolosos, o interesse é subjacente enquanto perspectiva *ex ante* de ganho. Já nos atos culposos, não há esta perspectiva, pois suas "realizações podem prescindir completamente de uma específica intenção voltada à satisfação de um interesse de um sujeito (ou de uma pluralidade de sujeitos) particular". Neles, estabelece-se "então, o terreno eleito para a operacionalidade (autônoma) do critério da vantagem"[120] ou benefício, como estatuído no texto legal brasileiro.

O critério do interesse, enquanto perspectiva de ganho *ex ante factum,* em favor total ou parcial do ente coletivo, é um requisito objetivo ou subjetivo? É objetivo (não subjetivo ou subjetivado): independe de previsão subjetiva por parte de seres humanos ligados ao ente coletivo, como mandatários ou subordinados.

---

[119] SCOLETTA, Marco Maria. "Responsabilitá ex crimine dell'ente e delitti colposi d'evento: la prima sentenza di condanna". In *Le Societá – Mensile di diritto e pratica commerciale, societaria e fiscale.* Ano XXIX, n.9, set/2010, pp. 1.120-1.121, nota 10. Segue o trecho do precedente, no original: "potendosi distinguere un interesse 'a monte' della società ad uma locupletazione – prefigurata, pur se di fatto, eventualmente, non più realizzata – in consequenza dell'ilecito, rispetto ad un vantaggio obiettivamente conseguito all'esito del reato, perfino se non espressamente divisato *ex ante* dall'agente". No caso JOLLY MEDITERRANEO, a Corte Italiana textualmente rejeitou a ideia doutrinária da hendíade (soma de dois substantivos em um), chegando a reportar a impossibilidade gramatical desta figura retórica, que reclamaria a conjunção aditiva *e* entre as palavras interesse e vantagem, ao invés do disjuntivo *ou*. O precedente está disponível em http://www.personaedanno.it/attachments/allegati_articoli/AA_003504_resource1_orig.pdf.
[120] SCOLETTA, Marco Maria. "Responsabilitá ex crimine dell'ente e delitti colposi d'evento: la prima sentenza di condanna". In *Le Societá – Mensile di diritto e pratica commerciale, societaria e fiscale.* Ano XXIX, n.9, set/2010, pp. 1.120.

Isto deriva, a um, da responsabilidade objetiva adotada no art. 1º da Lei 12.846/13. A dois, do claro sistema de auto-responsabilidade administrativa e civil erigido, sobretudo, por força da ideia de que o praticante do ato de corrupção é a pessoa jurídica (art. 5º, art. 2º), com a colocação do homem, único portador de estrutura psíquica e entidade moral, à margem do processo analítico da infração de corrupção *lato sensu*. A três, há uma importante passagem da literatura italiana que se aplica à conclusão de que, no Brasil, o requisito do interesse ora *sub examen* é objetivo. Se o interesse fosse conectado à pura subjetividade da pessoa física, conclui acertadamente SELVAGGI, teriam "relevo: a associação, objetivamente indemonstrável, do crime ao interesse coletivo; bem como a associação do crime a um interesse 'fantasiado' [imaginado] como coletivo (sem em realidade sê-lo). Em todos estes casos, faltaria, todavia, uma forma de reconhecimento exterior do fato como cometido no interesse do ente e o conteúdo do critério de imputação viria exposto a graves 'empobrecimentos'."[121] Ou seja: não se poderia afirmar o interesse do ente coletivo pelo fato de que um ser humano associou um interesse ilícito ao ente coletivo. A base de demonstrabilidade do interesse da pessoa jurídica diz com a efetiva e real perspectiva de auferir ganho. Assim, é adequado compreender-se o interesse no sentido objetivo, como idoneidade da ação institucional de corrupção a ser empreendida pelo ente coletivo para render em seu favor, no plano perspectivo (*ex ante factum*).

São exemplos de benefícios, enquanto vantagens auferidas *ex post factum* pela pessoa jurídica, derivadas de atos de corrupção *lato sensu, o* ganho pecuniário, a redução de custos, o incremento da capacidade de concorrência em face dos demais agentes econômicos setoriais, a respectiva eliminação, o aumento da capacidade de distribuição ou produção, etc..

---

[121] SELVAGGI, Nicola. *L'interesse dell'ente collettivo quale critério di ascrizione della responsabilità da reato*. Napoli: Jovene Editore, 2006, p. 125: "Se cosi fosse, avrebbero teoricamente rilievo: l'associazione, oggettivamente improbabile, del reato all'interesse collettivo; nonché l 'associazione del reato ad un interesse 'fantasticato' come collettivo (senza in realtà esserlo). In tutte queste situazioni, mancherebbe, peró, una sorta di riconoscibilità esteriore del fatto come commesso nell'interesse dell'ente ed il contenuto del criterio di imputazione verrebbe esposto a gravi 'impoverimenti'." No mesmo sentido, SCOLETTA, Marco Maria. "Responsabilità ex crimine dell'ente e delitti colposi d'evento: la prima sentenza di condanna". In *Le Societá – Mensile di diritto e pratica commerciale, societaria e fiscale*. Ano XXIX, n.9, set/2010, pp. 1.121.

O requisito do benefício, como ganho constatado *ex post factum,* faz incidir a responsabilidade objetiva administrativa – ainda – em relação aos benefícios de ordem fortuita. Como já afirmamos, a delimitação desta responsabilidade deriva da necessidade de ato institucional do ente coletivo, associado à subsunção do ato corruptor *lato sensu* aos ditames do art. 5º.

Neste contexto, conclui-se que a decisão de cometer a infração de corrupção *lato sensu* conduzirá à responsabilidade da pessoa jurídica: a) se houver interesse e benefício para ela; b) se houver interesse dela, exclusivo ou comungado com o interesse pessoal das pessoas físicas responsáveis pela tomada de decisão (representantes legais, contratuais ou membros do órgão colegiado), e mesmo de terceiros (pessoas físicas ou jurídicas), ainda que a pessoa jurídica infratora *não obtenha qualquer benefício*; c) se obtiver algum benefício, ainda que a decisão não tenha sido tomada no seu interesse[122],

Por outro lado, é possível a construção de exculpantes derivadas da inexistência de déficit organizacional preventivo do evento danoso, ainda que a lei não as refira. Repita-se que não há contradição entre admissão de exculpantes e responsabilidade objetiva, desde que – nesta – dispensa-se a vinculação mental efetiva ou possível entre o agente do evento e o resultado (responsabilidade subjetiva por dolo ou culpa[123]) enquanto, naquelas, trata-se de culpabilidade, no sentido de censurabilidade ao agente pelo ato.

---

[122] VIVIANI, Rodrigo Andrade. *Responsabilidade Penal da Pessoa Jurídica: aspectos controvertidos no direito brasileiro.* Curitiba: Juruá, 2009, p. 116, em trabalho sobre o art. 3º da Lei 9605/98, assinala que se a pessoa física comete o fato no interesse próprio, o ente coletivo fica isento de vantagem, após discernir interesse e vantagem, em posição aparentemente diversa da ora defendida. Todavia, não comenta acerca da autonomia ou não entre os critérios, tampouco sobre o tratamento das situações em que o interesse é cumulado entre o ente e a pessoa física.

[123] Não se perca de vista que o princípio da culpabilidade tem três acepções materiais: a) exigência de responsabilidade subjetiva para imposição de reações penais; b) sinônimo de censurabilidade ou reprovabilidade ao agente, que agiu de modo ilícito quanto possuía dirigibilidade de conduta, atribuída pela norma, no conhecido critério de ROXIN (ROXIN, Claus. *Derecho Penal – Fundamentos. La estructura de la teoria del delito.* Trad. Diego Manuel Luzón-Peña, Miguel Dias y García Conlledo e Javier de Vicente Remesal da 2ª ed. alemã. Parte general, tomo I. Madrid: Ed. Civitas, 1997, p. 807) c) exigente de proporcionalidade na reação punitiva, aspecto sobremaneira voltado ao legislador, quando da elaboração dos preceitos secundários dos tipos e, fundamentalmente, aos magistrados, quando da aplicação da pena (no Brasil, é o sentido da expressão "culpabilidade" contida no art. 59, CP.

DISPOSIÇÕES GERAIS

Enfim, o art. 2º serve ao comentário dos requisitos da infração que, a teor da Lei 12.846/13, culmina nas sanções contidas nos arts. 6º e 19, com variações quando concerne à responsabilidade civil, ajustadas à natureza desta e à Carta Constitucional, nos termos expostos.

Para encerramento dos artigos iniciais do texto legal, seguem observações sobre os artigos 3º e 4º, com traço mais célere, porquanto evocam aspectos já comentados.

**Art. 3º** *A responsabilização da pessoa jurídica não exclui a responsabilidade individual de seus dirigentes ou administradores ou de qualquer pessoa natural, autora, coautora ou partícipe do ato ilícito*

A regra afirma que, para além das sanções em face da pessoa jurídica, poderão ser punidas pessoas naturais autoras (caso em que a pessoa jurídica atuou como partícipe), coautoras (com o ente coletivo, também atuante como autor) ou partícipes (em ações institucionais protagonizadas por pessoas jurídicas como autoras) do ilícito.

Conclusão um: a responsabilidade administrativa e civil da pessoa jurídica por corrupção *lato sensu* não exonera a pessoa natural de ser responsabilizada através das demais formas de reação do ordenamento jurídico. Uma punição não evita, impede ou exclui a outra.

Conclusão dois: aparentemente, pessoas naturais poderão ser incluídas no pólo passivo, como litisconsortes facultativos, se concorrerem para os ilícitos, no que toca à indenização civil derivada das infrações do art. 5º. Já as sanções dos arts. 6º e 19 não tem como serem dirigidas à pessoa natural por força da própria redação das disposições, que erige o ente coletivo como destinatário expresso. Porém, pessoas naturais serão destinatárias das reações previstas nos demais setores do ordenamento jurídico.

Conclusão três: o dispositivo reafirma a adoção do modelo de auto-responsabilidade do ente coletivo. Ele pratica a infração e sofre as sanções. Não necessita do ser humano como substrato, muito menos enquanto entes morais. Fosse um modelo de hetero-responsabilidade aquele adotado na Lei 12.846/13, o art. 3º não teria qualquer lógica. Afinal, a responsabilização da pessoa jurídica incluiria sistematicamente a do ser humano, até porque dela dependeria: a responsabilidade do ser humano seria pressuposta daquela do ente coletivo. Não é o caso.

Note-se que a referência abrange pessoas naturais não necessariamente ligadas ao ente coletivo. E, se ligadas, podem estar em posição apical (dirigentes ou administradores) ou subordinada. Todas podem ser punidas, sem que a Lei 12.846/13 e a punição do ente coletivo sejam impeditivos.

Há inegável paralelismo entre a regra analisada e aquela do art. 3º, parágrafo único da Lei 9605/98. A posição dominante no Brasil[124] vislumbra o art. 3º da Lei de Crimes Ambientais como caso de hetero-responsabilidade penal, sob a modalidade da responsabilidade penal da pessoa jurídica por ricochete da responsabilidade do ser humano. Deriva esta conclusão da exigência legal do art. 3º da Lei 9605/98: para a punição criminal da pessoa jurídica, o crime ambiental tem que resultar de decisão tomada por representantes legais, contratuais ou membros do órgão colegiado do ente coletivo. Porém, quando o art. 3º da Lei 9605/98 ressalva, no parágrafo único, que a punição do ente coletivo não exonera a dos representantes, sugere que possa haver auto-responsabilidade penal. A ressalva seria desnecessária em modelo de responsabilidade penal por ricochete[125]. Por esta vereda andou, a princípio, o C. STF, consoante o precedente RE 548.181 AgR/PR, Rel. Min. ROSA WEBER.

§ 1º  *A pessoa jurídica será responsabilizada independentemente da responsabilização individual das pessoas naturais referidas no caput*

Ainda uma vez: o dispositivo reforça o modelo de auto-responsabilidade do ente coletivo, distanciando-se, por exemplo, daquele de responsabilidade por ricochete adotado no âmbito penal ambiental[126].

---

[124] Inclusive pelos precedentes do STJ, v.g., AgRg no RESP 898.302, Rel. Min. MARIA THEREZA DE ASSIS MOURA; RHC 24.239/es, Rel. Min. OG FERNANDES; RESP 800.817/SC, Rel. Min. CELSO LIMONGI, dentre outros.

[125] Desenvolvemos o tema em outro texto: GUARAGNI, Fábio André e LOUREIRO, Maria Fernanda. "A Lei 9.605/98 e o modelo de imputação do crime à pessoa jurídica: estudo de casos. In *Direito Penal e Criminologia – Conpedi. (Recurso Eletrônico Online)* Org. RODRIGO DE SOUZA COSTA, NESTOR EDUARDO ARARUNA SANTIAGO e WAGNER GINOTTI PIRES. Florianópolis: FUNJAB, 2012, pp. 34-53

[126] Dentre outros, cite-se ESTELLITA, Heloísa. Aspectos processuais penais da responsabilidade penal da pessoa jurídica prevista na Lei nº. 9.605/98 à luz do devido processo legal.

## DISPOSIÇÕES GERAIS

*§ 2º Os dirigentes ou administradores somente serão responsabilizados por atos ilícitos na medida da sua culpabilidade*

O texto resguarda a responsabilidade subjetiva do ser humano, nos atos de corrupção *lato sensu*, no tocante à responsabilidade civil. Assim, quando figurarem como litisconsortes passivos do ente coletivo em ação para ressarcimento de danos, só serão condenadas se houve evidência de responsabilidade subjetiva.

Quanto à responsabilidade administrativa e penal dos seres humanos, pelos mesmos atos, a disposição nada diz. A definição da exigência de dolo ou culpa provirá dos ramos do direito em que estiver prevista a sanção par ao ser humano: no caso do direito penal, por exemplo, exigir-se-á responsabilidade subjetiva, em corolário do princípio da culpabilidade, como consequência do art. 18, incisos I e II, do CP. Do mesmo modo, a responsabilidade administrativa também dependerá de dolo ou culpa, por força do princípio geral da culpabilidade.

**Art. 4º** *Subsiste a responsabilidade da pessoa jurídica na hipótese de alteração contratual, transformação, incorporação, fusão ou cisão societária*

*§ 1º Nas hipóteses de fusão e incorporação, a responsabilidade da sucessora será restrita à obrigação de pagamento de multa e reparação integral do dano causado, até o limite do patrimônio transferido, não lhe sendo aplicáveis as demais sanções previstas nesta Lei decorrentes de atos e fatos ocorridos antes da data da fusão ou incorporação, exceto no caso de simulação ou evidente intuito de fraude, devidamente comprovados*

*§ 2º As sociedades controladoras, controladas, coligadas ou, no âmbito do respectivo contrato, as consorciadas serão solidariamente responsáveis pela prática dos*

---

In: VILARDI, C. S.; PEREIRA, F. R. B.; NETO, T. D. (coord.) *Crimes Econômicos e Processo Penal.* São Paulo: Saraiva (Série GV Law), 2008, p. 214; GOMES, Luiz Flávio. *Direito Penal.* Vol. 1. São Paulo: RT, 2007, p. 526. O autor não aceita uma responsabilidade penal da pessoa jurídica, senão uma responsabilidade "sancionadora"; SIRVINSKAS, Luís Paulo. *Tutela Penal do Meio Ambiente.* 2a. ed. São Paulo: Saraiva, 2002, p. 60; MORAES, Rodrigo Iennacco de. *Responsabilidade Penal da Pessoa Jurídica.* 2ª. ed. Curitiba: Juruá, 2010, p. 140, mencionando tratar-se de "responsabilidade por empréstimo", em que não há concurso de ações entre a pessoa física e a jurídica. Esta não é autora do delito, senão de modo indireto, mediante um liame de natureza normativo-processual.

*atos previstos nesta Lei, restringindo-se tal responsabilidade à obrigação de pagamento de multa e reparação integral do dano causado*

Prevenindo eventual burla do modelo sancionador contido na Lei, o art. 4º anteviu a alteração do ente coletivo como mecânica de evasão do sujeito ativo das infrações de corrupção *lato sensu*. Neste sentido, tratou de estatuir a continuidade da responsabilidade do ente coletivo praticando das infrações do art. 5º mesmo nos casos em que sofra alteração nos atos constitutivos. Prevê-se que não impedirão a responsabilidade do ente coletivo sua: a) transformação em ente diverso; b) incorporação por parte de outra pessoa jurídica; c) sua fusão com outra pessoa jurídica; d) sua divisão ou cisão.

Porém, o parágrafo 1º trata de limitar o princípio de continuidade de responsabilidade estatuído no caput, ao disciplinar que, em casos de fusão ou incorporação, "a responsabilidade da sucessora será restrita à obrigação de pagamento de multa e reparação integral do dano causado, até o limite do patrimônio transferido, não lhe sendo aplicáveis as demais sanções previstas nesta Lei decorrentes de atos e fatos ocorridos antes da data da fusão ou incorporação".

Questionável o texto legal em dois aspectos: primeiro, por não deixar claro se o parâmetro do patrimônio transferido serve para limitar a multa *e* a reparação do dano ou somente a reparação, mantendo-se intocada a multa. Segundo, porque o parâmetro de limitação ao patrimônio transferido ameaça a efetividade e força preventiva da lei. Da maneira como está o dispositivo, o uso de empresas em grave situação financeira – v.g., em estado pré-falimentar – figuraria como fabulosa saída para não indenização dos danos causados à administração pública. De qualquer sorte, a ação de cobrança de ressarcimento derivada de ato lesivo pode ser movida pela administração pública contra a sucessora da empresa infratora sem passar pelas vias do art. 5º da Lei 12.846/13, seja por força do art. 186, CC, seja pela via da Lei de Improbidade Administrativa[127].

---

[127] Neste sentido, NEVES, Daniel Amorim Assumpção e OLIVEIRA, Rafael Carvalho Rezende. *Manual de Improbidade Administrativa*. São Paulo: Método-GEM, 2012, pp. 72-73, colacionando precedente do STJ que coloca a pessoa jurídica como requerida, enquanto terceira beneficiária de improbidade: STJ RESP 1.122.177/MT, Rel. Min. Herman Benjamin. 2ª. T., 27.04.11. Também OSÓRIO, Fábio Medina. *Teoria da Improbidade Administrativa*. 2ª ed. São Paulo: RT, 2010, p.

DISPOSIÇÕES GERAIS

Pela necessidade de não conferir espaços às burlas, entendemos que o limite ao patrimônio transferido não é extensível às multas, que serão assumidas na íntegra pela nova entidade coletiva, nos casos de fusão ou incorporação. A exegese legal deve ser no senso de que limita eventual ressarcimento civil, pela mecânica contida na Lei 12.846.

Em verdade, o parâmetro legal de limitação da continuidade da responsabilidade é curioso, eis que a incorporação de um ente coletivo por outro faz com que este assuma o ativo e o passivo do ente incorporado, como é curial. O passivo, sendo maior que o ativo, deveria sugerir ao ente incorporador a inviabilidade do negócio. Quando muito, poderia ser exonerada a incorporadora se, agindo de boa-fé, encampasse o ente coletivo infrator em negócio no qual houvesse proposital ocultação do ato infracional de corrupção.

O parágrafo 1º afasta o parâmetro limitador da responsabilidade quando houver "simulação ou evidente intuito de fraude, devidamente comprovados". Significa que se a fusão do ente infrator com outro, ou a incorporação daquele por pessoa jurídica diversa, forem simuladas, então a continuidade da responsabilidade incidirá em plenitude, sem limitação. Do mesmo modo, se a incorporação ou fusão forem fraudulentas, tendo por meta unicamente a geração da barreira de responsabilidade atinente ao "patrimônio transferido" pelo ente coletivo infrator.

Quanto ao parágrafo 2º, traça uma responsabilidade administrativa e civil solidária limitada entre a pessoa jurídica infratora corruptora e aquelas que mantenham, com ela, relação de sociedades controladoras, controladas, coligadas ou consorciadas mediante contrato. A limitação da responsabilidade solidária resulta do fato de que estas se obrigarão ao pagamento da multa, prevista no art. 6º, e à reparação civil do dano.

Estas são as impressões gerais sobre os artigos 1º a 4º da Lei 12.846/13, constitutivos de suas disposições gerais.

---

259. Contra, CARVALHO FILHO, José dos Santos. *Manual de Direito Administrativo*. 25ª ed. São Paulo: Atlas, 2012, p. 1068-1069, para quem a pessoa jurídica não pode figurar como terceiro beneficiado pela improbidade, em litisconsórcio passivo com o ímprobo.

# Capítulo II
# Dos Atos Lesivos à Administração Pública Nacional ou Estrangeira
## Comentário ao artigo 5º

*Eduardo Cambi*

**Art. 5º** – *Constituem atos lesivos à administração pública, nacional ou estrangeira, para os fins desta Lei, todos aqueles praticados pelas pessoas jurídicas mencionadas no parágrafo único do art. 1º, que atentem contra o patrimônio público nacional ou estrangeiro, contra princípios da administração pública ou contra os compromissos internacionais assumidos pelo Brasil, assim definidos:*

*I – prometer, oferecer ou dar, direta ou indiretamente, vantagem indevida a agente público, ou a terceira pessoa a ele relacionada;*

*II – comprovadamente, financiar, custear, patrocinar ou de qualquer modo subvencionar a prática dos atos ilícitos previstos nesta Lei;*

*III – comprovadamente, utilizar-se de interposta pessoa física ou jurídica para ocultar ou dissimular seus reais interesses ou a identidade dos beneficiários dos atos praticados;*

*IV – no tocante a licitações e contratos:*

*a) frustrar ou fraudar, mediante ajuste, combinação ou qualquer outro expediente, o caráter competitivo de procedimento licitatório público;*

*b) impedir, perturbar ou fraudar a realização de qualquer ato de procedimento licitatório público;*

*c) afastar ou procurar afastar licitante, por meio de fraude ou oferecimento de vantagem de qualquer tipo;*

*d) fraudar licitação pública ou contrato dela decorrente;*

*e) criar, de modo fraudulento ou irregular, pessoa jurídica para participar de licitação pública ou celebrar contrato administrativo;*

*f) obter vantagem ou benefício indevido, de modo fraudulento, de modificações ou prorrogações de contratos celebrados com a administração pública, sem autorização em lei, no ato convocatório da licitação pública ou nos respectivos instrumentos contratuais; ou*

*g) manipular ou fraudar o equilíbrio econômico-financeiro dos contratos celebrados com a administração pública;*

*V – dificultar atividade de investigação ou fiscalização de órgãos, entidades ou agentes públicos, ou intervir em sua atuação, inclusive no âmbito das agências reguladoras e dos órgãos de fiscalização do sistema financeiro nacional.*

*§ 1º Considera-se administração pública estrangeira os órgãos e entidades estatais ou representações diplomáticas de país estrangeiro, de qualquer nível ou esfera de governo, bem como as pessoas jurídicas controladas, direta ou indiretamente, pelo poder público de país estrangeiro.*

*§ 2º Para os efeitos desta Lei, equiparam-se à administração pública estrangeira as organizações públicas internacionais.*

*§ 3º Considera-se agente público estrangeiro, para os fins desta Lei, quem, ainda que transitoriamente ou sem remuneração, exerça cargo, emprego ou função pública em órgãos, entidades estatais ou em representações diplomáticas de país estrangeiro, assim como em pessoas jurídicas controladas, direta ou indiretamente, pelo poder público de país estrangeiro ou em organizações públicas internacionais.*

## 1. Sujeitos ativos

Podem ser sujeitos ativos dos atos previstos no artigo 5º da Lei 12.846/2013 as sociedades empresárias e as sociedades simples, personificadas ou não, independentemente da forma de organização ou modelo societário adotado (art. 1º, par. ún., da Lei Anticorrupção).

São *sociedades empresárias* as pessoas jurídicas que exploram uma *empresa*, compreendida como atividade econômica exercida profissionalmente por meio da articulação dos fatores produtivos para a produção ou circulação de bens ou de serviços.

Por outro lado, são *sociedade simples* aquelas que exploram atividades econômicas específicas. Estão sujeitas à aplicação subsidiária do regime jurídico das sociedades empresárias *contratuais* e às cooperativas (arts.

966, par. ún., 997 a 1038, 1.093 a 1.096, todos do Código Civil, e Lei nº 5.764/71).

As sociedades *não personificadas* (arts. 986 a 996 do Código Civil) podem ser classificadas em sociedade em comum (arts. 986 a 990 do Código Civil) e sociedade em Conta de Participação (arts. 991 a 996 do Código Civil). Já as sociedades *personificadas* (arts. 997 a 1.141 do Código Civil) se subdividem em não empresariais (sociedades simples) e empresariais.

Podem ser sujeitos ativos as pessoas jurídicas *independentemente da forma de organização ou modelo societário adotado*, o que significa que entidades do chamado terceiro setor, como as Organizações Sociais (regida pela Lei 9.637/98) e as Organizações da Sociedade Civil de Interesse Público (reguladas pela Lei 8.790/99) [128], podem ser atingidas pela responsabilização objetiva prevista na Lei Anticorrupção.

Também podem ser sujeitos ativos as *fundações, associações de entidades ou pessoas, ou sociedades estrangeiras*.

Ademais, tais pessoas jurídicas têm de ter sede, filial ou representação no *território brasileiro*, além de serem *constituídas de fato ou de direito*, ainda que temporariamente. Pelo artigo 985 do Código Civil, a sociedade passa a existir legalmente com a *inscrição, no registro próprio e na forma da lei, dos seus atos constitutivos*.

Entretanto, a responsabilização da pessoa jurídica *não exclui a responsabilidade individual* de seus dirigentes ou administradores ou de qualquer pessoa natural, *autora, coautora ou partícipe do ato ilícito* (art. 3º da Lei 12.846/2013). As responsabilidades das pessoas jurídicas e das pessoas naturais que as dirigem ou administram são independentes, inclusive por força de regra constitucional (art. 173, §3º, CF) [129]. A diferença reside na forma da responsabilização. Enquanto as pessoas jurídicas respondem objetivamente, isto é, independentemente do elemento subjetivo (dolo

---

[128] ORTOLAN, Marcelo Augusto Biehl; ROCHA, Iggor Gomes e REIS, Felipe Andres Pizzato. Combate à corrupção nas licitações e contratos públicos. Questões centrais do Projeto de Lei n. 6.826/2010. In: *Direito da infraestrutura. Temas de organização do Estado, serviços públicos e intervenção administrativa*. Coord. Guilherme de Salles Gonçalves e Emerson Gabardo. Belo Horizonte: Fórum, 2012. Pág. 161.

[129] *"A lei, sem prejuízo da responsabilidade individual dos dirigentes da pessoa jurídica, estabelecerá responsabilidade desta, sujeitando-se à punições compatíveis com sua natureza, nos atos contra a ordem econômica e financeira e contra a economia popular".*

ou culpa), as pessoas naturais somente são responsabilizadas por atos ilícitos na medida de sua culpabilidade. Cumpre anotar que o Projeto de Lei do Senado n. 232/2012, que versa sobre o Código Penal, prevê a responsabilização penal da pessoa jurídica no artigo 41, § 1º, nos seguintes termos já aprovados em Comissão Especial, em 17 de dezembro de 2013: *"A responsabilidade das pessoas jurídicas não exclui a das pessoas físicas, autoras, coautoras ou partícipes do mesmo fato, nem é dependente da identificação ou da responsabilização destas".*

Não obstante possam ser sujeitos ativos dos atos previstos no artigo 5º da Lei 12.846/2013, as sanções previstas nesta lei, por evidente, devem ser compatibilizadas com as peculiaridades das pessoas naturais. Assim, podem estar sujeitas à reparação solidária dos prejuízos causados ao erário, mas também ao pagamento de multas e outras restrições patrimoniais (como o perdimento de bens, direitos ou valores que representem vantagem ou proveito, direta ou indiretamente, obtidos da infração e a proibição de receber incentivos, subsídios, subvenções, doações ou empréstimos de órgãos ou entidades públicas e de instituições financeiras públicas ou controladas pelo poder público) e mesmo não patrimoniais (como a publicação extraordinária da decisão condenatória).

Também é importante consignar que o sistema processual brasileiro adota o modelo da independência relativa ou mitigada das instâncias, podendo um mesmo fato gerar responsabilização criminal, civil e administrativa[130]. O artigo 935 do Código Civil, contudo, afirma que comprovada a existência do fato ou se seu autor no juízo criminal o juízo cível fica a ele subordinado. Em caso de absolvição na esfera criminal, as con-

---

[130] OLIVEIRA, Eugenio Pacelli de. *Curso de processo penal.* 6ª ed. Belo Horizonte: Del Rey, 2006. Pág. 166. À guisa de ilustração, ressalta-se o seguinte julgado: *"RECURSO ORDINÁRIO – MANDADO DE SEGURANÇA – POLICIAL MILITAR – PROCESSO ADMINISTRATIVO DISCIPLINAR – PENA DE PERDA DA GRADUAÇÃO – INEXISTÊNCIA DE OFENSA AOS PRINCÍPIOS DA AMPLA DEFESA E CONTRADITÓRIO – APLICAÇÃO DO PRINCÍPIO DA INCOMUNICABILIDADE DAS INSTÂNCIAS ADMINISTRATIVA E PENAL – RECURSO NÃO PROVIDO. 1. Não há que se falar na invalidação de processo administrativo disciplinar pelo Poder Judiciário, quando se verifica a obediência aos princípios da ampla defesa e do contraditório e não se constata qualquer outra ilegalidade. 2. Impossibilidade de o Recorrente aduzir a ocorrência de dupla condenação pelo mesmo fato, já tendo sido punido na esfera penal, em razão da aplicação do princípio da incomunicabilidade das instâncias administrativa, civil e penal, na apuração de faltas administrativas disciplinares. 3. Recurso não provido"* (RMS 16907/PB, Rel. Ministro PAULO MEDINA, SEXTA TURMA, julgado em 19/04/2005, DJ 16/05/2005, p. 418).

sequências jurídicas dependem da motivação da sentença. Pelo artigo 65 do Código de Processo Penal, faz coisa julgada no cível a sentença penal que reconhecer ter sido o ato praticado em estado de necessidade, em legítima defesa, estrito cumprimento de dever legal ou no exercício regular de direito. Entretanto, para a exclusão da responsabilidade civil, tais excludentes de ilicitude devem ter sido reconhecidas de forma plena. Assim, caso tenha sido admitido o excesso na legítima defesa, por exemplo, é possível a reparação dos danos na esfera cível. De igual modo, ainda que reconhecida alguma excludente de ilicitude, a responsabilidade civil não está afastada nas hipóteses dos artigos 929[131] e 930[132] do Código Civil. Porém, se a sentença penal condenatória reconhecer, categoricamente, que não está provado o fato imputado como ilícito, fica afastada, de forma definitiva, a responsabilidade civil.

Além disso, a responsabilidade da pessoa jurídica subsiste na hipótese de alteração contratual, transformação, incorporação, fusão ou cisão societária, nos termos do artigo 4º da Lei 12.846/2013.

## 2. Sujeitos passivos

É a Administração pública, nacional ou estrangeira. A Lei Anticorrupção não faz referência expressa à Administração pública direta e indireta.

De qualquer forma, se o intuito da lei é a proteção do patrimônio público, não apenas as unidades federativas (União, Estados, Distrito Federal e Municípios), mas toda e qualquer entidade que, direta ou indiretamente, recebe recursos públicos pode ser sujeito passivo dos atos previstos no artigo 5º da Lei 12.846/2013.

Assim, por exemplo, não se pode excluir da proteção da lei uma empresa ou uma fundação pública que está sendo lesada, nos termos do artigo 5º, pela iniciativa privada.

Aliás, tal compreensão ampliada do conceito de Administração Pública nacional é compatível com o que a Lei Anticorrupção compreende por Administração Pública estrangeira nos parágrafos do artigo 5º.

---

[131] *"Art. 929. Se a pessoa lesada, ou o dono da coisa, no caso do <u>inciso II do art. 188</u>, não forem culpados do perigo, assistir-lhes-á direito à indenização do prejuízo que sofreram".*

[132] *"Art. 930. No caso do **inciso II do art. 188**, se o perigo ocorrer por culpa de terceiro, contra este terá o autor do dano ação regressiva para haver a importância que tiver ressarcido ao lesado. Parágrafo único. A mesma ação competirá contra aquele em defesa de quem se causou o dano (**art. 188, inciso I**)".*

Administração Pública estrangeira, para os fins da lei, não se restringe aos órgãos e entidades *estatais*. Abrange, também, as representações diplomáticas de país estrangeiro, de qualquer nível ou esfera de governo (§ 1º, do art. 5º), bem como as *pessoas jurídicas controladas, direta ou indiretamente, pelo poder público de país estrangeiro* (§ 1º, do art. 5º), além das *organizações públicas internacionais* (*v.g.*, a Organização das Nações Unidas e o Fundo Monetário Internacional).

## 3. Elemento subjetivo

A responsabilidade administrativa e civil objetiva não é novidade no ordenamento jurídico nacional.

A Lei 12.846/2013 não destoa da técnica contemplada no artigo 37, § 6º, da Constituição Federal[133], quando trata da responsabilização das pessoas jurídicas de direito público e as de direito privado prestadoras de serviços públicos pelos danos causados por seus agentes a terceiros, bem como nos artigos 927, parágrafo único, do Código Civil[134] ou nos artigos 12[135] e 14[136] do Código de Defesa do Consumidor (Lei 8.078/90).

Aliás, mesmo antes do Novo Código Civil e do Código de Defesa do Consumidor, já existiam diversas leis especiais que, ao contrário do revogado artigo 159 do Código Civil de 1916 – que estava filiado à teoria subjetiva – previram a responsabilidade civil objetiva, como o Decreto

---

[133] *"Art. 37. A administração pública direta e indireta de qualquer dos Poderes da União, dos Estados, do Distrito Federal e dos Municípios obedecerá aos princípios de legalidade, impessoalidade, moralidade, publicidade e eficiência e, também, ao seguinte: (...) § 6º – As pessoas jurídicas de direito público e as de direito privado prestadoras de serviços públicos responderão pelos danos que seus agentes, nessa qualidade, causarem a terceiros, assegurado o direito de regresso contra o responsável nos casos de dolo ou culpa".*

[134] *"Art. 927. Aquele que, por ato ilícito (arts. 186 e 187), causar dano a outrem, fica obrigado a repará-lo. Parágrafo único. Haverá obrigação de reparar o dano, independentemente de culpa, nos casos especificados em lei, ou quando a atividade normalmente desenvolvida pelo autor do dano implicar, por sua natureza, risco para os direitos de outrem".*

[135] *"Art. 12. O fabricante, o produtor, o construtor, nacional ou estrangeiro, e o importador respondem, independentemente da existência de culpa, pela reparação dos danos causados aos consumidores por defeitos decorrentes de projeto, fabricação, construção, montagem, fórmulas, manipulação, apresentação ou acondicionamento de seus produtos, bem como por informações insuficientes ou inadequadas sobre sua utilização e riscos".*

[136] *"Art. 14. O fornecedor de serviços responde, independentemente da existência de culpa, pela reparação dos danos causados aos consumidores por defeitos relativos à prestação dos serviços, bem como por informações insuficientes ou inadequadas sobre sua fruição e riscos".*

2.681/1912 (responsabilidade das estradas de ferro por danos causados aos proprietários marginais), a Lei 5.316/1967, o Decreto 61.784/1967, a Lei 8.213/1991 (a legislação de acidentes de trabalho), a Lei 6.194/1974, a Lei 8.441/ 1992 (seguro obrigatório de acidentes de veículos, cabendo à seguradora pagar o valor previsto, independente de culpa do motorista) e a Lei 6.938/1981 (referente aos danos causados ao meio ambiente).

Nos casos de responsabilidade objetiva, o agente somente se exime da responsabilidade se não ficar caracterizado o nexo de causalidade entre o comportamento do agente e o dano. Em outras palavras, não há responsabilidade objetiva quando o agente não produziu a lesão, que lhe é imputada, ou se a situação de risco inexistiu ou foi sem relevo decisivo para a ocorrência do dano[137].

Para a caracterização do *dever de indenizar*, basta que esteja comprovada a existência de *relação de causalidade* entre o dano e o ato lesivo.

Para a responsabilização das pessoas jurídicas, na Lei Anticorrupção, está excluída a necessidade de se demonstrar o elemento subjetivo (dolo ou culpa).

A única hipótese que isto é indispensável se dá quando se pretende buscar a responsabilidade de pessoas naturais que concorrem para o ilícito, nos termos do artigo 3º, § 2º, da Lei 12.846/2013.

Porém, como já asseverado, a responsabilização da pessoa jurídica independe da responsabilização das pessoas naturais que sejam autoras, coautoras ou partícipe do ilícito (art. 3º, *caput*, e § 2º, da Lei 12.846/2013).

## 4. Teoria do Risco

A teoria do risco surgiu, no final do século XIX, na França, para buscar a responsabilização daquele que exercesse atividade perigosa e causasse a probabilidade de dano, independentemente de ter agido com dolo ou culpa[138].

Uma das primeiras aplicações da teoria do risco ocorreu, em 16 de junho de 1896, quando a Corte de Cassação francesa declarou culpado o proprietário de um rebocador pela morte de um mecânico em razão da

---

[137] MELLO, Celso Antônio Bandeira de. *Curso de direito administrativo*. 13ª ed. São Paulo, Malheiros, 2001. Pág. 829.

[138] CAVALIERI FILHO, Sergio. *Programa de responsabilidade civil*. 3 ed. São Paulo: Malheiros, 2002. Pág. 166.

explosão de uma caldeira, apesar do fato decorrer de um defeito de construção, firmando que tal responsabilidade não deveria cessar mesmo se o proprietário do rebocador provasse a culpa do construtor da máquina ou do caráter oculto do defeito da coisa[139].

A teoria do risco é utilizada para fundamentar a *responsabilidade objetiva*. Assim, aquele que cria o risco de dano deve ser obrigado a repará-lo, independentemente de dolo ou culpa. Dessa maneira, substitui-se a noção de culpabilidade pela de risco, para a caracterização da responsabilidade.

Há várias espécies de risco, podendo ser assim caracterizados: i) *Risco-proveito*: o responsável é aquele que tira proveito da atividade danosa; ii) *Risco profissional*: decorre da atividade ou profissão do agente, sendo aplicável aos acidentes de trabalho; iii) *Risco excepcional*: a reparação é devida sempre que o dano é consequência de um *risco excepcional*, que escapa à atividade normal do agente; iv) *Risco criado*: é aquele que, em razão de sua atividade ou profissão, cria um *perigo*, deve reparar o dano que causar, salvo prova de haver adotado todas as medidas idôneas a evitá-lo; v) *Risco integral*: o agente fica obrigado a reparar o dano causado até nos casos de *inexistência do nexo de causalidade*. Nesta última hipótese, tem-se a modalidade *extremada* da teoria do risco e o dever de indenizar surge tão-só *em face do dano*, ainda que oriundo de culpa exclusiva da vítima, fato de terceiro, caso fortuito ou força maior.

A Lei 12.846/2013 não prevê a espécie de risco adotado. Entretanto, a interpretação e a aplicação da Lei Anticorrupção Empresarial deve atender aos seus escopos de combater, com rigidez, a corrupção[140]. Logo, verificada uma das hipóteses de incidência do artigo 5º da Lei 12.846/2013 a pessoa jurídica deve ser responsabilizada e, na hipótese de terceiro ser responsável, deverá ingressar com ação de regresso, em autos próprios, para discutir as perdas e danos.

### 5. Inadmissibilidade de denunciação da lide

Como o procedimento a ser adotado pela Lei 12.846/2013, é o da ação civil pública (Lei 7.387/1985), não é possível denunciação da lide (art. 70/CPC) nos autos de ação de reparação civil objetiva da Lei Anticorrupção. Isto porque a denunciação da lide gera uma nova pretensão dentro

---

[139] DIAS, José de Aguiar. *Da Responsabilidade Civil*. Rio de Janeiro: Forense, 1973. Pág. 38.
[140] Conferir item 3 *supra*.

do processo, o que tumultuaria o processo principal, em que não se discute dolo ou culpa, e retardaria a responsabilização dos infratores.

Com efeito, como se assinalou no item anterior, eventual direito de regresso deve ser debatido em ação autônoma, no qual a pessoa jurídica pode evidenciar a responsabilidade de terceiro[141].

Tal exegese também está em sintonia com o artigo 90 da Lei 8.078/90, que determina à aplicação da regra do artigo 88 do Código de Defesa do Consumidor às ações civis públicas.

O artigo 88 do CDC afirma que, na hipótese do art. 13, pár. ún. (que versa sobre a responsabilidade civil objetiva pelo fato do produto e do serviço), a ação de regresso poderá ser ajuizada em processo autônomo, facultada a possibilidade de prosseguir-se nos mesmos autos, vedada a denunciação da lide.

No entanto, o artigo 88 da Lei 8.078/90 tem sido aplicado para excluir a possibilidade de denunciação da lide em todas as situações de responsabilidade civil objetiva do Código de Defesa do Consumidor.

A propósito, o Superior Tribunal de Justiça tem decidido que a vedação à denunciação da lide, prevista no artigo 88 do CDC, não se restringe à responsabilidade de comerciante por fato do produto (art. 13 do CDC), sendo aplicável também nas demais hipóteses de responsabilidade civil (arts. 12 e 14 do CDC)[142].

Portanto, ao se excluir a possibilidade de discussão do elemento subjetivo, a pessoa jurídica-demandada deve arcar com os danos causados à Administração Pública, nacional ou estrangeira, e, em ação própria, discutir eventual responsabilidade de terceiros.

---

[141] *"Processual Civil. Ação Civil Pública. Dano ambiental. 1. É parte legítima para figurar no pólo passivo da Ação Civil Pública a pessoa jurídica ou física apontada como tendo praticado o dano ambiental. 2. A Ação Civil Pública deve discutir, unicamente, a relação jurídica referente à proteção do meio ambiente e das suas consequências pela violação a ele praticada. 3. Incabível, por essa afirmação, a denunciação da lide. 4. Direito de regresso, se decorrente do fenômeno de violação ao meio ambiente, deve ser discutido em ação própria. 5. As questões de ordem pública decididas no saneador não são atingidas pela preclusão. 6. Recurso especial improvido"* (STJ, REsp 232187/SP, Rel. Ministro José Delgado, PRIMEIRA TURMA, julgado em 23/03/2000, DJ 08/05/2000, p. 67).

[142] STJ, REsp 1286577/SP, Rel. Ministra Nancy Andrighi, TERCEIRA TURMA, julgado em 17/09/2013, DJe 23/09/2013.

## 6. Responsabilização sem dano consumado

A responsabilização administrativa e civil, na Lei 12.846/2013, contudo, não está condicionada a demonstração de prejuízos efetivos à Administração Pública.

Várias hipóteses previstas no artigo 5º permitem que a empresa seja responsabilizada pela mera vantagem pretendida, mas também pela tentativa (não consumação) de atos lesivos. Por exemplo, na situação dos incisos I (*oferecer* vantagem indevida) e IV, letra "c" (*procurar afastar licitante*).

Ademais, o artigo 7º, ao prever os critérios para a aplicação das sanções, refere-se, de forma expressa, a responsabilização sem dano consumado nos incisos III (a vantagem auferida *ou pretendida pelo infrator*) e IV (a consumação *ou não da infração*).

## 7. Condutas expressamente vedadas no artigo 5º da Lei 12.846/2013

### 7.1. Inc. I – Prometer, oferecer ou dar, direta ou indiretamente, vantagem indevida a agente público, ou a terceira pessoa a ele relacionada

Para melhor compreender o alcance deste inciso, é indispensável conhecer os elementos objetivos das condutas proibidas.

*Prometer*: é fazer promessa de fornecimento de vantagem indevida. *Oferecer* significa colocar à disposição, expor a vantagem indevida. E *dar* implica entregar a vantagem indevida.

Tais ações podem ser realizadas direta ou indiretamente. *Diretamente* significa que as condutas são praticadas pelos sujeitos ativos[143], enquanto que, quando a ação é praticada *indiretamente*, ela é realizada *por intermédio de terceiros* (pessoas ligadas, de algum modo, aos sujeitos ativos), podendo ser denominados de *sujeitos ativos acidentais*.

O termo *vantagem indevida* representa aquela que não está prevista em lei. É a que o agente público não tem direito. Logo, não precisa ser, necessariamente, de caráter patrimonial, podendo ser de outra natureza (*v.g.*, sexual, moral etc.).

Porém, é indispensável que a vantagem indevida seja *certa* e *factível*. Não basta que seja um *mero pedido* (*v.g.*, *"dar um jeitinho"* ou *"quebrar o galho"*).

---

[143] Conferir item 4 *supra*.

Por outro lado, não é necessário que a vantagem indevida seja aceita pelo agente público ou terceiro relacionado ao agente. Assim, é possível a tentativa quando a promessa ou a oferta, embora efetuada, não chega ao conhecimento do agente público ou do terceiro a ele relacionado, por circunstâncias alheias à conduta do agente (*v.g.*, mensagem interceptada por autorização da justiça). Afinal, o artigo 7º, incisos II e III, da Lei 12.846/2013 preceitua que as sanções podem ser aplicadas ainda que a vantagem não tenha sido auferida e mesmo que a infração não tenha se consumado.

Para a caracterização da conduta vedada no artigo 5º, inc. I, da Lei Anticorrupção, é necessário que a vantagem indevida seja dirigida a *determinada pessoa*. Não se configura o ato ilícito se a vantagem for prometida, oferecida ou dada para *pessoas indeterminadas*.

As pessoas beneficiadas podem ser o próprio agente público ou terceira pessoa a ele relacionada.

Há de se admitir conceito amplo de agente público, podendo ser adotado noção semelhante ao do artigo 327 do Código Penal, para abarcar todos que exerçam cargo, emprego ou função pública, ainda que transitoriamente e sem remuneração. Mas também os que trabalham em entidade paraestatal, empresa prestadora de serviço contratada ou conveniada para a execução de atividade da Administração Pública. Em outras palavras, todos aqueles que estiverem desempenhando atividade administrativa, direta ou indiretamente, independentemente de subordinação imediata com o Poder Público, podem ser incluídos na conduta vedada do artigo 5º, inc. I, da Lei 12.846/2013.

Em contrapartida, *terceiras pessoas relacionadas aos agentes públicos* podem ser parentes, companheiros, noivo (a), empregados, amigos íntimos etc.

Por fim, não é necessário que o agente público tenha sugerido ou solicitado a vantagem indevida. Se isto ocorrer, o funcionário público pode ficar sujeito ao crime de corrupção passiva (art. 317/CP).

## 7.2. Inc. II – Comprovadamente, financiar, custear, patrocinar ou de qualquer modo subvencionar a prática dos atos ilícitos previstos nesta Lei

O advérbio "comprovadamente" sugere a noção de que somente a prova direta da conduta pode ser responsabilizada, o que tornaria vedada a prova meramente indireta, circunstancial ou indiciária.

Porém, a expressão, "comprovadamente", deve ser interpretada conforme a Constituição Federal[144]. A exclusão da prova indiciária representaria afronta ao princípio da independência do Poder Judiciário (art. 2º/CF) e da persuasão racional motivada (art. 93, inc. IX, CF), adotada tanto no ordenamento processual penal (art. 155/CPP), quanto no civil (art. 131/CPC).

Provas são *argumentos* que devem ser pesados pelo órgão judicial no momento da decisão. O raciocínio lógico-dedutivo dos magistrados permite extrair presunções, a partir de indícios, com auxílio de máximas da experiência. Não há razão para cercear o pensamento do julgador, especialmente quando se trata de combater à corrupção, que é uma prática que acontece, geralmente, às escondidas, sem deixar evidências diretas.

A prova tem função persuasiva e deve permitir que as partes tenham ampla liberdade de convencer o juiz de que tem razão. Logo, os indícios podem, pela argumentação das partes e do juízo, a respeito das circunstâncias fáticas comprovadas, levarem a uma conclusão segura e correta.

Nas palavras do Ministro Luiz Fux, ao julgar a ação penal 470, conhecido como Processo do Mensalão, *"Essa função persuasiva da prova é a que mais bem se coaduna com o sistema do livre convencimento motivado ou da persuasão racional, previsto no art. 155 do CPP e no art. 93, IX, da Carta Magna, pelo qual o magistrado avalia livremente os elementos probatórios colhidos na instrução, mas tem a obrigação de fundamentar sua decisão, indicando expressamente suas razões de decidir"* (pág. 18)[145].

---

[144] *"A interpretação conforme à Constituição, ao contrário do que pode fazer supor o seu nome, não constitui método de interpretação, mas técnica de controle da constitucionalidade. Constitui técnica que impede a declaração de inconstitucionalidade da norma mediante a afirmação de que esta tem um sentido – ou uma interpretação – conforme à Constituição. (...) Se a norma não abre oportunidade a interpretações diversas, exclui-se a possibilidade de interpretação conforme"* (Ingo Wolfgan Sarlet, Luiz Guilherme Marinoni e Daniel Mitidiero. *Curso de direito constitucional.* São Paulo: RT, 2012. Pág. 1.056-1.057).

[145] Nesse sentido, tem sido enfatizado pelo Supremo Tribunal Federal: i) *"A força instrutória dos indícios é bastante para a elucidação de fatos, podendo, inclusive, por si própria, o que não é apenas o caso dos autos, conduzir à prolação de decreto de índole condenatória, quando não contrariados por contraindícios ou por prova direta. Doutrina:* MALATESTA*, Nicola Framarino dei. A lógica das provas em matéria criminal. Trad. J. Alves de Sá. Campinas: Servanda Editora, 2009, p. 236;* LEONE*, Giovanni. Trattato di Diritto Processuale Penale. v. II. Napoli: Casa Editrice Dott. Eugenio Jovene, 1961. p. 161-162;* PEDROSO*, Fernando de Almeida. Prova penal: doutrina e jurisprudência. São Paulo: Editora Revista dos Tribunais, 2005, p. 90-91. Precedentes: AP 481, Relator: Min. Dias Toffoli, Tribunal Pleno, julgado em 08/09/2011; HC nº 111.666, Relator: Min. Luiz Fux, Primeira Turma, julgado em 08/05/2012; HC*

São condutas vedadas pelo artigo 5º, inc. II, da Lei Anticorrupção: *Financiar* significa fornecer dinheiro, fundos, capitais; *Custear* quer dizer garantir o custeio de; pagar, bancar; *Patrocinar:* dar patrocínio (como o custeio de um programa de rádio, televisão etc., de um espetáculo ou de uma disputa esportiva); *Subvencionar:* prestar ajuda; dar socorro; ajudar. O objetivo do artigo 5º, inc. II, da Lei 12.846/2013 é *proibir a influência indevida do interesse privado* na Administração Pública, nacional ou estrangeira.

As condutas vedadas no inciso objeto desse comentário se aproximam, com as devidas especificidades, de outras previsões criminosas, que envolvem a tutela do mesmo bem jurídico, tais como: i) o art. 91 da Lei 8.666/93[146]; ii) o art. 321 do Código Penal[147] e (iii) o art. 3º, inc. III, Lei 8.137/90 (ordem tributária)[148].

---

*96062, Relator: Min. Marco Aurélio, Primeira Turma, julgado em 06/10/2009"* (STF, HC 97781, Relator(a): Min. MARCO AURÉLIO, Relator(a) p/ Acórdão: Min. LUIZ FUX, Primeira Turma, julgado em 26/11/2013, ACÓRDÃO ELETRÔNICO DJe-051 DIVULG 14-03-2014 PUBLIC 17-03-2014); ii) *"1. O princípio processual penal do favor rei não ilide a possibilidade de utilização de presunções hominis ou facti, pelo juiz, para decidir sobre a procedência do ius puniendi, máxime porque o Código de Processo Penal prevê expressamente a prova indiciária, definindo-a no art. 239 como "a circunstância conhecida e provada, que, tendo relação com o fato, autorize, por indução, concluir-se a existência de outra ou outras circunstâncias". Doutrina* (LEONE, Giovanni. *Trattato di Diritto Processuale Penale. v. II.* Napoli: Casa Editrice Dott. Eugenio Jovene, 1961. p. 161-162). Precedente (HC 96062, Relator(a): Min. MARCO AURÉLIO, *Primeira Turma, julgado em 06/10/2009, DJe-213 DIVULG 12-11-2009 PUBLIC 13-11-2009 EMENT VOL-02382-02 PP-00336). 2. O julgador pode, através de um fato devidamente provado que não constitui elemento do tipo penal, mediante raciocínio engendrado com supedâneo nas suas experiências empíricas, concluir pela ocorrência de circunstância relevante para a qualificação penal da conduta. 3. A criminalidade dedicada ao tráfico de drogas organiza-se em sistema altamente complexo, motivo pelo qual a exigência de prova direta da dedicação a esse tipo de atividade, além de violar o sistema do livre convencimento motivado previsto no art. 155 do CPP e no art. 93, IX, da Carta Magna, praticamente impossibilita a efetividade da repressão a essa espécie delitiva"* (STF, HC 103118, Relator(a): Min. LUIZ FUX, Primeira Turma, julgado em 20/03/2012, ACÓRDÃO ELETRÔNICO DJe-073 DIVULG 13-04-2012 PUBLIC 16-04-2012 RT v. 101, n. 922, 2012, p. 574-583).

[146] *"Art. 91. Patrocinar, direta ou indiretamente, interesse privado perante a Administração, dando causa à instauração de licitação ou à celebração de contrato, cuja invalidação vier a ser decretada pelo Poder Judiciário: Pena – detenção, de 6 (seis) meses a 2 (dois) anos, e multa".* Atente-se para as especificidades deste tipo penal, pois, para a consumação deste delito, é indispensável que a licitação ou a celebração do contrato sejam anulados pelo Poder Judiciário (sob pena de não estarem presentes todos esses requisitos a conduta ser enquadrada no artigo 321 do Código Penal). Cfr. José Geraldo da Silva, Wilson Lavorenti e Fabiano Genofre. *Leis Penais anotadas.* 8ª ed.

## 7.3. Inc. III – Comprovadamente, utilizar-se de interposta pessoa física ou jurídica para ocultar ou dissimular seus reais interesses ou a identidade dos beneficiários dos atos praticados

Em relação ao advérbio "comprovadamente", verificar os comentários realizados no item anterior, que se aplicam, de igual modo, a exegese deste inciso III.

O escopo deste inciso é evitar a utilização de interpostas pessoas – também conhecidos por "laranjas" – em especial, pessoas sem patrimônio, para ocultar ou dissimular os reais interesses dos sujeitos ativos ou a identidade dos beneficiários dos atos praticados.

*Ocultar* significa disfarçar, não deixar ver. Já *dissimular é esconder as reais intenções.*

Tanto a pessoa jurídica que pretende lesar o patrimônio público quanto a interposta pessoa ("laranja") são passíveis de responsabilidade, nos termos do artigo 3º da Lei Anticorrupção.

Cabe salientar que a prática condenada neste dispositivo, infelizmente, é bastante comum no Brasil. Quando a pessoa jurídica usa de pessoas naturais ou outras empresas, como se fossem laranjas, muitas vezes, ela acaba continuando com sua atividade nociva enquanto a responsabilidade recai apenas sobre funcionários ou empresas de fachada que acabam sendo punidas.

## 7.4.1. Inc. IV – No tocante a licitações e contratos: a) frustrar ou fraudar, mediante ajuste, combinação ou qualquer outro expediente, o caráter competitivo de procedimento licitatório público

A razão de ser das licitações, nos termos do artigo 3º, *caput*, da Lei 8.666/93, é assegurar a observância do princípio constitucional da isonomia, a seleção da proposta mais vantajosa para a Administração e a pro-

---

Campinas: Millennium Editora, 2005. Pág. 398. Por outro lado, tais elementos normativos não integram a caracterização da conduta descrita neste artigo 5º, inc. II, da Lei Anticorrupção.

[147] *"Art. 321 – Patrocinar, direta ou indiretamente, interesse privado perante a administração pública, valendo-se da qualidade de funcionário: Pena – detenção, de um a três meses, ou multa. Parágrafo único – Se o interesse é ilegítimo: Pena – detenção, de três meses a um ano, além da multa".*

[148] *"Art. 3º Constitui crime funcional contra a ordem tributária, além dos previstos no **Decreto-Lei nº 2.848, de 7 de dezembro de 1940 – Código Penal (Título XI, Capítulo I):** (...). III – patrocinar, direta ou indiretamente, interesse privado perante a administração fazendária, valendo-se da qualidade de funcionário público. Pena – reclusão, de 1 (um) a 4 (quatro) anos, e multa".*

moção do desenvolvimento nacional sustentável, devendo ser processada e julgada em estrita conformidade com os princípios básicos da legalidade, da impessoalidade, da moralidade, da igualdade, da publicidade, da probidade administrativa, da vinculação ao instrumento convocatório, do julgamento objetivo e dos que lhes são correlatos.

Os verbos do tipo significam: *Frustrar*: iludir, decepcionar a expectativa de alguém; *Fraudar*: empregar qualquer meio para, enganando, causar erro.

O dispositivo guarda semelhança com a conduta proibida no artigo 90 da Lei 8.666/93[149].

Nesta hipótese, as pessoas jurídicas frustram ou fraudam mediante ajuste, combinação ou qualquer outro expediente o caráter competitivo do procedimento licitatório público. Por exemplo, os licitantes combinam entre si qual deles vai vencer a licitação, na medida em que as propostas já são *previamente conhecidas* de todos os concorrentes.

Porém, o ilícito do artigo 5º, inc. IV, letra "a", também pode ser cometido por *omissão*, quando, por exemplo, são sonegadas informações que poderiam elucidar o conluio gerador dos danos.

O ilícito se consuma com o prejuízo ao *caráter competitivo* do certame, isto é, quando é beneficiado indevidamente um dos licitantes ou quando restar caracterizados danos ao Poder Público pela frustração da licitação. Portanto, para a sua caracterização não é indispensável que o sujeito ativo obtenha vantagem para si ou para outrem[150].

---

[149] *"Art. 90. Frustrar ou fraudar, mediante ajuste, combinação ou qualquer outro expediente, o caráter competitivo do procedimento licitatório, com o intuito de obter, para si ou para outrem, vantagem decorrente da adjudicação do objeto da licitação: Pena – detenção, de 2 (dois) a 4 (quatro) anos, e multa".*

[150] Tomando como parâmetro o artigo 90 da Lei 8.666/93, verifica-se que tanto a jurisprudência quanto a doutrina consideram que o crime é formal, isto é, que se consuma independentemente da obtenção da vantagem: i) *"Basta à caracterização do delito tipificado no artigo 90 da Lei nº 8.666/93 que o agente frustre ou fraude o caráter competitivo da licitação, mediante ajuste, combinação ou qualquer outro expediente, com o intuito de obter vantagem decorrente da adjudicação do objeto do certame"* (STJ, HC 45.127/MG, Rel. Ministro NILSON NAVES, Rel. p/ Acórdão Ministro HAMILTON CARVALHIDO, SEXTA TURMA, julgado em 25/02/2008, DJe 04/08/2008); ii) *"Trata-se de delito formal, pois a consumação se dá no ato de ser promovida a fraude ou frustração da competição, independentemente da obtenção da vantagem para si ou para outrem"* (Adel El Tasse. Licitações e Contratos Administrativos. Lei 8.666, 21.06.1993. In: *Legislação criminal especial*. Vol. 6. 2ª ed. Coord. Luiz Flávio Gomes e Rogério Sanches Cunha. São Paulo: RT, 2010. Pág. 796).

Ainda é admitida a aplicação do artigo 5º, inc. IV, letra "a", quando caracterizada a tentativa, ou seja, quando o concerto prévio for identificado *antes do término do certame*, por circunstâncias alheias à vontade dos licitantes. Exegese que é reforçada pelo artigo 7º, inc. II e III, da Lei Anticorrupção.

### 7.4.2. Inc. IV – No tocante a licitações e contratos: b) impedir, perturbar ou fraudar a realização de qualquer ato de procedimento licitatório público

A hipótese trazida neste inciso está voltada a proteção de *qualquer ato* do procedimento licitatório público.

Com variações conforme a modalidade de licitação adotada, o processo licitatório se subdivide em duas fases: a) *Fase interna*: acontece antes da publicação do edital, compreendendo a *elaboração* do edital, a *definição* do tipo e *modalidade* de licitação; b) *Fase Externa*: ocorre após a publicação do edital, com a *divulgação* ao público da licitação, a *habilitação* e a *apresentação de propostas e documentos*, seguida da *classificação* e do *julgamento*, com a posterior *homologação* e *adjudicação*.

Ao utilizar dos verbos *impedir*, *perturbar* ou *fraudar*, depreende-se que para a caracterização do ilícito, não é necessário que a licitação chegue ao fim. Por exemplo, a mera fraude no edital da licitação já pode caracterizar o ilícito.

A expressão *"qualquer ato"* tem sentido amplo e inclui, por exemplo, situações como *devassar o sigilo* de proposta apresentada em procedimento licitatório ou mesmo a juntada de *documento falso em recurso administrativo contra a inabilitação*.

É possível tomar como parâmetros, para fins hermenêuticos (embora com as devidas cautelas e especificidades), as condutas penais assemelhadas, tipificadas nos artigos 93[151] e 94[152] da Lei 8.666/93, mas também nos artigos 326[153] e 335[154] do Código Penal.

---

[151] *"Art. 93. Impedir, perturbar ou fraudar a realização de qualquer ato de procedimento licitatório: Pena – detenção, de 6 (seis) meses a 2 (dois) anos, e multa".*

[152] *"Art. 94. Devassar o sigilo de proposta apresentada em procedimento licitatório, ou proporcionar a terceiro o ensejo de devassá-lo: Pena – detenção, de 2 (dois) a 3 (três) anos, e multa".*

[153] *"**Violação do sigilo de proposta de concorrência**. Art. 326 – Devassar o sigilo de proposta de concorrência pública, ou proporcionar a terceiro o ensejo de devassá-lo: Pena – Detenção, de três meses a um ano, e multa".*

### 7.4.3. Inc. IV – No tocante a licitações e contratos: c) afastar ou procurar afastar licitante, por meio de fraude ou oferecimento de vantagem de qualquer tipo

A expressão *"procurar afastar"* amplia a conduta vedada, possibilitando que a *mera interferência indevida* no caráter competitivo da licitação possa ensejar responsabilização.

O legislador equiparou a conduta consumada (*"afastar"*) com a tentada (*"procurar afastar"*).

Com isto, tornou dispensável o *dano efetivo* à Administração Pública para fins de responsabilização administrativa e civil.

Questões que podem ensejar dúvidas: A empresa que não participa diretamente da licitação pode ser punida?; É necessário demonstrar que ela teve *interesse econômico, direto ou indireto,* na licitação?; Outro interesse não econômico motivaria a responsabilização?

Pelo artigo 2º da Lei 12.846/2013, as pessoas jurídicas serão responsabilizadas objetivamente, nos âmbitos administrativo e civil, pelos atos lesivos previstos nesta Lei *praticados em seu interesse ou benefício, exclusivo ou não.*

O legislador ao utilizar os termos *interesse* ou *benefício* procurou potencializar a aplicação da Lei Anticorrupção. Se *interesse* é aquilo que pode ser considerado útil, relevante, vantajoso ou proveitoso, *benefício* também tem o sentido de proveito e vantagem, mas ainda de favor e melhoramento.

O afastamento ou a tentativa de afastamento de concorrentes do processo licitatório, ainda que não seja para o benefício direto do sujeito ativo, pode prejudicar seus negócios e trazer prejuízos imediatos ou mediatos. Além disso, afastar ou procurar afastar um determinado concorrente para beneficiar outro, pode ensejar, em futuras licitações, favores semelhantes, diretos ou indiretos, ao sujeito ativo.

Portanto, a exegese desta regra jurídica não pode afastar a sua interpretação sistemática com o artigo 2º da Lei 12.846/2013, para alcançar

---

[154] *"**Impedimento, perturbação ou fraude de concorrência**. Art. 335 – Impedir, perturbar ou fraudar concorrência pública ou venda em hasta pública, promovida pela administração federal, estadual ou municipal, ou por entidade paraestatal; afastar ou procurar afastar concorrente ou licitante, por meio de violência, grave ameaça, fraude ou oferecimento de vantagem: Pena – detenção, de seis meses a dois anos, ou multa, além da pena correspondente à violência. Parágrafo único – Incorre na mesma pena quem se abstém de concorrer ou licitar, em razão da vantagem oferecida".*

não apenas os interesses ou benefícios econômicos, mas outros fatores que possam abalar o princípio constitucional da livre concorrência (art. 170, inc. IV, CF).

A liberdade de concorrência decorre da livre iniciativa que deve caracterizar a economia de mercado. A defesa da livre concorrência permite a disputa entre as empresas, para procurar estabelecer competições de preços, com o escopo de apurar as melhores condições para a realização de vendas, prestação de serviços ou construção de obras para o Poder Público.

A livre concorrência evita a concessão de privilégios e a concentração do poder econômico, o que força as empresas a um constante aprimoramento na gestão para a diminuição de custos e a criação de condições mais favoráveis para a participação do maior número de interessados em licitações, chegando a resultados mais favoráveis à celebração de contratos voltados a melhor atender aos interesses públicos.

O Direito Penal se ocupa de condutas semelhantes que podem servir de parâmetros exegéticos, tais como os artigos 95 da Lei 8.666/93[155] e 335[156] do Código Penal.

### 7.4.4. Inc. IV – No tocante a licitações e contratos: d) fraudar licitação pública ou contrato dela decorrente

A regra em análise amplia o alcance do rol dos atos lesivos, contidos no artigo 5º da Lei 12.846/2013, para alcançar os contratos administrativos.

Assim, é possível punir fraudes tanto nas licitações públicas quanto nos contratos dela decorrentes. Logo, outras condutas são passíveis de repressão, tais como vender, como verdadeira, mercadoria falsa; entregar uma mercadoria por outra; ou alterar substância, qualidade ou qualidade da mercadoria fornecida.

---

[155] *"Art. 95. Afastar ou procura afastar licitante, por meio de violência, grave ameaça, fraude ou oferecimento de vantagem de qualquer tipo: Pena – detenção, de 2 (dois) a 4 (quatro) anos, e multa, além da pena correspondente à violência. Parágrafo único. Incorre na mesma pena quem se abstém ou desiste de licitar, em razão da vantagem oferecida".*

[156] *"**Impedimento, perturbação ou fraude de concorrência**. Art. 335 – Impedir, perturbar ou fraudar concorrência pública ou venda em hasta pública, promovida pela administração federal, estadual ou municipal, ou por entidade paraestatal; afastar ou procurar afastar concorrente ou licitante, por meio de violência, grave ameaça, fraude ou oferecimento de vantagem: Pena – detenção, de seis meses a dois anos, ou multa, além da pena correspondente à violência. Parágrafo único – Incorre na mesma pena quem se abstém de concorrer ou licitar, em razão da vantagem oferecida".*

Para fins exegéticos, é possível buscar semelhanças em tipos penais voltados à proteção de bens jurídicos semelhantes, como os descritos nos artigos 92[157], 93[158] e 96[159] da Lei 8.666/93 e 335[160] do Código Penal.

## 7.4.5. Inc. IV – No tocante a licitações e contratos: e) criar, de modo fraudulento ou irregular, pessoa jurídica para participar de licitação pública ou celebrar contrato administrativo

A conduta expressamente vedada nesta alínea se assemelha a proibida no inciso III quando se pune a utilização de interposta pessoa física ou jurídica para ocultar ou dissimular seus reais interesses ou identidade dos beneficiários dos atos praticados.

A diferença, no caso em exame, é que há a criação, fraudulenta ou irregular, de pessoa jurídica para participar de licitação ou celebrar contrato.

A intenção pode ser a constituição de empresa para servir meramente de fachada para assegurar que outra pessoa jurídica vença a licitação. Com efeito, não é indispensável que a pessoa jurídica criada seja vencedora no certame. Basta a sua participação.

---

[157] *"Art. 92. Admitir, possibilitar ou dar causa a qualquer modificação ou vantagem, inclusive prorrogação contratual, em favor do adjudicatário, durante a execução dos contratos celebrados com o Poder Público, sem autorização em lei, no ato convocatório da licitação ou nos respectivos instrumentos contratuais, ou, ainda, pagar fatura com preterição da ordem cronológica de sua exigibilidade, observado o disposto no art. 121 desta Lei: Pena – detenção, de dois a quatro anos, e multa. Parágrafo único. Incide na mesma pena o contratado que, tendo comprovadamente concorrido para a consumação da ilegalidade, obtém vantagem indevida ou se beneficia, injustamente, das modificações ou prorrogações contratuais".*

[158] *"Art. 93. Impedir, perturbar ou fraudar a realização de qualquer ato de procedimento licitatório: Pena – detenção, de 6 (seis) meses a 2 (dois) anos, e multa".*

[159] *"Art. 96. Fraudar, em prejuízo da Fazenda Pública, licitação instaurada para aquisição ou venda de bens ou mercadorias, ou contrato dela decorrente: I – elevando arbitrariamente os preços; II – vendendo, como verdadeira ou perfeita, mercadoria falsificada ou deteriorada; III – entregando uma mercadoria por outra; IV – alterando substância, qualidade ou quantidade da mercadoria fornecida; V – tornando, por qualquer modo, injustamente, mais onerosa a proposta ou a execução do contrato: Pena – detenção, de 3 (três) a 6 (seis) anos, e multa".*

[160] ***"Impedimento, perturbação ou fraude de concorrência.*** *Art. 335 – Impedir, perturbar ou fraudar concorrência pública ou venda em hasta pública, promovida pela administração federal, estadual ou municipal, ou por entidade paraestatal; afastar ou procurar afastar concorrente ou licitante, por meio de violência, grave ameaça, fraude ou oferecimento de vantagem: Pena – detenção, de seis meses a dois anos, ou multa, além da pena correspondente à violência. Parágrafo único – Incorre na mesma pena quem se abstém de concorrer ou licitar, em razão da vantagem oferecida".*

Ademais, a criação de pessoa jurídica, fraudulenta ou irregular, para celebrar contrato administrativo também é prejudicial à livre concorrência. Beneficiar tal empresa na licitação ou com eventual dispensa/inexigibilidade compromete a liberdade de iniciativa, concentra o poder econômico e traz, quase sempre, a elevação dos preços a serem pagos pelo Poder Público.

A empresa criada também pode não ter o *know how* suficiente para prestar o serviço, executar a obra ou fornecer os produtos, o que também frustra o interesse público.

## 7.4.6. Inc. IV – No tocante a licitações e contratos: f) obter vantagem ou benefício indevido, de modo fraudulento, de modificações ou prorrogações de contratos celebrados com a administração pública, sem autorização em lei, no ato convocatório da licitação pública ou nos respectivos instrumentos contratuais

O centro das preocupações do legislador é punir a obtenção de vantagem ou benefício indevido, com auxílio de fraude, nas modificações ou prorrogações de contratos administrativos, com violação ao princípio da legalidade, do edital ou do próprio contrato.

Os contratos administrativos podem ser de execução instantânea, quando impõe ao contratado uma conduta específica e definida, ou de execução continuada, quando a imposição de uma conduta se renova ou se mantém no decurso do tempo[161]. Na primeira situação, o prazo de vigência está voltado a delimitar o período de tempo para a execução da prestação pela parte (*v.g.*, o contrato de obra de engenharia fixa o tempo necessário e adequado para a execução do objeto). Na segunda situação, há dissociação entre as condições temporais para a execução da prestação e o prazo de vigência do contrato (*v.g.*, o contrato de serviço de limpeza de um edifício pode fixar que uma vez por mês os vidros devem ser limpos e que o contrato vigorará por determinado período de tempo).

O artigo 57 da Lei 8.666/93 traz importantes regras sobre a vigência dos contratos administrativos, dentre as quais a vedação de contratos sem prazo determinados (§3º).

---

[161] JUSTEN FILHO, Marçal. *Comentários à Lei de Licitações e Contratos Administrativos*. 15ª ed. São Paulo: Dialética, 2012. Pág. 828-829.

Como regra geral, os contratos ficam adstritos à vigência dos respectivos créditos orçamentários. Já as exceções estão previstas em lei, como na hipótese de prestação de serviços a serem executados de forma contínua, que poderão ter a sua duração prorrogada por iguais e sucessivos períodos com vistas à obtenção de preços e condições mais vantajosas para a administração, limitada há 60 meses (art. 57, inc. II, Lei de Licitações). Em caráter excepcionalíssimo, desde que devidamente justificado e mediante autorização da autoridade superior, tal prazo pode ainda ser prorrogado por até 12 meses (art. 57, § 4º).

Admite-se a prorrogação de prazos de etapas de execução, conclusão e entrega, desde que mantidas as demais cláusulas contratuais e assegurado o equilíbrio econômico-financeiro, bem como a presença de algum dos seguintes motivos, devidamente apurados em processo administrativo, justificados por escrito e aprovados pela autoridade competente para celebrar o contrato (art. 57, §§1º e 2º): I – alteração do projeto ou especificações, pela Administração; II – superveniência de fato excepcional ou imprevisível, estranho à vontade das partes, que altere fundamentalmente as condições de execução do contrato; III – interrupção da execução do contrato ou diminuição do ritmo de trabalho por ordem e no interesse da Administração; IV – aumento das quantidades inicialmente previstas no contrato, nos limites permitidos por esta Lei; V – impedimento de execução do contrato por fato ou ato de terceiro reconhecido pela Administração em documento contemporâneo à sua ocorrência; VI – omissão ou atraso de providências a cargo da Administração, inclusive quanto aos pagamentos previstos de que resulte, diretamente, impedimento ou retardamento na execução do contrato, sem prejuízo das sanções legais aplicáveis aos responsáveis.

A alteração fraudulenta do contrato administrativo, nestas e em outras hipóteses legais, no ato convocatório da licitação ou nos instrumentos contratuais, pode ensejar a violação deste inciso IV, letra "f", do artigo 5º da Lei Anticorrupção.

## 7.4.7. Inc. IV – No tocante a licitações e contratos: g) manipular ou fraudar o equilíbrio econômico-financeiro dos contratos celebrados com a administração pública

O contrato administrativo deve ser marcado por uma relação de igualdade caracterizada, por um lado, pelas *obrigações assumidas pelo contratado no momento do ajuste* e, de outro, pela *compensação econômica* correspondente às obrigações devidas.

O artigo 58 da Lei 8.666/93, ao tratar do regime jurídico dos contratos, estabelece a prerrogativa da Administração Pública de modificá-los, unilateralmente, para melhor adequação às finalidades de interesse público, respeitados os direitos do contratado. Isto justifica a revisão das cláusulas econômico-financeiras do contrato para se manter o equilíbrio contratual.

O artigo 58, § 1º, da Lei de Licitações acrescenta que as cláusulas econômico-financeiras e monetárias dos contratos administrativos não poderão ser alteradas sem prévia concordância do contratado.

Caracteriza a violação do artigo 5º, inc. IV, letra "g", da Lei Anticorrupção, por exemplo, a elevação *arbitrária* de preços ou a conduta de tornar, injustamente, *mais onerosa a execução do contrato*.

Porém, *não é indispensável* que tais condutas tenham causado prejuízos à Administração Pública, posto que as sanções podem ser aplicadas ainda que a vantagem não seja auferida (art. 7º, inc. II) e mesmo que a infração não se consume (art. 7º, inc. III, da Lei 12.846/2013).

## 7.4.8. Inc. V – dificultar atividade de investigação ou fiscalização de órgãos, entidades ou agentes públicos, ou intervir em sua atuação, inclusive no âmbito das agências reguladoras e dos órgãos de fiscalização do sistema financeiro nacional

A Lei 12.846/2013 reconhece que a prática da corrupção se dá, normalmente, às escondidas, o que torna a prova mais difícil de ser produzida.

Com o intuito de combater a corrupção e diminuir a impunidade, nociva à proteção do patrimônio público e a defesa da república, a Lei Anticorrupção se preocupa em premiar a colaboração dos investigados.

Neste sentido, na aplicação das sanções prevê, expressamente, que deve ser levado em consideração a cooperação da pessoa jurídica para a apuração das infrações (inc. VII, art. 7º), bem como a existência de mecanismos e procedimentos internos de integridade, auditoria e incentivo à denúncia de irregularidades e a aplicação efetiva de códigos de ética e de conduta no âmbito da pessoa jurídica (inc. VIII, art. 7º, da Lei 12.846/2013).

Também prevê a possibilidade de celebração de acordo de leniência, entre a autoridade máxima de cada órgão ou entidade pública e as pessoas jurídicas responsáveis pela prática dos atos compreendidos no artigo

5º da Lei Anticorrupção. Tal acordo está regulamentado nos artigos 16 e 17 da Lei 12.846/2013.

De outro lado, o artigo 5º, inc. V, desta lei procura reprimir, com rigor, a criação de obstáculos que dificultem nas atividades de investigação ou interfiram na fiscalização de órgãos, entidades ou agentes públicos.

O alcance do dispositivo é amplo e deve abarcar todas as instituições responsáveis por fiscalizar ou investigar a correta aplicação dos recursos públicos, incluindo, dentre outras, não apenas as agências reguladoras e os órgãos de fiscalização do sistema financeiro nacional expressamente nominados, mas também as Controladorias Gerais da União, dos Estados, do Distrito Federal e dos Municípios, Ministérios Públicos, Receitas Estadual e Federal, Tribunais de Contas, Polícias Civis e Federal e Comissões Parlamentares de Inquérito.

Neste sentido, pode ser objeto de punição a apresentação de documentos falsos, perícias forjadas, testemunhos mentirosos, mas também a prática de atos manifestamente protelatórios ou que configurem má-fé processual.

## 8. Extinção de punibilidade

Eventual pagamento dos danos causados à Administração Pública extingue a punibilidade?

A Lei 12.846/2013 não prevê essa possibilidade. Primeiro, porque os efeitos danosos dos atos ilícitos, previstos no artigo 5º, podem ir muito além dos danos econômicos diretos (*v.g.*, causando inestimáveis prejuízos a livre concorrência e aos usuários de serviços públicos).

Ademais, a aplicação das sanções administrativas e judiciais previstas não estão condicionadas ao efetivo prejuízo à Administração Pública, conforme salientado no item 9 (*supra*).

Não fosse assim ficariam sem sentido muitas das hipóteses tipificadas no artigo 5º, como as constantes nos incisos I (*"prometer"*) e IV, letras "b" (*"perturbar"*) e "c" (*"procurar afastar"*) da Lei Anticorrupção.

Despropositadas restariam, ainda, as regras contidas no artigo 7º, incisos II (*"vantagem (...) pretendida"*) e III (*"a consumação ou não da infração"*) da Lei Anticorrupção.

Deve ser acrescido que a possibilidade de extinção da punibilidade pelo pagamento dos danos ao erário não desestimularia futuras infrações, colocando em risco a efetividade da lei.

O máximo que a Lei 12.846/2013 consente, com o justo propósito de descobrir a complexa rede da corrupção, é exigir da pessoa jurídica beneficiada pelo acordo de leniência a reparação integral dos danos causados (art. 16, § 3º). Porém, o propósito, aqui, não é excluir a punibilidade, até porque tal acordo não importa o reconhecimento da prática do ilícito investigado (art. 16, §7º), mas inserir o ressarcimento dos prejuízos ao erário como um dos requisitos para a celebração do acordo.

## 9. Concurso de atos lesivos

É possível que por uma ou mais ações o sujeito ativo pratique duas ou mais condutas ilícitas previstas no artigo 5º da Lei Anticorrupção.

Por exemplo, pode a pessoa jurídica fraudar tanto a licitação pública quanto o contrato administrativo dela decorrente. Ou oferecer dinheiro para agente público, que trabalha em comissão de licitação, para fraudar o edital do certame, e, posteriormente, dificultar as atividades de investigação da prática do ato lesivo à administração pública. Ou, ainda a título de exemplo, criar pessoa jurídica, de modo irregular, para celebrar contrato administrativo, manipular o equilíbrio econômico-financeiro do contrato e, depois, fraudar documentos para dificultar a atividade da atuação do Ministério Público.

Cada infração deverá ser descrita de forma separada e, na aplicação das sanções, em razão da gravidade da infração (art. 7º, inc. I) e/ou do grau de lesão ou perigo de lesão (art. 7º, inc. IV), e/ou dos efeitos negativos produzidos pela infração (art. 7º, inc. V, da Lei 12.846/2013), caberá a autoridade competente majorá-las para serem proporcionais às infrações cometidas.

Neste caso, haverá razões para justificar, por exemplo, a aplicação da multa em valor superior ao mínimo legal, já que ela pode variar de 0,1% a 20% do faturamento bruto do último exercício anterior ao da instauração do processo administrativo, excluídos os tributos, não podendo ser inferior à vantagem auferida, quando possível sua estimação (art. 6º, inc. I). Ou não sendo possível estimar esta vantagem, poderá variar entre R$ 6.000,00 (seis mil) a R$ 60.000.000,00 (sessenta milhões de reais), nos termos do artigo 6º, §4º, da Lei Anticorrupção.

Da mesma forma, deve agir a autoridade judicial ao fixar a dosimetria das sanções previstas no artigo 19 dessa lei. Observe-se, por exemplo, que a proibição de receber incentivos, subsídios, subvenções, doações ou empréstimos de órgãos ou entidades públicas e de instituições financeiras públicas ou controladas pelo poder público, pode variar entre 1 (um) e de 5 (cinco) anos (art. 19, inc. IV, da Lei 12.846/2013). O concurso de atos lesivos permite que o juiz fixe a sanção em tempo compatível para repreender a conduta, já que entre um e cinco anos há um longo lapso temporal, cuja modulação tornará a pena mais ou menos proporcional às condutas praticadas.

## 10. Condutas implicitamente vedadas

O *caput* do artigo 5º da Lei 12.846/2013 está assim redigido: *"Constituem atos lesivos à administração pública, nacional ou estrangeira, para os fins desta Lei, todos aqueles praticados pelas pessoas jurídicas mencionadas no parágrafo único do art. 1º, que atentem contra o patrimônio público nacional ou estrangeiro, contra princípios da administração pública ou contra os compromissos internacionais assumidos pelo Brasil,* **assim definidos** *(...)"*.

A partir da exegese deste enunciado, é possível perguntar se o elenco deste artigo 5º é taxativo ou meramente enumerativo.

Em primeiro lugar, nota-se que, na ementa da Lei 12.846/2013, está afirmado que tal legislação dispõe sobre a responsabilização administrativa e civil de pessoas jurídicas pela prática de *atos contra a administração pública*, nacional e estrangeira, e dá outras providências.

Observa-se, de início, que se trata de uma lei não-penal, que pretende sancionar *atos* contra a Administração Pública em sentido amplo, com apoio nos Direitos Administrativo e Civil.

De início, também é possível constatar uma contradição lógica na regra do artigo 5º, *caput*, que, de um lado, assevera que são atos lesivos à Administração Pública nacional ou estrangeira *todos* aqueles que atentem contra o patrimônio público nacional ou estrangeiro, contra princípios da administração pública ou contra os compromissos internacionais assumidos pelo Brasil.

Porém, na parte final, se vale da expressão *"assim definidos"* e passa a descrevê-los.

Se a legislação fosse penal, não haveria dúvidas de aplicar o princípio da legalidade em sentido estrito, previsto no artigo 5º, inc. XXXIX, da Constituição que afirma *"não há crime sem lei anterior que o defina"*. Ora, sendo a tipicidade uma consequência do princípio da legalidade penal e tendo o legislador recortado da realidade social apenas determinadas condutas que considera que ofendam bens jurídicos relevantes, não se poderia concluir que o rol do artigo 5º é meramente enumerativo.

Entretanto, saliente-se, a Lei 12.846/2013 não é uma lei penal e, por isto, não se submete ao artigo 5º, inc. XXXIX, da Constituição Federal.

A Lei 12.846/2013 se insere, ao contrário, no *microssistema de combate à corrupção*, consagrado expressamente no seu artigo 30 ao asseverar que a aplicação das sanções previstas nesta Lei não afeta os processos de responsabilização e aplicação de penalidades decorrentes de ato de improbidade administrativa nos termos da Lei no 8.429, de 2 de junho de 1992 e atos ilícitos alcançados pela Lei no 8.666, de 21 de junho de 1993, ou outras normas de licitações e contratos da administração pública, inclusive no tocante ao Regime Diferenciado de Contratações Públicas – RDC instituído pela Lei no 12.462, de 4 de agosto de 2011.

Logo, a regra contida no artigo 5º da Lei 12.846/2013 deve ser interpretada sistematicamente, em conjunto com os demais princípios e regras que norteiam o *microssistema de combate à corrupção*.

A Lei n. 8.429/92, ao estabelecer os atos de improbidade administrativa, concebeu três categorias: os atos de improbidade administrativa que importam enriquecimento ilícito (art. 9º), os atos de improbidade administrativa que causam prejuízo ao Erário (art. 10) e os atos de improbidade administrativa que atentam contra os princípios da Administração Pública (art. 11).

Nessas três hipóteses, o legislador, ciente de que a Lei n. 8.429/92 é uma lei não-penal, expressamente se valeu da expressão *"e notadamente"*, para indicar que o elenco nela previsto é meramente exemplificativo.

A questão, sobre a natureza exemplificativa ou taxativa dos atos de improbidade administrativa, chegou ao Superior Tribunal de Justiça que tem reiteradamente decidido que o rol é exemplificativo[162].

---

[162] Conferir, entre outros, os seguintes julgados: i) *"A situação delineada no acórdão recorrido enquadra-se no art. 10, VIII, da Lei 8.429/1992, que inclui no rol exemplificativo dos atos de improbidade por dano ao Erário "frustrar a licitude de processo licitatório ou dispensá-lo indevidamente"* (REsp 1130318/SP, Rel. Ministro HERMAN BENJAMIN, SEGUNDA TURMA, julgado em 27/04/2010, DJe 27/04/2011); ii) *"... no caput do art. 10, conceitua-se a improbidade lesiva ao Erário e seus incisos trazem o elenco das espécies mais frequentes, que, em face do advérbio notadamente, como já assinalado, é meramente exemplificativo (e não taxativo)." FILHO, Marino Pazzaglini ("Lei de Improbidade Administrativa Comentada", Ed. Atlas, 2005, 2ª edição, p. 81)"* (REsp 435.412/RO, Rel. Ministra DENISE ARRUDA, PRIMEIRA TURMA, julgado em 19/09/2006, DJ 09/10/2006, p. 260).

De igual modo, tanto o Superior Tribunal de Justiça quanto o Supremo Tribunal Federal enfrentaram a questão quanto à natureza não criminal dos atos de improbidade administrativa. Prevaleceu a tese de que os atos de improbidade administrativa não têm natureza penal. Sendo assim, os agentes políticos processados por improbidade administrativa não detém de foro por prerrogativa de função[163] [164].

Aliás, outra não pode ser a interpretação do artigo 37, § 4º, da Constituição Federal, ao preceituar que os *atos de improbidade administrativa importarão a suspensão dos direitos políticos, a perda da função pública, a indisponibilidade dos bens e o ressarcimento ao erário, na forma e gradação previstas em lei, sem prejuízo da ação penal cabível"*. Ora, como está expresso no final desta regra constitucional, *"sem prejuízo da ação penal cabível"*, ou seja, os atos de improbidade administrativa não têm caráter penal, tanto é que da mesma conduta ilícita podem decorrer duas ou mais ações, para a responsabiliza-

---

[163] *"PROCESSO CIVIL. COMPETÊNCIA. AÇÃO DE IMPROBIDADE ADMINISTRATIVA. A ação de improbidade administrativa deve ser processada e julgada nas instâncias ordinárias, ainda que proposta contra agente político que tenha foro privilegiado no âmbito penal e nos crimes de responsabilidade. Agravo regimental desprovido"* (STJ, AgRg na Rcl 12514/MT, Rel. Ministro ARI PARGENDLER, CORTE ESPECIAL, julgado em 16/09/2013, DJe 26/09/2013); *"PROCESSUAL CIVIL E ADMINISTRATIVO. RECURSO ESPECIAL. AÇÃO CIVIL PÚBLICA. IMPROBIDADE ADMINISTRATIVA. AGRAVO. COMPETÊNCIA. PREFEITO EM EXERCÍCIO DE MANDATO. SUPOSTAS IRREGULARIDADES. ART. 94 DO CPC. COMPETÊNCIA DO JUÍZO DE PRIMEIRO GRAU. 1. Conforme novel jurisprudência do STF e STJ, o juízo de 1º grau é competente para julgamento de ação de improbidade administrativa, ainda que proposta contra prefeito. Precedentes. 2. Recurso especial provido"* (REsp 1223325/PB, Rel. Ministra ELIANA CALMON, SEGUNDA TURMA, julgado em 05/12/2013, DJe 13/12/2013).

[164] Esta também é a orientação para que se caminha a jurisprudência do Supremo Tribunal Federal, como bem analisou a Min. Eliana Calmon, em seu voto no REsp 1223325/PB (SEGUNDA TURMA, julgado em 05/12/2013, DJe 13/12/2013): *"Os Ministros Celso de Mello (Pet nº 5.080, DF – DJ, 1º.08.2013), Marco Aurélio (Reclamação nº 15.831, DF – DJ, 20.06.2013 ), Joaquim Barbosa (Reclamação nº 15.131, RJ – DJ, 04.02.2013), Cármen Lúcia (Reclamação nº 15.825, DF – DJ, 13.06.2013) e Rosa Weber (Reclamação nº 2.509, BA – DJ, 06.03.2013) já decidiram* monocraticamente acerca da incompetência do Supremo Tribunal Federal para julgar ação de improbidade administrativa ajuizada contra agente político que tenha prerrogativa de foro perante o Supremo Tribunal Federal, por crime de responsabilidade; o Ministro Luiz *Fux* já se pronunciou, em decisão monocrática, pela competência, nesse caso, do Supremo Tribunal Federal (MS nº 31.234, DF – DJ, 27.03.2012). Quer dizer, já há o convencimento de 5 (cinco) membros do Supremo Tribunal Federal pela inexistência de foro privilegiado na ação de improbidade administrativa, valendo registrar que as decisões monocráticas mais recentes estão nessa linha de entendimento".

ção do agente tanto por improbidade administrativa quanto pelos crimes correspondentes.

Portanto, se a Lei Anticorrupção se insere, por força de seu artigo 30, no *microssistema de combate à corrupção* e, a exemplo da Lei 8.429/92, não é uma lei penal, não pode ser interpretada à luz do princípio da legalidade penal do artigo 5º, inc. XXXIX, da Constituição Federal.

Assim sendo, é preciso que a expressão *"assim definidos"*, da parte final do artigo 5º, *caput*, da Lei 12.846/2013, seja considerada inconstitucional. Trata-se de uma inconstitucionalidade parcial[165], na medida em que exclui o sentido integral da Lei Anticorrupção, cujo objetivo explícito no artigo 30 é construir um *microssistema de combate à corrupção*, não permitindo a punição de todos os atos lesivos que atentem contra o patrimônio público nacional ou estrangeiro, contra princípios da administração pública ou contra os compromissos internacionais assumidos pelo Brasil.

A expressão *"assim definidos"*, da parte final do artigo 5º, *caput*, da Lei 12.846/2013 também viola o princípio da proporcionalidade, no viés da proibição de proteção deficiente, o qual impõe limites constitucionais ao legislador que não pode proteger de forma deficiente o bem jurídico (proteção ao patrimônio público, ligado à tutela da República[166] e da imposição – inclusive por compromissos assumidos pelo Brasil no plano internacional e assimilados à Constituição Federal pelo artigo 5º,

---

[165] Como bem explicam Ingo Wolfgan Sarlet, Luiz Guilherme Marinoni e Daniel Mitidiero, a *"regra é a da divisibilidade da lei, uma vez que a nulidade apenas fulmina a parte da lei que é inconstitucional ou as partes da lei que são manchadas pela inconstitucionalidade, seja por serem destituídas de autonomia, seja pelo fato de, ao serem vistas isoladamente, despirem o sentido ou a função originalmente outorgado à lei"* (*Curso de direito constitucional*. Cit. Pág. 1049).

[166] O artigo 1º da Constituição Federal afirma *"A República Federativa do Brasil, formada pela união indissolúvel dos Estados e Municípios e do Distrito Federal, constitui-se em Estado Democrático de Direito (...)"*. Vale ressaltar, é a República que constitui o Estado Democrático de Direito. Como bem explica Juarez Guimarães, do princípio republicano da autonomia e do autogoverno dos cidadãos decorre o da procedimentalização democrática do interesse público: *"A definição do que é interesse público passa pela ação democrática da maioria, único modo de produzir sínteses legitimadas em um quadro de pluralismo de valores e de conflitos de interesses. Essa procedimentalização democrática, de fundamento constitutivo do corpo político, deve se expressar em todo um sistema legal e de instituições, regulando a compatibilização do interesse público com os direitos individuais e adequando os interesses privados aos interesses públicos"* (Interesse público. In: *Corrupção. Ensaios e críticas*. Coord. Leonardo Avritzer *et ali*. Belo Horizonte: Humanitas, 2012. Pág. 151).

§2º[167] – de rígido combate à corrupção[168]), sob pena de serem declarados inconstitucionais[169].

Lembre-se que o princípio da proibição de proteção deficiente ou insuficiente surgiu na Alemanha, em 1993, no julgamento da descriminalização do aborto, tendo criado parâmetros para a atuação legislativa[170]. O legislador não pode proteger, de forma deficiente ou insuficiente, os bens jurídicos, especialmente os contidos na Constituição Federal. Logo, a atuação legislativa deve observar o princípio da proporcionalidade para, a partir de avaliações racionalmente sustentáveis, adotar medidas para a proteção adequada e eficiente ao bem jurídico patrimônio público, o que não aconteceu na parte final do *caput* do artigo 5º da Lei 12.846/2013[171].

---

[167] *"Os direitos e garantias expressos nesta Constituição não excluem outros decorrentes do regime e dos princípios por ela adotados, ou dos tratados internacionais em que a República Federativa do Brasil seja parte".*

[168] Conferir item 3, *supra*.

[169] O Supremo Tribunal Federal, ao tratar da tipicidade do porte ilegal de arma de fogo desmuniciada, cuidou de analisar das duas dimensões do princípio da proporcionalidade como proibição de excesso e como proibição de proteção deficiente: *"O Tribunal deve sempre levar em conta que a Constituição confere ao legislador amplas margens de ação para eleger os bens jurídicos penais e avaliar as medidas adequadas e necessárias para a efetiva proteção desses bens. Porém, uma vez que se ateste que as medidas legislativas adotadas transbordam os limites impostos pela Constituição – o que poderá ser verificado com base no princípio da proporcionalidade como proibição de excesso (Übermassverbot) e como proibição de proteção deficiente (Untermassverbot) –, deverá o Tribunal exercer um rígido controle sobre a atividade legislativa, declarando a inconstitucionalidade de leis penais transgressoras de princípios constitucionais"* (STF, HC 104410, Relator(a): Min. GILMAR MENDES, Segunda Turma, julgado em 06/03/2012, ACÓRDÃO ELETRÔNICO DJe-062 DIVULG 26-03-2012 PUBLIC 27-03-2012).

[170] *"A efetiva utilização da Untermassverbot (proibição de proteção deficiente ou insuficiente) na Alemanha deu-se com o julgamento da descriminalização do aborto (BverfGE 88, 203, 1993), com o seguinte teor: 'O Estado, para cumprir com o seu dever de proteção, deve empregar medidas suficientes de caráter normativo e material, que permitam alcançar – atendendo à contraposição de bens jurídicos – uma proteção adequada, e como tal, efetiva (Untermassverbot)'"* (STRECK, Lênio Luiz. O dever de proteção do Estado (Schutzpflicht): O lado esquecido dos direitos fundamentais ou qual a semelhança entre os crimes de furto privilegiado e o tráfico de entorpecentes?. Disponível:<www.mpes. gov.br/.../14_2114957161772008_O%20dever%20de%20proteção%20do% 20Estado.doc>. Acesso em: 19 de março de 2014.).

[171] *"É tarefa do legislador determinar, detalhadamente, o tipo e a extensão da proteção. A Constituição fixa a proteção como meta, não detalhando, porém, sua configuração. No entanto, o legislador deve observar a proibição de insuficiência (...). Considerando-se bens jurídicos contrapostos, necessária se faz uma proteção adequada. Decisivo é que a proteção seja eficiente como tal. As medidas tomadas pelo legislador devem ser suficientes para uma proteção adequada e eficiente e, além disso, basear-se em cuidadosas averiguações de fatos e avaliações racionalmente sustentáveis"* (Idem. Ibidem).

Com efeito, cabe ao Supremo Tribunal Federal declarar a inconstitucionalidade parcial deste dispositivo legal e aos demais juízes, no controle difuso de constitucionalidade[172], afastar a aplicação da parte final do *caput* do artigo 5º da Lei 12.846/2013, para admitir a aplicação da Lei Anticorrupção a todos os atos lesivos à Administração Pública, nacional ou estrangeira, que atentarem contra o patrimônio público nacional ou estrangeiro, contra princípios da administração pública ou contra os compromissos internacionais assumidos pelo Brasil.

A legitimação social da jurisdição[173] depende do uso do poder para a construção de uma sociedade livre, justa e solidária (art. 3º, inc. I, CF), o que somente é possível se forem observadas as expectativas sociais positivadas na Constituição Federal[174].

Nesse sentido, serve de guia para a atuação judicial o artigo 5º da Lei de Introdução às normas de Direito Brasileiro (Dec.-Lei 4.657/42), ao recomendar que na *"aplicação da lei, o juiz atenderá aos fins sociais a que ela se dirige e às exigências do bem comum"*. Este dispositivo funciona como vetor exegético do direito positivado, ressaltando a função criativa e transformadora da jurisprudência, o que permite aos magistrados aplicar a Lei 12.846/2013 a hipóteses fáticas não contempladas pela expressão *"assim definidos"*, da parte final do artigo 5º, *caput*, da referida lei, mas nela incluídas seja no próprio *caput* desta regra jurídica seja no seu artigo 30, ao contemplar o *microssistema de combate à corrupção*, vindo a atender aos *fins*

---

[172] Mesmo na doutrina clássica de Norberto Bobbio encontra-se a recomendação de que, para se decidir se uma norma é válida (isto é, se como regra jurídica pertencente a um sistema), é preciso averiguar se não é incompatível com outras normas do sistema – o que se denomina de *ab-rogação implícita* – particularmente com uma norma hierarquicamente superior (a lei ordinária em relação a uma Constituição rígida, como a brasileira). Cfr. *Teoria da norma jurídica*. 3ª ed. Trad. de Fernando Pavan Baptista e Ariani Bueno Sudatti. São Paulo: Edipro, 2005. Pág. 47.

[173] *"A legitimidade das disposições ditadas pelo legislador leigo, que vem do poder apoiado no voto popular, só se completa e aperfeiçoa quando elas correspondem aos anseios e propostas daqueles que vivenciam o dia--a-dia dos problemas a resolver"* (Cândido Rangel Dinamarco. O futuro do processo civil brasileiro. In: *Fundamentos do processo civil moderno*. Vol. II. Vol. II. 3ª ed. São Paulo: Malheiros, 2000. Pág. 754). Conferir, ainda: Eduardo Cambi. *Jurisdição no processo civil*. Curitiba: Juruá, 2002. Pág. 169.

[174] Conforme Aulis Aarnio, *"el uso del poder jurídico no es simplemente el uso del mero poder. Es una construcción pacífica de la sociedad de acuerdo con las expectativas de la gente común"* (*Lo racional como razonable, Un tratado sobre la justificación jurídica.*. Trad. de Ernesto Garzópn Valdés. Madri: Centro de Estudios Constitucionales, 1991. Pág. 296).

da Lei Anticorrupção que é reprimir com rigidez os desvios de conduta que causem dano ou perigo de dano ao patrimônio público[175].

Aliás, a Lei 12.846/2013 surgiu para atender às exigências do bem comum, já que o Projeto de Lei 6.826/2010, que tramitava lentamente na Câmara dos Deputados, somente foi agilizado em razão das pressões populares, reivindicando o maior combate à corrupção, que levaram milhões de cidadãos às ruas, ocorridas em junho de 2013[176].

Assim, poderá o Judiciário considerar ato lesivo à Administração Pública, nacional ou estrangeira, condutas não contemplados no rol do artigo 5º, mas que atentem contra o patrimônio público nacional ou estrangeiro, contra princípios da administração pública ou contra os compromissos internacionais assumidos pelo Brasil.

Afirmar que são lesivos atos que atentem contra princípios jurídicos já é tarefa que exige a análise do caso concreto. Isto porque os princípios são *mandamentos* (ou comandos) *de otimização*. Jamais podem ser realizados completamente (*v.g.*, não há como promover a integralidade da dignidade da pessoa humana, ou da boa-fé, ou da liberdade, ou da igualdade etc.) e, mais, podem ser concretizados de modos diferentes, dependendo das várias ações concretas a serem adotadas. Em outras palavras, os princípios são constituídos por um conjunto aberto de condutas, tendo um componente representacional altamente complexo. Não preveem, diretamente, a conduta a ser seguida, estabelecendo apenas *fins normativamente relevantes*[177]. Contêm *comandos prima facie*, porque a esfera

---

[175] A pessoa jurídica pode ser demandada em ação civil pública por improbidade administrativa, por força do artigo 3º da Lei 8.429/92 (*"Art. 3° As disposições desta lei são aplicáveis, no que couber, àquele que, mesmo não sendo agente público, induza ou concorra para a prática do ato de improbidade ou dele se beneficie sob qualquer forma direta ou indireta"*). Porém, as sanções do artigo 12 da Lei de Improbidade Administrativa somente podem ser aplicadas quando comprovado o elemento subjetivo (dolo ou culpa) e foram pensadas, de modo geral, para pessoas naturais, não para pessoas jurídicas. Com efeito, ao se admitir que o rol do artigo 5º da Lei 12.846/2013 é meramente exemplificativo é possível que uma mesma conduta pela qual o agente público pode ser punido, por exemplo, por violação a princípios da Administração Pública (arts. 11, *caput*, e 12, inc. III, da Lei 8.429/92), também enseje a responsabilização objetiva da pessoa jurídica com a imposição das sanções contidas nos artigos 6ª e 19 da Lei Anticorrupção.

[176] Conferir item 3 *supra*.

[177] Cfr. Humberto Ávila. A distinção entre princípios e regras e a redefinição do dever de proporcionalidade. *Revista Diálogo Jurídico*, n. 4, julho /2001. Pág. 17.

de aplicabilidade dos princípios é *relativamente indeterminada*[178] e, por isto, somente pode ser concretizada, a partir da análise dos casos concretos.

O magistrado também pode se valer da regra do artigo 126 do Código de Processo Civil[179], recorrendo, inclusive, a condutas análogas previstas nas Leis 8.429/92 e 8.666/93 ou em outras normas de licitações e contratos administrativos, inclusive a Lei 12.462/2011, que versa sobre o regime diferenciado de contratações públicas. Tal solução, porque se adequa ao *microssistema de combate à corrupção* (art. 30 da Lei 12.846/2013), dá maior respeito à integridade e a coerência do sistema jurídico. Aliás, seria incoerente que a mesma prática de corrupção pudesse ser punida, por exemplo, como ato de improbidade administrativa pelo artigo 11 da Lei 8.429/92 (como violação dos princípios da administração), atingindo severamente o agente corrupto, mas não tendo o mesmo rigor sancionatório em relação à pessoa jurídica corruptora.

Além disso, é possível o Judiciário se valer da força normativa dos princípios jurídicos, imposta pela ótica neopositivista, seja para deixar de *aplicar uma regra jurídica em face de um princípio em determinado caso concreto, hipótese em que* a regra permanece vigente e válida, ou, como na situação do artigo 5º, *caput*, da Lei 12.846/2013, no controle difuso de constitucionalidade, deixar de aplicar parcialmente tal regra, para considerar o rol deste artigo 5º meramente exemplificativo, por considerar a expressão *"assim definidos"* inconstitucional em face do princípio da proporcionalidade, sob o aspecto da proibição de regulação insuficiente ou deficiente[180].

---

[178] Na explicação de Carla Faralli, "o enunciado de um princípio não implica a obrigação de que os destinatários se adequem totalmente a ele, realizando uma atividade específica, mas equivale a estabelecer uma razão que, *prima facie*, suporta qualquer comportamento que contribui com a efetivação daquele princípio. Isso significa que a esfera de aplicabilidade dos princípios é relativamente indeterminada. Além disso, os princípios são suscetíveis de expansão e de compressão: para saber qual o alcance efetivo do princípio é preciso não apenas observar seu teor literal, mas também o conteúdo dos outros princípios concordantes potencialmente aplicáveis, se existentes, bem como as circunstâncias do caso concreto" (*A filosofia contemporânea do direito. Temas e desafios*. Trad. de Candice Premaror Gullo. São Paulo: Martins Fontes, 2006. Pág. 17).

[179] *"O juiz não se exime de sentenciar ou despachar alegando lacuna ou obscuridade da lei. No julgamento da lide caber-lhe-á aplicar as normas legais; não as havendo, recorrerá à analogia, aos costumes e aos princípios gerais do direito".*

[180] STRECK, Lênio Luiz. *Jurisdição constitucional e decisão jurídica*. 3ª ed. São Paulo: RT, 2013. Pág. 347-348. *Mutatis mutandis*, vale mencionar interessante julgado do Superior Tribunal de Justiça que procura conjugar a exegese do artigo 5º da Lei de Introdução às normas do Direito brasi-

DOS ATOS LESIVOS À ADMINISTRAÇÃO PÚBLICA NACIONAL OU ESTRANGEIRA

leiro com o valor normativo dos princípios no pós-positivismo: *"ADMINISTRATIVO. FGTS. ART. 20 DA LEI N. 8.036/90. HIPÓTESES DE LEVANTAMENTO DOS VALORES DEPOSITA-DOS NA CONTA VINCULADA AO FUNDO. ROL EXEMPLIFICATIVO. POSSIBILIDADE DE SAQUE, EM CASO DE REFORMA DE IMÓVEL, AINDA QUE NÃO FINANCIADO NO ÂMBITO DO SISTEMA FINANCEIRO DA HABITAÇÃO. PRECEDENTES. INTERPRETAÇÃO QUE ATENDE AOS PARÂMETROS CONSTITUCIONAIS DA DIGNIDADE DA PESSOA HUMANA. RECURSO ESPECIAL NÃO PROVIDO. (...). 5. O ponto de partida, certamente, deve ser a letra da lei, não devendo, contudo, ater-se exclusivamente a ela. De há muito, o brocardo in claris cessat interpretatio vem perdendo espaço na hermenêutica jurídica e cede à necessidade de se interpretar todo e qualquer direito a partir da proteção efetiva do bem jurídico, ainda que eventual situação fática não tenha sido prevista, especificamente, pelo legislador. Obrigação do juiz, na aplicação da lei, em atender aos fins sociais a que ela se dirige e às exigências do bem comum (art. 5º da Lei de Introdução às Normas de Direito Brasileiro). Mas, quando a lei não encontra no mundo fático suporte concreto na qual deva incidir, cabe ao julgador integrar o ordenamento, mediante analogia, costumes e princípios gerais do direito. 6. A matriz axiológica das normas, ao menos a partir da visão positivista, é o conjunto de regras elencadas na Constituição, entendida como o ápice do que se entende por ordenamento jurídico. Mais ainda: sob a ótica pós-positivista, além das regras constitucionalmente fixadas, devem-se observar – antes e sobretudo – os princípios que, na maioria das vezes, dão origem às próprias regras (normogênese). Logo, é da Constituição que devem ser extraídos os princípios que, mais que simples regras, indicam os caminhos para toda a atividade hermenêutica do jurista e ostentam caráter de fundamentalidade"* (REsp 1251566/SC, Rel. Ministro MAURO CAMPBELL MARQUES, SEGUNDA TURMA, julgado em 07/06/2011, DJe 14/06/2011). Para a compreensão da ótica pós-positivista, consultar, dentre outros: CAMBI, Eduardo. *Neoconstitucionalismo e neoprocessualismo. Direitos fundamentais, políticas públicas e protagonismo judiciário.* 2ª ed. São Paulo: RT, 2011. Pág. 79-171.

# Capítulo III
# Da Responsabilização Administrativa
Comentários aos artigos 6º e 7º

*Rodrigo Régnier Chemim Guimarães*

Diversamente do que costuma ocorrer no plano penal e seguindo uma espécie de "tradição" legislativa administrativa, o legislador brasileiro optou por não estabelecer sanções de forma individualizada e imediatamente após a previsão de cada tipo administrativo do art. 5º. As sanções, portanto, vem estabelecidas em capítulo próprio e de forma genérica, razão pela qual precisam ser ajustadas a cada conduta específica, em cada caso concreto, com base nos critérios estabelecidos nos artigos 6º e 7º da lei.

O artigo 6º previu apenas duas espécies de sanções passíveis de serem aplicadas administrativamente: multa e "publicação extraordinária da decisão condenatória". Vejamos cada uma delas, separadamente, iniciando pela pena pecuniária, assim prevista na lei, *verbis*:

**Art. 6º** *Na esfera administrativa, serão aplicadas às pessoas jurídicas consideradas responsáveis pelos atos lesivos previstos nesta Lei as seguintes sanções:*

*I – multa, no valor de 0,1 (um décimo por cento) a 20% (vinte por cento) do faturamento bruto do último exercício anterior ao da instauração do processo admi-*

*nistrativo, excluídos os tributos, a qual nunca será inferior à vantagem auferida, quando for possível sua estimação;*

*(...)*

*§ 4º Na hipótese do inciso I do caput, caso não seja possível utilizar o critério do valor do faturamento bruto da pessoa jurídica, a multa será de R$ 6.000,00 (seis mil reais) a R$ 60.000.000,00 (sessenta milhões de reais).*

A ideia de sancionar pessoas jurídicas com pena pecuniária proporcional ao faturamento bruto das empresas não é novidade no Brasil e, neste caso em particular, vê-se claramente a influência da Lei Federal nº 8884/94[181] (hoje revogada pela Lei Federal nº 12.529/2011), que regulamentava a prevenção e repressão às infrações contra a ordem econômica. De fato, o inciso I do art. 23 da Lei 8884/94 previa, para a empresa, a sanção de "multa de 1 a 30% do valor do faturamento bruto no seu último exercício, excluídos os impostos, a qual nunca será inferior à vantagem auferida, quando quantificável" e, em seu inciso III, estabelecia que "não sendo possível utilizar-se do critério do valor de faturamento bruto, a multa será de 6.000 a 6.000.000 de Unidades Fiscais de Referência (UFIRs), ou padrão superveniente"[182]. O modelo inspirador da "lei anticorrupção", portanto, é claro. Percebe-se, também, que, comparativamente à lei de 1994, e desde sua substituição pela Lei Federal nº 12.529/2011, o legislador abrandou a resposta sancionatória administrativa, pois o montante de multa, que era de 1 a 30% do faturamento bruto, em 2011 passou a ser de 0,1 a 20% do faturamento bruto com a Lei 12.529/2011, patamares agora mantidos pela "lei anticorrupção". Tanto a Lei 8884/94, quanto a Lei 12.529/2011 também previam causa de especial aumento em caso de reincidência, o que não é previsto na lei em comento.

Estas previsões legislativas revelam que sancionar administrativamente pessoas jurídicas pelos desvios de comportamento de seus diretores e funcionários tem sido visto pela doutrina – não apenas administra-

---

[181] Leis anteriores (*v.g.* Lei 8158/91, Lei 4137/62 e Lei 8002/90) costumavam prever multas em valores não correspondentes ao faturamento bruto, usando indexadores como o "salário mínimo" ou "BTN – Bônus do Tesouro Nacional".

[182] A Lei 12.529/2011 "atualizou" esses valores para entre R$50.000,00 (cinquenta mil reais) e R$2.000.000.000,00 (dois bilhões de reais)

tiva, mas inclusive por fortes correntes da criminologia crítica[183]– como forma eficaz de prevenir e reprimir atos de corrupção e atos lesivos aos cofres públicos. Há, inclusive, quem defenda[184] que essa espécie de sanção seria suficiente e adequada à realidade econômica que norteia nossa sociedade capitalista, pautada pelo consumo, e poderia ensejar até mesmo a dispensa de resposta penal relacionada à privação da liberdade para as pessoas físicas gestoras das empresas. Essa análise doutrinária, no entanto, também pode ser lida como uma solução simplista, desconsiderando o quanto o Direito Penal possa auxiliar na política de Estado como ferramenta de prevenção e, particularmente, desconsiderando o quanto as empresas – e, portanto, também as pessoas que as controlam – possam manipular dados contábeis para evitar sanções pecuniárias efetivas, como se verá a seguir.

Seja como for, conforme vem sendo noticiado nos meios de comunicação[185], as empresas brasileiras estão seriamente preocupadas com esta nova lei e com a possibilidade de serem responsabilizadas por desvios de comportamento de determinado funcionário, mesmo que isso contrarie normativas internas da própria empresa. No entanto, como é notório, o que se tem verificado historicamente no Brasil, em diversos setores da economia, é que a praxe corruptiva por vezes é institucionalizada[186].

---

[183] Vide, por exemplo, dentre outros: HULSMAN, Louk; CELIS, J. B. *Penas Perdidas*. Niterói: Luam, 1993; SWAANINGEN, René van. *Perspectivas europeas para uma Criminología Crítica*. Tradução para o espanhol de Silvia Susana Fernandez. Buenos Aires: IBdeF, 2011, pp.276 e ss.; CARVALHO, Salo de. *Anti-Manual de Criminologia*. 4ª ed., Rio de Janeiro: Lumen Iuris, 2011, pp. 136 e ss.

[184] Sobre o tema, vide, dentre outros: BORTOLINI, André Luis. O Simbólico Direito Penal Econômico e a Possível Descriminalização a Partir do Direito Administrativo Sancionador. In: *Estudos Críticos Sobre o Sistema Penal. Homenagem ao Professor Doutor Juarez Cirino dos Santos por seu 70º Aniversário.* ZILIO, Jacon e BOZZA, Fábio (Org.), Curitiba: LedZe Editora, 2012, pp. 797-810.

[185] Por exemplo, matéria divulgada no site do Conselho Regional de Contabilidade de Santa Catarina intitulada: *Lei Anticorrupção leva empresas a investir em programa de **compliance***. Disponível no site Jus Brasil, em www.crc-sc.jusbrasil.com.br, acesso em 25 de março de 2014.

[186] Sobre o tema, vide, dentre outros: HABIB, Sérgio. *Brasil: Quinhentos Anos de Corrupção. Enfoque sócio-histórico-jurídico-penal*. Porto Alegre: Sérgio Antonio Fabris Editor, 1994; FÉDER, João. *O Estado e a Sobrevida da Corrupção*. Curitiba: Tribunal de Contas do Estado do Paraná, 1994; KLITGAARD, Robert. *A Corrupção Sob Controle*. Tradução de Octavio Alves Velho, Rio de Janeiro: Jorge Zahar Editor, 1994; AVRITZER, Leonardo; BIGNOTTO, Newton; GUIMARÃES, Juarez e STARLING, Heloisa Maria Murgel (Org.). *Corrupção: ensaios e críticas*. Belo Horizonte: Editora UFMG, 2008.

Trata-se de cultura inerente à própria formação de povo brasileiro[187], perpetuada em boa parte do empresariado nacional[188], especialmente quando, para obter as mais variadas facilitações dos órgãos públicos, age demonstrando preferência pela via das relações interpessoais e da propina, ao invés de pautar-se pelas regras estabelecidas. Nessa perspectiva, como revelam inúmeros casos concretos[189], quando surge uma normativa nova com a pretensão de regulamentar uma atividade ou mesmo de limitar as possibilidades de desvios de comportamentos não apenas dos servidores públicos, mas também e notadamente do particular – pessoa física e jurídica –, ao invés de adaptarem-se à lei, muitos empresários preferem, criativamente, desenvolver novos mecanismos fraudulentos para evitar o alcance dessa mesma lei.

Assim, no que diz respeito à multa administrativa, por exemplo, há a possibilidade de a empresa vir a "maquiar" ou "manipular" previamente seu faturamento bruto já pensando na possibilidade – ainda que remota, diga-se, pela crônica ausência de mecanismos de efetiva fiscalização – de uma sanção pecuniária futura ser aplicada com base na lei ora em análise.

Desta forma, diante da ampla capacidade do ser humano – e, particularmente, do brasileiro – em ser criativo na burla de regras, não obstante as penas pecuniárias sejam importantes, será preciso ficar atento para procurar evitar possível efeito perverso que a nova lei possa provocar

---

[187] Sobre o tema, vide, dentre outros: HOLLANDA, Sèrgio Buarque. *Raízes do Brasil*. 26ª ed., São Paulo: Companhia das Letras, 1995; FAORO, Raymundo. *Os Donos do Poder. Formação do Patronato Político Brasileiro*. 4ª ed., São Paulo: Globo, 2008; FIGUEIREDO, Luciano Raposo. *A Corrupção no Brasil Colônia*. In: AVRITZER, Leonardo; BIGNOTTO, Newton; GUIMARÃES, Juarez e STARLING, Heloisa Maria Murgel (Org.). Ob. cit., pp. 209-218; SCHWARTZ, Lilia Moritz. *Corrupção no Brasil Império*. In: AVRITZER, Leonardo; BIGNOTTO, Newton; GUIMARÃES, Juarez e STARLING, Heloisa Maria Murgel (Org.). Ob. cit., pp. 227-236; CARVALHO, José Murilo de. *Passado, Presente e Futuro da Corrupção Brasileira*. In: AVRITZER, Leonardo; BIGNOTTO, Newton; GUIMARÃES, Juarez e STARLING, Heloisa Maria Murgel (Org.). Ob. cit., pp. 237-242.

[188] Vide, dentre outros: CARDOZO, José Eduardo. *A Máfia das Propinas: investigando a corrupção em São Paulo*. São Paulo: Editora Fundação Perseu Abramo, 2000; ZURBRIGEN, Cristina. *Empresários e Redes Rentistas*. In: AVRITZER, Leonardo; BIGNOTTO, Newton; GUIMARÃES, Juarez e STARLING, Heloisa Maria Murgel (Org.). Ob. cit., pp. 433-439.

[189] Os exemplos se espalham nos mais variados setores da economia. Para ilustrar alguns casos concretos, vide, dentre outros: BALOCCO, André. *Pelo Fim do Jeitinho Brasileiro*. In: Cidade Copacabana. Jornal do Brasil, publicado em 12 de julho de 2010, disponível em http://www.jblog.com.br/realidade.php?itemid=22408, acesso em 28 de março de 2014.

na já surreal economia de mercado brasileira[190], incrementando aquilo que eufemisticamente tem sido chamado de "Custo Brasil"[191], no qual se insere o custo da elevada corrupção pública e privada.

Nesse sentido, é possível dizer que diante do temor de serem sancionadas a partir dessa nova possibilidade punitiva e considerando a infeliz realidade da corrupção brasileira, as empresas possam vir a contabilizar os custos do risco de uma eventual sanção pecuniária, embutindo-os no preço final dos produtos e serviços que comercializam os valores equivalentes ao risco de serem descobertos. Com isso os empresários podem retirar a eficácia da lei no seu aspecto preventivo, nos mesmos moldes do que se evidencia em determinados casos envolvendo crimes contra a ordem tributária frente ao critério de extinção da punibilidade pelo ressarcimento do valor sonegado.

De fato, nesses casos, a empresa orienta seus contadores a contabilizar o custo do risco de ser descoberto na sonegação, levando em conta que o Fisco só pode autuar a empresa pelo quanto sonegado nos últimos cinco anos (para trás prescreve a infração, como, aliás, também é previsto para os casos desta lei em seu art. 25). O contador calcula quanto deveria ser pago pela empresa, considerando multa e correção monetária, caso fosse descoberta a sonegação. Identificado o valor, ele é embutido como "custo operacional" ou como "contabilização de contingências tributárias" da empresa e, assim, é revertido para o preço final dos produtos comercializados, cobrado, portanto, do consumidor final. Assim, quem paga o risco da empresa ser sancionada administrativamente pela Receita é o consumidor final. Portanto, não é à toa que vários produtos no Brasil costumam equivaler ao dobro do que se vê lá fora. Situação similar poderá facilmente ocorrer com a pena pecuniária prevista como única e principal sanção na presente lei e, apenas por isso, talvez a lei tivesse maior

---

[190] Os preços de qualquer produto industrializado no Brasil, por exemplo, costumam equivaler ao dobro do que é cobrado em países de economia similar à nossa. Vários são os motivos para tanto, para além da corrupção, como explica COELHO, Fabiano Simões. *Formação Estratégica de Precificação: como maximizar o resultado das empresas.* 2ª ed., São Paulo: Saraiva, 2009.

[191] O termo "Custo Brasil" foi cunhado pela imprensa brasileira para sintetizar as diversas dificuldades operacionais, tributárias, estruturais e burocráticas das empresas brasileiras. Sobre o tema, vide, dentre outros: ROTH, João Luiz. *Por que não Crescemos Como Outros Países? Custo Brasil.* São Paulo: Saraiva, 2006. Vide, também: MANTEGA, Guido; VANUCHI, Paulo; BIONDI, Aloysio. *Custo Brasil: mitos e realidades.* 2ª ed., Petrópolis: Vozes, 1997.

eficácia ser o legislador tivesse se preocupado com penas alternativas à pecuniária também no âmbito administrativo.

Seja como for, quanto à pena de multa percebe-se uma margem significativamente ampla nos valores referidos na lei, pois ela prevê desde "um décimo por cento" até "vinte por cento" do faturamento bruto do último exercício anterior ao da instauração do processo administrativo, descontados os impostos. Assim, por exemplo, uma empresa de pequeno porte que teve faturamento bruto anual de um milhão de reais, já descontados os impostos, poderá receber uma sanção pecuniária que oscila entre R$1.000,00 (mil reais) e R$200.000,00 (duzentos mil reais). O âmbito de discricionariedade do poder público, portanto, é muito amplo, e será necessário construir critérios balizadores pelo poder público sancionador nas suas esferas de atuação (Executivo, Legislativo e Judiciário – art. 8º). O próprio legislador estabelece alguns critérios, ao prever que o valor nunca poderá ser inferior à vantagem auferida, quando for possível sua estimação e, no caso de não ser possível utilizar o critério do valor do faturamento bruto da pessoa jurídica, que a multa seja aplicada entre patamares equivalentes a R$6.000,00 (seis mil reais) a R$60.000.000,00 (sessenta milhões de reais). Os demais critérios são especificados no artigo 6º, analisado mais adiante.

*II – publicação extraordinária da decisão condenatória.*

*(...)*

*§ 5º A publicação extraordinária da decisão condenatória ocorrerá na forma de extrato de sentença, a expensas da pessoa jurídica, em meios de comunicação de grande circulação na área da prática da infração e de atuação da pessoa jurídica ou, na sua falta, em publicação de circulação nacional, bem como por meio de afixação de edital, pelo prazo mínimo de 30 (trinta) dias, no próprio estabelecimento ou no local de exercício da atividade, de modo visível ao público, e no sítio eletrônico na rede mundial de computadores.*

Seguindo o que já era previsto na legislação que trata da prevenção e repressão às infrações contra a ordem econômica (Lei nº 8884/94, substituída pela Lei nº 12.529/2011), o legislador manteve, para as hipóteses infracionais da presente lei, a sanção de publicação extraordinária da decisão administrativa condenatória. Esta sanção visa atingir a imagem das empresas, provocando um efeito vexatório, em similitude ao que o Poder Judiciário costuma determinar em relação às sentenças condenatórias em ações civis de indenização por danos morais, notadamente quando a ofensa é produzida por meios de comunicação.

Não é demais considerar que todas as decisões administrativas devem ser publicadas para produzirem seus efeitos, o que normalmente se dá no Diário Oficial do órgão público respectivo, ou seja, em veículo de circulação restrita e de raro acesso pela população. O que a lei prevê, no entanto, é uma publicidade "extraordinária" da decisão, a ser feita em forma de "extrato de sentença", isto é, um resumo da decisão administrativa que contenha ao menos os dados básicos do processo administrativo, uma síntese do fato imputado à empresa e a parte dispositiva (conclusiva) da decisão. Essa publicação ainda deve ser feita nos termos do §5º do art. 6º, "em meios de comunicação de grande circulação na área da prática da infração e de atuação da pessoa jurídica ou, na sua falta, em publicação de circulação nacional, bem como por meio de afixação de edital, pelo prazo de 30 (trinta) dias, no próprio estabelecimento ou no local de exercício da atividade, de modo visível ao público, e no sítio eletrônico na rede mundial de computadores". É, portanto, uma publicidade que visa atingir a imagem da empresa especialmente perante sua clientela potencial, servindo de alerta a quem com ela pretenda contratar e afetando sua credibilidade no mercado.

No que diz respeito à referência da lei, de que a publicação deva se dar nos meios de comunicação de grande circulação, os jornais acabam sendo um veículo potencial para essa publicação. Sucede que a regra não deixa claro em qual caderno de um determinado jornal de grande circulação seria publicada a decisão administrativa sancionadora (por exemplo: se no caderno de esportes, de cotidiano, de política ou nos classificados), nem tampouco em qual dia da semana (segunda feira ou domingo) ou mesmo em qual tamanho seria a publicação (página inteira, meia página, um quarto de página, no canto esquerdo ou direito, em cima ou embaixo). A Lei 12.529/2011, por exemplo, em seu art. 38, I, ao menos especifica que a publicação deve ocorrer em tamanho equivalente a meia página, e por dois dias seguidos, de uma a três semanas consecutivas. Assim, considerando que a lei anticorrupção é omissa na especificação dos detalhes da publicação do extrato da decisão, há um risco de se "camuflar" essa publicidade, fazendo-a em tamanho tão reduzido e "escondido" (em forma, por exemplo, de anúncio classificado), que evite o esperado efeito dissuasório dos desvios de comportamento. Para evitar que a sanção se torne, na prática, até mesmo inócua, e diante da ausência de detalhamento da lei, caberá ao órgão decisório respectivo especificar, na própria decisão, o tamanho, o local, o dia e a forma dessa publicação ser feita no periódico. O parâmetro acima referido, da Lei 12.529/2011, pode servir de norte, em aplicação analógica. De qualquer sorte, o legislador também estabeleceu a possibilidade da publicação dar-se também na sede da empresa e na utilização da rede mundial de computadores, o que seguramente amplia seu conhecimento pelo público consumidor e provoca e o efeito sancionador desejado.

*§ 1º As sanções serão aplicadas fundamentadamente, isolada ou cumulativamente, de acordo com as peculiaridades do caso concreto e com a gravidade e natureza das infrações.*

*§ 2º A aplicação das sanções previstas neste artigo será precedida da manifestação jurídica elaborada pela Advocacia Pública ou pelo órgão de assistência jurídica, ou equivalente, do ente público.*

*§ 3º A aplicação das sanções previstas neste artigo não exclui, em qualquer hipótese, a obrigação da reparação integral do dano causado.*

Estas sanções administrativas – de multa e publicação da sentença – podem ser aplicadas isolada ou cumulativamente, conforme definido pelo §1º do art. 6º, "de acordo com as peculiaridades do caso concreto e com a gravidade e natureza das infrações". Mais uma vez corre-se o risco da discricionariedade decisória, pois os critérios previstos pelo legislador são pautados por questões subjetivas, não havendo como definir, de antemão, quais sejam as "peculiaridades" suficientes para ensejar a cumulatividade das sanções, nem tampouco, qual seria a "gravidade" e "natureza" das infrações a ensejar esse tipo de cumulação de sanções administrativas. Esta análise, portanto, fica muito circunscrita ao critério subjetivo do órgão público responsável pelo processo decisório o qual, com retórica, passa a ter ampla margem para construir possível "gravidade" da infração à luz das "peculiaridades" que entender presentes e relevantes no caso concreto. Nem mesmo a exigência prevista na lei, de prévia manifestação jurídica da "Advocacia Pública" ou órgão de assistência jurídica, ou

equivalente, do ente público, é capaz de, por si só, diminuir a discricionariedade, haja vista que estas manifestações são mais relacionadas à forma
e ao mérito (condena ou absolve) do processo administrativo, mas não
costumam enveredar na sugestão de valores a serem aplicados.

Seja como for, o órgão decisório pode aplicar apenas uma das penas
ou ambas, cumulativamente, desde que proceda à justificativa necessária.
Numa análise apressada da lei e levando em conta esse processo decisório, poder-se-ia pensar que a preferência do órgão sancionador recairia,
invariavelmente, na pena de multa, pois ela seria sempre mais gravosa que
a pena de publicação da sentença. Essa análise, como dito, seria apressada e pode não ser lida, assim, como regra, pois há casos em que a pena
de publicação extraordinária da decisão administrativa possa ser muito
mais gravosa que a pena pecuniária. Por exemplo, para as empresas que
possuam ações na Bolsa de Valores é fundamental manter sua imagem de
seriedade, lucratividade e competência, a qual, por vezes, leva anos para
se consolidar no mercado. Uma publicação de decisão condenatória, em
veículos de ampla circulação nacional, noticiando que gestores de determinada empresa praticaram atos de corrupção, pode, portanto, provocar
forte abalo no valor das ações desta empresa. O mercado, como se sabe,
é sensível às mais variadas questões e essa publicidade pode até mesmo
provocar danos patrimoniais superiores à multa aplicada administrativamente, seja a médio ou a longo prazos.

Assim, a aplicação de cada uma das penas deve ser acompanhada de
fundamentação adequada que explique a necessidade de aplicação individualizada ou cumulativa de cada sanção, à luz das "peculiaridades", da
"gravidade" e da "natureza" do caso. Nesse aspecto, deve-se optar pela
sanção da publicidade extraordinária da condenação administrativa,
quando, por exemplo, a pena pecuniária possa ser irrisória à luz do faturamento da empresa, ou haja necessidade de se alertar consumidores a
respeito do *modus operandi* desviante da empresa, evitando, assim, reiteração de comportamento, ou, ainda, por quaisquer outros motivos relevantes nessa linha.

Quanto à possibilidade de se estabelecerem outras espécies de sanções (perdimento de bens, direitos ou valores, suspensão ou interdição
parcial das atividades da empresa, dissolução compulsória da pessoa jurídica e proibição de receber incentivos, subsídios, subvenções, doações ou
empréstimos de órgãos, entidades ou instituições financeiras públicas), a

opção legislativa acabou sendo por considerá-las aplicáveis apenas judicialmente, conforme estabelecido nos artigos 18 e seguintes da mesma lei. Aliás, nos termos do artigo 20 da lei em comento, no âmbito judicial também é possível aplicar as penas previstas no artigo 6º, caso se constate omissão por parte das autoridades encarregadas pela promoção da responsabilização administrativa. Também vale referir que a aplicação das sanções administrativas não afasta eventual responsabilização por improbidade administrativa nos termos do art. 30 da lei.

Para o âmbito sancionador administrativo a questão ficou centrada mesmo na multa e na pena vexatória da publicidade, sem que elas sejam capazes de excluir a obrigação de reparação integral do dano porventura causado, nos termos do §3º do art. 6º. Segundo o art. 24 da lei, o valor da multa aplicada deve ser destinado, "preferencialmente, aos órgãos ou entidades públicas lesadas". O interessante é que essa referência a ser "preferencialmente" direcionado aos órgãos ou entidades públicas lesadas, permite compreender que não terão "necessariamente" esse destino. Restaria saber, qual seria, então, a destinação dos valores arrecadados, que pode ser destinado a custear os próprios órgãos estatais de fiscalização.

Mas o problema maior de aplicação destas sanções administrativas talvez resida nas circunstâncias norteadoras que o artigo 7º da lei estabeleceu para suas delimitações. Como se vê facilmente do texto legal, as circunstâncias são semanticamente abertas, por vezes sobrepostas e, assim, também permitem significativa margem de discricionariedade por parte do órgão decisório, o que pode facilitar eventual tendência para o solipsismo arbitrário da agência fiscalizadora do Poder Executivo e até mesmo a nulidade de algumas decisões administrativas por falta de adequada fundamentação. Vejamos cada uma das circunstâncias do art. 7º para melhor compreender essa problemática, iniciando a análise pelo "caput" do art. 7º, *verbis*:

**Art. 7º** *Serão levadas em consideração na aplicação das sanções:*

O legislador adota nove circunstâncias que devem ser levadas em conta na aplicação das sanções administrativas. Por vezes usa critérios baseados no desvalor de conduta e de resultado, e por vezes apenas leva em conta o desvalor de resultado do ilícito. De outra sorte, em determinados casos usa critérios de ordem objetiva, e noutros de ordem subjetiva. Percebe-se, no entanto, que algumas das circunstâncias são visivelmente sobrepostas, e, se analisadas e sopesadas sem cuidado de evitar repetição discursiva no momento de sua fundamentação, podem até vir a caracterizar *bis in idem*.

De uma forma ou de outra, também é relevante considerar que na valoração destas nove circunstâncias não se quer que o órgão decisório fixe a sanção ponderando as circunstâncias como se estivesse usando tabelas compensatórias de uma ou de outra circunstância. Fosse essa a intenção do legislador, ele teria deixado isso explicitado. O que se deve promover, então, na avaliação das nove circunstâncias, é uma aproximação à ideia de fixação da pena base no Direito Penal, nos moldes do art. 59 do Código Penal. Ou seja: partindo-se de uma sanção mínima (particularmente no caso da sanção da multa), prossegue-se analisando – e fundamentando – cada uma das nove circunstâncias para, ao final, se favoráveis ou contrárias à empresa, chegar ao montante considerado suficiente para prevenir e reprimir a infração no âmbito administrativo. Assim, se todas as circunstâncias foram desfavoráveis, aplica-se a sanção (no caso, a multa) em seu valor máximo de 20%. Se todas as circunstâncias foram favoráveis, aplica-se a sanção no mínimo legal de 0,1%. Havendo ao menos uma circunstância desfavorável, não é razoável admitir-se a sanção mínima e se houver pelo menos uma circunstância favorável também não se admite a fixação em seu máximo. Enfim, devem-se dosar as circunstâncias explicitando as razões que prejudiquem ou favoreçam a empresa em cada uma delas, sem que cada uma das circunstâncias tenha, necessariamente, um peso equivalente. Pode ser que uma delas tenha mais importância que outra, à luz do caso concreto e seja, assim, preponderante. Em todo caso, frise-se: é imperiosa a necessidade de fundamentação, à luz do caso concreto, de cada uma das nove circunstâncias, ou seja, não basta concluir simplesmente que o grau de lesão é alto, ou que a infração é grave, sem explicitar porque assim o considera nos termos do fato e da prova produzida. Do contrário, deve ser considerada nula a dosimetria da sanção, ou reduzida ao seu mínimo legal, o que pode ser buscado tanto pela via administrativa, quanto judicial. De resto não poderá a agência sancionadora ultrapassar os limites mínimo e máximo de sanção prevista no art. 6º, I.

Para melhor compreensão vejamos, uma a uma, as circunstâncias do art. 7º da lei.

*I – gravidade da infração;*

A referência à "gravidade da infração" pode apresentar dois problemas de interpretação: o primeiro ao estabelecer expressão absolutamente aberta e que dificulta a compreensão de seu significado, e o segundo ao mesclar implicitamente considerações de desvalor de conduta e de desvalor de resultado.

A abertura da expressão permite dizer que o que é grave para um intérprete, possa não ser grave para outro. E só por isso a circunstância se revela, ao menos num primeiro momento, amplamente subjetiva. Nessa medida, e por paradoxal que possa parecer, uma lei elaborada para evitar corrupção pode provocar efeito inverso, servindo de moeda de troca para eventuais fiscais corruptos (maus profissionais existem em todas as áreas, dada a natureza humana), os quais poderiam se valer da abertura semântica da regra para obter novas vantagens indevidas de empresas com comportamento ativo nos moldes indicados no art. 5º.

De fato, identificada uma eventual conduta corrupta por parte de agentes da pessoa jurídica autuada pelo poder público, o funcionário público que esteja em função relacionada à esfera decisória administrativa e possa ser igualmente corrupto, poderia valer-se dessa ampla discricionariedade sancionatória para barganhar as penas a serem impostas à pessoa jurídica, fixando-as próximo do mínimo legal para aquelas que lhe derem alguma vantagem indevida em troca, ou fixando-as próximo ao máximo legal para aquelas que tenham se recusado ao pagamento dessa mesma vantagem. Enfim, uma lei que tem a pretensão de ser mais rigorosa com a corrupção, pode provocar efeito inverso, servindo de moeda de barganha para novos atos de corrupção, justamente por não estabelecer critérios objetivos de sanção.

Ademais, levando em conta que o servidor público não seja corrupto (o que é a regra), ele ainda poderá agir discricionariamente e, assim, abusar do seu poder, sem se preocupar com muita fundamentação de sua opção pela sanção pecuniária mais gravosa de 20% (vinte por cento). Pode, portanto, estar agindo na fixação da pena pecuniária por fatores de índole subjetiva, uma "vontade" própria cartesiana[192], solipsis-

---

[192] Descartes "cria" o sujeito solipsista, pois é ele que diz "a verdade" das coisas exclusivamente a partir do seu "consciente", do que ele "concebe mui clara e mui distintamente" (DESCARTES,

ta[193], já que no conceito que se possa construir para explicitar o alcance da expressão "gravidade da infração", com um mínimo esforço retórico facilmente se encaixa qualquer discurso, como, por exemplo, considerar "o risco de uma crise econômica", ou algo similar. Ademais, as infrações tipificadas no art. 5º são intrinsicamente graves (corromper um servidor ou fraudar uma licitação, por exemplo, são infrações graves por si só) e aí se corre o risco de haver um *bis in idem* na valoração desta circunstância. Portanto, a fundamentação deve levar em conta uma gravidade tal no caso concreto, que suplante a natural gravidade de qualquer conduta corrupta ou fraudulenta. O *"modus operandi"* da infração, a falsificação de documentos como mecanismo para a fraude, a reiteração da prática, a quantidade de servidores corrompidos, a quantidade de funcionários da empresa envolvidos na prática infracional, ameaças e práticas intimidatórias correlatas, por exemplo, podem ser critérios usados para objetivar a "gravidade" da infração para além da própria gravidade intrínseca do ato ilícito. O fato é que sem uma definição precisa orientadora do discurso, tudo acaba sendo válido e, nessa medida, o que pode acontecer na fixação da sanção em geral é o fato de qualquer um dizer "qualquer coisa sobre qualquer coisa"[194].

Ademais, por vezes a "gravidade da infração" pode ser lida em relação apenas à gravidade da conduta em si (desvalor da conduta), ou, de outra sorte, essa "gravidade da infração" pode ser tomada somente quanto ao seu resultado naturalístico (desvalor do resultado). Na verdade, levando em conta o fato das demais circunstâncias previstas no mesmo artigo 7º serem, em sua maioria, pautadas apenas pelo desvalor de resultado, inclusive especificamente quanto às vantagens auferidas pelo infrator, quanto ao grau de lesão gerado e quanto aos efeitos negativos produzidos, ao que parece, seria mais coerente considerar essa "gravidade da

---

René. O Discurso do Método. In: *Descartes: obras escolhidas.* Organizadores: J. Guinsburg, Roberto Romano e Newton Cunha. Tradução de J. Guinsburg, Bento Prado Jr., Newton Cunha e Gita K. Guinsburg. São Paulo: Perspectiva, 2010, pp. 87 e 88).

[193] Conforme Ferrater Mora, a palavra "solipsismo" vem do latim *"solus"*, que significa "só", e *"ipse"*, que significa "eu" (portanto: "eu só"). É conhecida, também como a "doutrina do só eu". FERRATER MORA, J. *Dicionário de Filosofia. Tomo IV.* 2ª ed., São Paulo: Edições Loyola, 2004, pp. 2732-2733.

[194] STRECK, Lenio Luiz. *Hermenêutica jurídica e(m) crise: uma exploração hermenêutica da construção do Direito.* 5ª ed. Porto Alegre: Livraria do Advogado, 2004, p. 310.

infração" como capaz de aumentar a sanção a partir de seu mínimo legal, quando, para além do desvalor de resultado gravoso, também o desvalor da conduta seja grave.

Enfim, essa circunstância deve ser interpretada com parcimônia pela Administração Pública, sob pena de servir de mote para vinganças particulares, ou ampliar possiblidade corruptiva, ou, ainda, ser considerada uma dupla valoração apenas pelo resultado.

*II – a vantagem auferida ou pretendida pelo infrator;*

Esta circunstância pode até parecer ter uma conotação mais objetiva, pois refere a uma vantagem, normalmente (mas não necessariamente) pecuniária. O critério, por óbvio, é pautado pelo desvalor de resultado. Normalmente o funcionário corrupto da empresa pretende obter vantagens pecuniárias e, assim, seria possível objetivar valores que permitissem critérios mais precisos no aumento ou não da sanção (notadamente aquela pecuniária). No entanto, para além da possibilidade da vantagem obtida ser de outra ordem (até mesmo de cunho apenas moral, a exemplo da ajuda para ascender na carreira, ou a obtenção/manutenção de um cargo na empresa, como já consagrado na exegese de tipos penais que usam o mesmo critério da "vantagem indevida"), mesmo nos casos onde o que se pretende é dinheiro, há, também aqui, uma margem de discricionariedade na intepretação desta circunstância. E, portanto, há mais uma brecha para o já referido solipsismo cartesiano.

De fato, para considerar uma "vantagem auferida ou pretendida" como elevada e, assim, torná-la capaz de ensejar aumento da pena pecuniária, é preciso compará-la com algum outro critério. E esse critério comparativo não é dado de antemão pela lei, podendo oscilar à luz do caso concreto ou até mesmo, perigosamente, à luz da "visão" do intérprete. Por exemplo, o que seria uma "vantagem elevada" para quem recebe salário mínimo, pode não ser uma "vantagem elevada" para quem é um CEO[195] de uma multinacional.

---

[195] Sigla para *"Chief Executive Officer"*. Estrangeirismo também consagrado no meio empresarial brasileiro para se referir ao Diretor Executivo de uma grande empresa.

Quando se pensa em termos de "vantagem auferida ou pretendida" pela pessoa jurídica, então, o quadro complica, pois essas vantagens podem ser de inúmeras ordens, a exemplo das empresas obterem informações privilegiadas, ou conseguirem agilizar serviços públicos em seu favor e em detrimento de outras empresas, ou pleitearem preferência em ordem de atendimento perante o poder público, ou terem acesso a informações privilegiadas do poder público, ou conseguirem a facilitação da celebração de contratos, fusões, incorporações, ou a construção de monopólios de mercado e afastamento de concorrência por intermédio de atuações de servidores públicos corrompidos, dentre inúmeras outras. Todas essas vantagens, porém, de uma forma ou de outra, visam, como mote final, o incremento do lucro da empresa, razão de ser do negócio empresarial, ou também o enriquecimento pessoal de seus funcionários. Então, é evidente que o critério de consideração dessa "vantagem" referida no inciso II, do art. 7º, deve levar em conta a prática ilícita descrita no artigo 5º e, dependendo de qual seja, considerar o quanto está em jogo em termos financeiros diretos ou indiretos no negócio que a empresa (ou o funcionário dela) acabou lucrando, ou pretendendo lucrar. Outro critério pode ser também levar em conta o quanto o servidor público recebe de vencimentos em comparação com a vantagem a ele oferecida.

*III – consumação ou não da infração;*

Nesta circunstância estabelece-se um critério para diferenciar as sanções nos casos de consumação da infração ou de sua tentativa. Isso não significa que as infrações administrativas descritas no artigo 5º sejam sempre dependentes de um resultado material. Ao contrário, pois a redação do *"caput"* do artigo 5º equipara a figura tentada à consumada ao referir que os atos lesivos à administração pública são aqueles que *"atentem contra o patrimônio público nacional ou estrangeiro, contra os princípios da administração pública ou contra os compromissos internacionais assumidos pelo Brasil".* Essa forma redacional, aliás, é similar àquela adotada na Lei nº 4898/65, conhecida como Lei de Abuso de Autoridade, quando no *"caput"* do art. 3º, assim tipifica os delitos: *"Constitui abuso de autoridade qualquer atentado: (...)"* e elenca as hipóteses. Portanto, ao usar expressões como *"atentem contra*" e "*qualquer atentado*", as duas leis equiparam a figura tentada ao ilícito consumado para fins de aplicação da sanção[196].

Mesmo havendo essa equiparação, há como distinguir figuras consumadas de figuras tentadas e, como se vê das figuras típicas do art. 5º, há uma série delas que não dependem de resultado naturalístico, equivalendo aos denominados "crimes formais", onde o resultado pode até ocorrer, mas para a consumação normalmente[197] basta a mera conduta, a exemplo do inciso I, do art. 5º, que praticamente copia o tipo penal de corrupção ativa do Código Penal brasileiro, cujas condutas são interpretadas como consumadas independente do resultado naturalístico. Assim, para a espécie, basta "prometer" ou "oferecer" ao servidor público a vantagem indevida, por exemplo, para que o ilícito esteja consumado. Mesmo que o agente público não aceite a oferta, o critério de fixação da sanção administrativa é pautado pela consumação exaurida na mera conduta de "prometer" ou "oferecer".

A importância desta circunstância na fixação da sanção, portanto, está relacionada aos ilícitos administrativos que exigem resultado para sua consumação, a exemplo daqueles elencados no inciso IV do art. 5º. Para estes e para o dimensionamento do critério de fixação da sanção de multa administrativa há que se levar em conta o desvalor de resultado.

Assim, infrações consumadas merecem reprimendas mais severas que infrações tentadas e para proceder-se à distinção entre a infração consumada ou tentada, acaba sendo relevante levar em conta as teorias que envolvem a análise da tentativa no Direito Penal.

De fato, o Direito Penal já vem de longa data preocupando-se em analisar comportamentos ilícitos, chegando ao ponto de elaborar uma construção dogmática do "*iter criminis*" abrangendo as seguintes fases: a cogitação (o sujeito pensa no que vai fazer, elabora um plano de ação em sua mente), a preparação (realiza atos preliminares preparatórios para a prática do delito, a exemplo da aquisição de uma arma), a execução (põe

---

[196] No mesmo sentido, analisando a Lei de Abuso de Autoridade, vide, dentre outros: FREITAS, Gilberto Passos de. FREITAS, Vladimir Passos de. *Abuso de Autoridade*. 9ª ed., São Paulo: RT, 2001, p. 31.

[197] No caso da "promessa" e da "oferta" a doutrina admite uma hipótese rara de tentativa quando a promessa ou a oferta são feitas de forma escrita e o documento é interceptado antes de chegar ao destinatário.

em prática o que havia planejado e preparado, realizando atos intercalados entre preparação e a consumação do delito), a consumação (realiza, com seu comportamento, todas as elementares do tipo penal) e o exaurimento (são resultados posteriores ao delito, não exigidos pelo tipo penal). Para a delimitação da tentativa o que interessa é a distinção entre atos preparatórios (que como regra são impuníveis) e atos executórios (já, de regra, puníveis), pois é justamente nesse momento que se dará início à conduta infracional (ao menos em sua forma tentada), a qual já demanda repressão estatal.

No entanto, como o Código Penal não estabelece critérios precisos para identificar essas fases, várias teorias foram elaboradas no intuito de criar esse norte. Durante muito tempo prevaleceu uma corrente teórica denominada de "objetivo-formal", a qual considerava presente a tentativa apenas quando o comportamento incidia no verbo do tipo, como pontua Fernando Galvão:

> *"...oriunda da estrita observância ao princípio da reserva legal, sustenta que a tentativa só tem início com a realização de parte da conduta descrita pelo verbo-núcleo do tipo. Com base nessa perspectiva, o ato executório é aquele que pode ser descrito pelo verbo--núcleo do tipo e o ato preparatório é aquele que, não podendo ser descrito pelo verbo, viabiliza a realização do ato executório. (...) A opção política oferece maiores garantias individuais, mas, por outro lado, permite a ocorrência de situação caracterizadora de maior perigo ao bem jurídico"*[198].

No entanto, essa teoria vem sendo considerada ultrapassada e insuficiente para a moderna doutrina do Direito Penal, como alertam Zaffaroni e Pierangeli:

> *"Este critério (...) deixa fora da tentativa atos que todos consideramos atos executórios. Seu simples enunciado parece revelar que nela existe uma exagerada estreiteza. Se recordarmos, por um instante, o fundamento que temos explicitado para a proibição da tentativa, veremos que esta começa a tornar-se temível porque se pode apreciá-la como ameaçadora um momento antes do começo da realização da ação típica. Logo, se tal é o fundamento da tipificação da tentativa, o 'começo de execução do delito' não pode ser o começo da ação típica, no sentido próprio do verbo típico, e por outra parte, nunca os*

---

[198] GALVÃO, Fernando. *Direito Penal – Parte Geral*. Rio de Janeiro: Ímpetus, 2004, p. 774-775.

*nossos Tribunais o entenderam com esse critério, porque jamais teriam dúvida em condenar por tentativa de furto aquele que é detido ao saltar os muros de um casa, sem ter em conta que, nos delitos de 'pura atividade', a tentativa seria quase inimaginável.*"[199]

Os mesmos autores também esclarecem uma segunda teoria que procurou orientar a exegese da matéria, denominada "objetivo-material":

*"...centrada na ideia de ataque ao bem jurídico, sustenta que a tentativa inicia com os atos necessários e imediatamente anteriores à realização da conduta descrita no tipo. Partindo da fórmula de Frank, que entende que os atos de tentativa formam, com as ações típicas, uma unidade naturalística, a proposição objetivo-material acrescenta ao critério objetivo-formal os atos que, segundo a experiência comum e salvo um caso imprevisível, sejam de natureza a fazer esperar que se lhes sigam atos idôneos a produzir o resultado típico ou que preencham um elemento típico. O ato executório, segundo esta teoria, ataca o bem jurídico. O ato preparatório não representa ataque ao bem jurídico, que permanece em 'estado de paz'. Tal posição doutrinária consolida-se na proposição de Mayer e também é conhecida como teoria da hostilidade ao bem jurídico ou hostilidade concreta. A opção política, agora, pretende conferir maior proteção ao bem jurídico, reconhecendo o início da execução em comportamento que não pode ser descrito exatamente pelo verbo-núcleo do tipo"*[200].

O problema desta teoria está na dificuldade de definir esse momento de "*hostilidade*" ao bem jurídico, como referem Zaffaroni e Pierangeli, e, como mais uma vez destacam os referidos autores "*esta variante constitui um círculo vicioso, porque o decisivo seria a imediatidade, que, para que seja determinada, se remeterá ao 'uso de linguagem'*"[201].

Diante da dificuldade de aceitação das duas primeiras, surge uma terceira corrente teórica, denominada de teoria "objetivo-individual", que não chega a ser tão restrita quanto a teoria objetivo-material, nem tão insegura quanto a teoria objetivo-material, a qual trabalha sempre no caso concreto, analisando qual teria sido o último ato preparatório, no plano mental do autor da infração, antes dele ingressar com seu compor-

---

[199] Zaffaroni, Eugenio Raúl; Pierangeli, José Henrique. 6ª. ed. ver. atual. e ampl. *Da tentativa: doutrina e jurisprudência*. São Paulo: Editora Revista dos Tribunais, 2000, p. 48.

[200] Zaffaroni, Eugenio Raúl; Pierangeli, José Henrique. Ob. cit., p. 49.

[201] Zaffaroni, Eugenio Raúl; Pierangeli, José Henrique. Ob. cit., p. 50.

tamento no núcleo (verbo) do tipo. Aí já se identifica a tentativa, na precisa lição dos mesmos autores: *"...o começo da execução do delito abarca aqueles atos que, conforme o plano do autor, são imediatamente anteriores ao começo da execução típica (e, logicamente, também o começo de execução da ação típica)..."*[202].

Ao enfrentar a questão da tentativa CLAUS ROXIN igualmente aborda a questão sob esse prisma[203]:

> *"Com a expressão "dar princípio imediatamente" pretende-se aludir àquelas condutas que estão temporalmente situadas imediatamente antes da realização do tipo e que sem outras fases intermediárias desembocariam na realização plena do mesmo.*

Nessa medida, se de regra os atos preparatórios não caracterizam ainda o ingresso na esfera da tentativa, sendo considerados *ante factum* impuníveis, há que se considerar que o último ato preparatório antes de incidir no núcleo ou verbo do tipo, no plano mental dos autores, já é considerado caracterizador da tentativa e, portanto, é merecedor de sanção pecuniária nos termos da lei em comento.

Assim, ainda que o *"caput"* do art. 5º desta lei trace uma equiparação entre infração tentada e consumada, como visto acima, é importante considerar que essa mesma lei prevê como uma das circunstâncias de fixação da sanção administrativa de multa o fato da infração estar ou não consumada. Portanto, é evidente aqui, o desvalor de resultado como um critério norteador da maior ou menor reprimenda.

Diante deste quadro, na interpretação dessa circunstância alguém poderia pensar em valer-se analogicamente do art. 14, II, do Código Penal que refere à tentativa como causa de especial diminuição de pena, adotando-se diminuições da pena entre os patamares lá previstos de 1/3 a 2/3. No entanto, esse critério legal do Código Penal, não obstante preveja um *quantum*, opera somente na terceira fase da dosimetria penal. A lei em comento, por sua vez, não apresenta um critério trifásico de fixação da sanção, prevendo expressamente apenas uma hipótese similar à causa de especial diminuição do Código Penal, na combinação do inciso VII do art. 7º, com o §2º do art. 16 da mesma lei (como se verá mais adiante). De

---

[202] ZAFFARONI, Eugenio Raúl; PIERANGELI, José Henrique. Ob. cit., pp. 56-57.
[203] ROXIN, Claus. *Fundamentos político-criminales del Derecho penal*. Tradução para o espanhol de Gabriela E. Córdoba. Buenos Aires: Hammurabi, 2008, p. 430.

resto, todas as demais circunstâncias do art. 7º, inclusive esta que ora se analisa, são de ordem genérica e podem ser equiparadas quando muito àquelas chamadas circunstâncias judiciais genéricas do art. 59 do Código Penal. Assim, equiparar a circunstância de estar ou não consumada a infração à forma de interpretar a tentativa no Código Penal, poderia dar a entender que essa circunstância seria mais importante que as demais circunstâncias genéricas do art. 7º e, como dito, não é possível extrair-se essa predominância de uma sobre a outra, sendo todas equivalentes e concomitantemente avaliadas. Não bastasse, também não parece razoável admitir-se uma diminuição para aquém do mínimo legal de um décimo por cento do faturamento em casos onde não há previsão expressa na lei de um *quantum* específico a ser diminuído.

*IV – o grau de lesão ou perigo de lesão;*

Aqui temos um novo critério de aferição do *quantum* de resposta sancionatória que também é orientado pela análise de desvalor do resultado da infração. Na mesma linha da circunstância antecedente (consumação ou não da infração) o que se pretende analisar aqui é, seguindo o norte do *"caput"* do artigo 5º da lei, verificar o quanto do patrimônio público, nacional ou estrangeiro, foi lesado ou correu o risco de ser lesado, nas infrações descritas no art. 5º. Essas referências ao "grau de lesão" ou ao "grau de perigo de lesão", no entanto, também apresentam dificuldades de valoração. Os valores objetivos do dano causado só fazem sentido se comparados com o patrimônio do respectivo órgão público lesado ou ameaçado de lesão. Por exemplo: um milhão de reais para uma empresa como a Petrobrás pode não representar uma "lesão de elevada monta", mas o mesmo valor para uma Secretaria de Estado da Educação, por exemplo, já se torna uma lesão expressiva, pois é valor suficiente para a construção de uma creche. A lesão, portanto, nesse caso, seria de montante elevado para os parâmetros de carência crônica brasileira nesse setor.

*V – o efeito negativo produzido pela infração;*

Demonstrando a preponderância de critérios que focam no desvalor de resultado, esta circunstância a ser considerada na fixação do valor da pena de multa deve, pela similitude, ser analisada em moldes equivalentes ao quanto anotado para as "consequências do crime" no art. 59 do Código Penal brasileiro, visando, assim, evitar possível *bis in idem*.

De fato, qualquer um dos atos ilícitos do art. 5º desta lei, pela sua própria natureza, produzem naturais "efeitos negativos". Assim, o que deve ser levado em conta aqui não são os naturais efeitos negativos da infração, mas outros efeitos capazes de também serem evidenciados como "negativos" em decorrência da infração. Servindo-nos, mais uma vez do paralelismo penal, no caso de um crime patrimonial, por exemplo, além da consequência natural do delito (que é a perda do patrimônio), pode resultar que a pessoa cujo bem foi subtraído, sofra outros efeitos negativos que vão além da perda patrimonial. É o que ocorre com um taxista que tem seu automóvel subtraído criminosamente. Além de perder o patrimônio, ou seja, o veículo, que é a consequência natural do crime de roubo, ele ficou sem poder trabalhar e sustentar sua família, pois dependia do automóvel para tanto. Assim, o comportamento ilícito produziu outros efeitos negativos para além do efeito negativo natural do delito que é a perda do patrimônio.

Então, como se destacou acima, no caso da lei em comento, cada uma das condutas do art. 5º prevê um natural efeito negativo e ele deve ser previamente identificado para não ser duplamente valorado na fixação da sanção ou mesmo valorado de forma torta. Por exemplo: corromper um servidor público implica, naturalmente, em atentar contra os princípios da administração pública. No entanto, por paradoxal que possa parecer, esse mesmo comportamento que gera esse natural efeito negativo, pode representar, circunstancialmente, até mesmo um reflexo positivo na obtenção de vantagem para o erário, quando a empresa que se beneficiou do ato realizado pelo servidor corrompido acabe realizando um serviço em melhores condições do que outra poderia fazer agindo licitamente. É claro que essa é uma hipótese não usual, e o mais provável é ocorrer o inverso, mas o que se quer dizer é que nem sempre a infração administrativa acarretará outros efeitos necessariamente negativos para além do efeito negativo natural do ato em si.

De outra sorte, essa mesma conduta infracional de corrupção de um servidor público, que, como dito, já gera efeito negativo por atentar contra os princípios da administração pública (suficiente para sua caracterização como ilícito administrativo), pode gerar outros efeitos negativos, a exemplo de danos relevantes aos cofres públicos, ou, ainda, a falta de verba para solução de problemas crônicos do Estado brasileiro no atendimento da população carente (saúde, educação, moradia, segurança, etc). Desta forma, evidenciando que a conduta de corromper um servidor público gerou danos diretos ou indiretos também à população carente, por exemplo, inviabilizando a construção de um bem público para uso comum, é o quanto basta para considerar essa circunstância como negativa para além do seu natural efeito negativo e, assim, para aumentar a sanção pecuniária prevista na lei.

É preciso, portanto, analisar caso a caso e avaliar se, de fato, os efeitos negativos da infração foram além dos naturais efeitos negativos que qualquer uma das condutas descritas no art. 5º já provoca per si.

*VI – a situação econômica do infrator;*

Essa circunstância procura olhar, objetivamente, para a condição econômica do infrator. Pretende-se, então, identificar se a multa não seria capaz de conduzir a empresa, por exemplo, ao estado falimentar ou pré- -falimentar, o que implicaria em reduzir o montante pecuniário a ser sancionado, ou se, por outro lado, a situação econômica da empresa é absolutamente privilegiada, como ocorre com determinadas megacorporações que chegam a ter orçamentos superiores aos de diversos países no mundo. Nestes últimos casos, uma pena pecuniária mais elevada, até mesmo equivalente ao seu máximo, não seria desmedida.

Assim, se é certo que existe um balizador preliminar que visa evitar sanções que impeçam a empresa de continuar sua atividade, limitando em 20% (vinte por cento) do faturamento bruto anual, descontados os impostos, isso não equivale a dizer nem que esse valor seja impeditivo de uma quebra da empresa, nem tampouco que ele seja capaz de inibir comportamentos ilícitos. Cada caso deve ser analisado separadamente.

*VII – a cooperação da pessoa jurídica para a apuração das infrações;*

Esta circunstância leva em conta a possibilidade da empresa infratora estar cooperando na apuração das infrações cometidas por ela própria ou por algum de seus funcionários. Insere-se na lógica do acordo de leniência previsto nos artigos 16 e seguintes da lei.

Diferentemente das outras oito circunstâncias previstas no art. 7º, que não apresentam na lei valores precisos de aumento ou diminuição da sanção, o inciso VII deve ser lido em conjugação com o §2º do art. 16, o qual, além de evitar a aplicação da sanção de publicação extraordinária da decisão, ainda prevê um patamar máximo de redução da sanção. *Verbis*:

> *§2º. A celebração do acordo de leniência isentará a pessoa jurídica das sanções previstas no inciso II do art. 6º e no inciso IV do art. 19 e reduzirá em até 2/3 (dois terços) o valor da multa aplicável.*

Importante destacar que essa redução se dará *"em até 2/3"*, como diz o parágrafo supra, e não, "necessariamente" em dois terços. Ou seja, se de um lado, não há um *quantum* mínimo de diminuição previsto na lei, de outro há um patamar máximo de diminuição autorizado pela lei, o que visa evitar que se possa reduzir a sanção pecuniária à zero. Também é relevante considerar que entendemos possível, neste caso, que a diminuição do valor aplicado se dê aquém do mínimo legal de 0,1% do faturamento bruto anual, justamente por tratar-se de medida equivalente às causas de especial diminuição do Código Penal. Logo, essa circunstância deve ser a última a ser analisada no conjunto das nove circunstâncias previstas. Assim, o órgão sancionador deve primeiro fixar um valor de multa com base nos oito demais critérios de fixação e, ao final, havendo colaboração da empresa, deve diminuir a sanção arbitrada em patamar equivalente a até 2/3 (dois terços) da multa aplicada.

*VIII – a existência de mecanismos e procedimentos internos de integridade, auditoria e incentivo à denúncia de irregularidades e a aplicação efetiva de códigos de ética e de conduta no âmbito da pessoa jurídica;*

Esta circunstância faz referência às medidas do chamado *"compliance"*, termo em inglês derivado do verbo *"to comply"*, ou seja, "cumprir", "obedecer", "agir de acordo com a regra", e tem sido muito usado no âmbito corporativo para definir o conjunto de medidas de controle interno que a empresa possa adotar no sentido de evitar desvios de comportamento pelos seus funcionários. A ideia da lei é implementar uma cultura de autofiscalização e autocontrole, diminuindo a praxe por vezes institucionalizada em algumas empresas de considerar a corrupção como parte do negócio.

Nessa ideia de *"compliance"* a empresa sancionada terá uma diminuição da sanção caso demonstre ter realizado treinamentos com seus funcionários no sentido de difundir boas práticas e a ética nos negócios. Aliás, a elaboração de Códigos de Ética da empresa, como refere o próprio inciso VIII do art. 7º, é um bom exemplo do que pode servir para demonstrar essa preocupação por parte da empresa. Mas o Código não pode ser apenas "formal", isto é, existir mas nunca ser divulgado ou efetivamente seguido no plano interno. O próprio inciso refere à "aplicação efetiva de códigos de ética e de conduta".

Outro "mecanismo interno de integridade" da empresa pode ser também a manutenção de canais facilitadores de denúncias internas pelos próprios funcionários para a direção da empresa, bem como a realização de auditorias internas que visem detectar e corrigir desvios de comportamentos dos funcionários.

No entanto, é preciso observar a regra do parágrafo único do mesmo artigo que estabelece que "os parâmetros de avaliação de mecanismos e procedimentos previstos no inciso VIII do caput serão estabelecidos em regulamento do Poder Executivo federal".

Trata-se, portanto, de uma norma que depende de regulamentação para identificar seu pleno alcance e compreensão. Nesse sentido, segundo noticiado nos meios de comunicação, já existe um esboço desse Decreto regulamentador no âmbito do Poder Executivo da União, elaborado pela Controladoria-Geral da União, o qual está para ser avaliado na Casa Civil e, acredita-se, deverá ser divulgado em breve. Este Decreto poderá servir de norte não apenas para as empresas, mas também para o órgão fiscalizador e sancionador. Sua consulta, portanto, é fundamental para a análise dessa circunstância.

Para além da medida a ser regulamentada no âmbito da União, cada Estado da Federação também poderá estabelecer regulamentação específica dessa matéria, considerando que a apuração de responsabilidade da pessoa jurídica cabe à autoridade máxima de cada órgão ou entidade dos Poderes Executivo, Legislativo e Judiciário, nas três esferas do Estado (União, Estados e Municípios) nos termos do art. 8º da lei. O Poder Executivo do Estado do Tocantins foi o pioneiro nessa regulamentação com a edição do Decreto Estadual nº 4.954, de 13 de dezembro de 2013, seguido pelo Poder Executivo do Estado de São Paulo, que editou o Decreto Estadual nº 60.106, de 30 de janeiro de 2014. O Estado do Paraná também já regulamentou a lei, pelo Decreto Estadual nº 10.268, de 20 de fevereiro de 2014. O mais provável, no entanto, é que se aguarde uma normativa federal para ser aplicada em caráter mais abrangente e mesmo subsidiário, no que não conflitar com a regulamentação dos Estados.

*IX – o valor dos contratos mantidos pela pessoa jurídica com o órgão ou entidade pública lesados;*

Essa última circunstância é de índole objetiva, relacionada ao valor dos contratos mantidos pela pessoa jurídica infratora com o órgão ou entidade pública lesados. Mesmo sendo um critério objetivo, há que se estabelece algum parâmetro comparativo para saber se o valor respectivo é elevado ou irrisório. E para tanto, o melhor critério talvez seja comparar esse valor do contrato com o orçamento respectivo do órgão ou entidade pública lesados.

# Capítulo IV
# Do Processo Administrativo de Responsabilização
Comentários aos artigos 8º a 15

*Cláudio Smirne Diniz*

## 1. Apresentação do Tema

A responsabilização da pessoa jurídica pelo envolvimento em atos de corrupção constitui-se em compromisso assumido pelo Brasil, por força da Convenção sobre o Combate da Corrupção de Funcionários Públicos Estrangeiros em Transações Comerciais Internacionais: *"Art. 2. Responsabilidade de Pessoas Jurídicas. Cada Parte deverá tomar todas as medidas necessárias ao estabelecimento das responsabilidades de pessoas jurídicas pela corrupção de funcionário público estrangeiro, de acordo com seus princípios jurídicos"*[204].

A recente Lei 12.846/2013, já conhecida como Lei Anticorrupção, representa significativo avanço em relação ao adimplemento do quanto foi convencionado. Trata a nova Lei da responsabilização administrativa e civil das pessoas jurídicas pela prática de atos contra a administração pública, nacional ou estrangeira, o que se opera independentemente de qualquer elemento subjetivo, vale dizer: dolo ou culpa (art. 2º), sem prejuízo da própria responsabilidade subjetiva individual de seus respectivos dirigentes (art. 3º).

---

[204] A Convenção mencionada foi firmada pelo Brasil em 1997. Posteriormente, houve a ratificação pelo Decreto 3.678, de 30.11.2000.

A incidência da Lei Anticorrupção (Lei 12.846/2013), ao contrário do que ocorre com a Lei de Improbidade Administrativa (Lei 8.429/92)[205], independe da efetiva participação de qualquer agente público no ato ilícito.

As sanções cominadas na nova Lei revestem-se de gravidade extrema. Na esfera da responsabilidade administrativa, destaca-se a multa notadamente vultosa (art. 6º, I e § 4º), enquanto que na esfera judicial, realça-se a dissolução compulsória da pessoa jurídica (art. 19, III).

O tratamento no campo da responsabilidade administrativa, trazido pela Lei 12.846/2013, parte da definição de atos considerados lesivos à administração pública, dos atos que atentam contra o patrimônio público nacional ou estrangeiro, contra princípios da administração pública ou contra os compromissos internacionais assumidos pelo Brasil (art. 5º). Nos respectivos incisos, há a enumeração das condutas:

I – prometer, oferecer ou dar, direta ou indiretamente, vantagem indevida a agente público, ou a terceira pessoa a ele relacionada;

II – comprovadamente, financiar, custear, patrocinar ou de qualquer modo subvencionar a prática dos atos ilícitos previstos nesta Lei;

III – comprovadamente, utilizar-se de interposta pessoa física ou jurídica para ocultar ou dissimular seus reais interesses ou a identidade dos beneficiários dos atos praticados;

IV – no tocante a licitações e contratos:

a) frustrar ou fraudar, mediante ajuste, combinação ou qualquer outro expediente, o caráter competitivo de procedimento licitatório público;

b) impedir, perturbar ou fraudar a realização de qualquer ato de procedimento licitatório público;

c) afastar ou procurar afastar licitante, por meio de fraude ou oferecimento de vantagem de qualquer tipo;

d) fraudar licitação pública ou contrato dela decorrente;

e) criar, de modo fraudulento ou irregular, pessoa jurídica para participar de licitação pública ou celebrar contrato administrativo;

f) obter vantagem ou benefício indevido, de modo fraudulento, de modificações ou prorrogações de contratos celebrados com a administração

---

[205] STJ. REsp. 1.171.017-PA. Rel. Min. Sérgio Kukina. J. 25.02.2014.

pública, sem autorização em lei, no ato convocatório da licitação pública ou nos respectivos instrumentos contratuais; ou

g) manipular ou fraudar o equilíbrio econômico-financeiro dos contratos celebrados com a administração pública;

V – dificultar atividade de investigação ou fiscalização de órgãos, entidades ou agentes públicos, ou intervir em sua atuação, inclusive no âmbito das agências reguladoras e dos órgãos de fiscalização do sistema financeiro nacional.

A essas condutas, são cominadas as sanções de multa – de 0,1% (um décimo por cento) a 20% (vinte por cento) do faturamento bruto do último exercício anterior ao da instauração do processo administrativo – e a publicação extraordinária da decisão condenatória (art. 6º).

A aplicação das sanções levará em consideração a gravidade da infração, a vantagem auferida ou pretendida pelo infrator, a consumação ou não da infração, o grau de lesão ou perigo de lesão, o efeito negativo produzido pela infração, a situação econômica do infrator, a cooperação da pessoa jurídica para a apuração das infrações, a existência de mecanismos e procedimentos internos de integridade, auditoria e incentivo à denúncia de irregularidades e a aplicação efetiva de códigos de ética e de conduta no âmbito da pessoa jurídica, além do valor dos contratos mantidos pela pessoa jurídica com o órgão ou entidade pública lesados (art. 7º).

A configuração ou não da responsabilidade administrativa, assim como os critérios para aplicação das sanções, serão aferidos mediante processo administrativo, disciplinado a partir do art. 8º da Lei. É desse processo que se passa a tratar.

## 2. Processo Administrativo

Sabe-se que a Administração Pública manifesta-se por meio de atos, os quais decorrem de diversas decisões tomadas precedentemente à sua elaboração, no curso de processos administrativos. Entende-se por processo administrativo, portanto, o conjunto de atos encadeados, cada qual com sua função específica, voltados a um determinado fim, a decisão administrativa.

Segundo Celso Antônio Bandeira de Mello:

Procedimento administrativo ou processo administrativo é uma sucessão itinerária e encadeada de atos administrativos que tendem, todos, a um resultado final e conclusivo. Isto significa que para existir o procedimento ou processo cumpre que haja uma sequência de atos conectados entre si, isto é, armados em uma ordenada sucessão visando a um ato derradeiro, em vista do qual se compôs esta cadeia, sem prejuízo, entretanto, de que cada um dos integrados neste todo conserve sua identidade funcional própria, que autoriza a neles reconhecer o que os autores qualificam como "autonomia relativa"[206].

O processo administrativo possui dupla finalidade. Trata-se de instrumento de controle, na medida em que apresenta os elementos necessários à aferição da legitimidade, da legalidade e da economicidade do ato, assim como constitui-se em mecanismo capaz de conduzir o administrador público a determinada decisão administrativa.

Especificamente quanto ao direito administrativo sancionador, tem-se que a aplicação da sanção administrativa deve ser precedida do correspondente processo administrativo[207], no qual se assegura, impreterivelmente, a ampla defesa e o contraditório[208], o que inclui todos os recursos e meios que lhes são inerentes[209].

Está-se diante do que se denomina devido processo legal ("due process of law"), previsto constitucionalmente e aplicável, sem restrições, ao processo administrativo. Tal concepção pressupõe a observância, além do que já foi dito, do princípio do juiz natural (CF, art. 5º, LIII), da vedação das provas obtidas por meios ilícitos (CF, art. 5º, LVI) e da pluralidade de instâncias. É preciso, em síntese, que se observe as garantias dos admi-

---

[206] BANDEIRA DE MELLO, Celso Antônio. Curso de Direito Administrativo. São Paulo: Malheiros, 2010, p. 487.

[207] Art. 5º, LIV, CF: "Ninguém será privado da liberdade ou de seus bens sem o devido processo legal".

[208] Art. 5º, LV, CF: "Aos litigantes, em processo judicial ou administrativo, e aos acusados em geral são assegurados o contraditório e ampla defesa, com os meios e recursos a ela inerentes".

[209] Nota-se que, nos termos da Lei 9.784/1999, há previsão recursal das decisões administrativas (art. 56). "Têm legitimidade para interpor recurso administrativo: I – os titulares de direitos e interesses que forem parte no processo; II – aqueles cujos direitos ou interesses forem indiretamente afetados pela decisão recorrida; III – as organizações e associações representativas, no tocante a direitos e interesses coletivos; IV – os cidadãos ou associações, quanto a direitos ou interesses difusos". (art. 58)

DO PROCESSO ADMINISTRATIVO DE RESPONSABILIZAÇÃO

nistrados, além do que a decisão final deve atender aos requisitos do ato administrativo.

Na ausência de regulamentação própria do processo administrativo, pelo respectivo ente federativo, aplica-se o rito da Lei Federal 9.784/99, a qual disciplina o processo administrativo no âmbito federal. É exatamente o que se pacificou no Superior Tribunal de Justiça: "*a jurisprudência do STJ firmou-se no sentido de que a Lei 9.784/1999 pode ser aplicada de forma subsidiária no âmbito dos demais Estados-Membros e Municípios, se ausente lei própria que regule o processo administrativo local, como ocorre na espécie*"[210].

A mesma relação de subsidiariedade existe em relação ao processo administrativo para a responsabilização da pessoa jurídica, prevista na Lei 12.846/2013[211]. No entanto, essa aplicação subsidiária, no caso, não seria de todo desejável, em virtude da temática englobar certas peculiaridades, as quais deveriam ser tratadas por normativos específicos, a exemplo do que ocorre com a necessidade de definição dos mecanismos de integridade, da indicação da autoridade competente para a instauração e para o julgamento do processo, dos prazos processuais, dos critérios para fixação de multas, além do próprio rito.

Em que pese a necessidade de regulamentação do processo administrativo de responsabilização, seus contornos gerais são trazidos pela própria Lei Anticorrupção, a qual prevê as seguintes fases: i) instauração do processo administrativo (art. 8º); ii) constituição de comissão para apuração de fato específico (art. 10), observando-se o dever de publicação do respectivo ato (art. 10, § 3º); iii) defesa, no prazo de trinta dias (art. 11); iv) posicionamento da comissão acerca da eventual aplicação de sanções, o que deve se basear em relatório devidamente fundamentado (art. 10, § 3º); v) manifestação da Advocacia Pública (art. 6º, § 2º); vi) julgamento pela autoridade competente (art. 8º); e, vi) as comunicações.

A Lei Anticorrupção confere à Administração Pública o poder-dever de instauração e julgamento dos processos administrativos de respon-

---

[210] STJ. AgRg no AREsp 263.635/RS. Rel. Min. Herman Benjamin, j. em 16.05.2013, p. em 22.05.2013.

[211] No Estado do Paraná, o Decreto nº 10.628, de 20.02.2014, ao regulamentar o procedimento administrativo previsto na Lei Federal 12.846/2013, reporta-se expressamente ao rito da Lei Estadual 15.608, de 16.08.2007, a qual estabelece normas sobre licitações, contratos administrativos e convênios no âmbito dos Poderes do Estado do Paraná, e à Lei Federal 9.784/99 (art. 7º).

sabilização de pessoas jurídicas pela prática de atos contrários aos seus interesses. A Lei enfatiza o propósito de que as pessoas privadas, ao estabelecerem relações jurídicas submetidas ao regime jurídico de direito público, assumam posturas éticas e capazes, inclusive, de prevenir a corrupção. Isto nada mais é que um corolário direto da responsabilidade social das empresas.

## 2.1. Judicialização do processo administrativo

Há, basicamente, dois sistemas de jurisdição, quais sejam, o da unidade e o da dualidade. Enquanto o primeiro confere ao Poder Judiciário o monopólio da jurisdição, reservando às suas decisões a autoridade de coisa julgada; o segundo submete os conflitos que envolvam interesses da Administração Pública a Tribunais Administrativos, diretamente vinculados ao Poder Executivo, os quais proferem decisões definitivas, de forma a afastar a possibilidade de seu reexame pelos órgãos do Poder Judiciário.

Vige no Brasil o primeiro modelo, qual seja, o sistema do monopólio da jurisdição[212], haja vista expressa disposição constitucional no sentido de que *"a lei não excluirá da apreciação do Poder Judiciário lesão ou ameaça a direito"* (CF, art. 5º, XXXV). Sendo assim, o processo administrativo é passível de controle pelo Poder Judiciário e, portanto, considerando a gravidade das sanções envolvidas no processo de responsabilização, é bastante previsível que significativa parcela destes processos venha a ser judicializada. Todavia, há contornos dentro dos quais deve se operar esta sindicabilidade.

De início, diga-se ser vedada a reavaliação das provas e do conteúdo de mérito do julgamento administrativo. É, portanto, defeso ao Poder Judiciário pronunciar-se sobre a conveniência ou a oportunidade da decisão, porquanto tais questões integram o próprio mérito administrativo[213].

O papel reservado ao Judiciário cinge-se à análise formal do processo, inclusive quanto à motivação, assim como à verificação da observância da proporcionalidade na aplicação das sanções. O tema foi tratado em

---

[212] No período imperial, o Brasil instituiu o Conselho de Estado, incumbido de decidir conflitos administrativos. Foi a única experiência brasileira na adoção do sistema dualista.

[213] STJ. MS 13.091/DF, Rel. Min. Napoleão Nunes Maia Filho, 3ª S., DJU 7.3.2008.

acórdão do Superior Tribunal de Justiça[214]: *"Em relação ao controle jurisdicional do processo administrativo, a atuação do Poder Judiciário circunscreve-se ao campo da regularidade do procedimento, bem como à legalidade do ato demissionário, sendo-lhe defesa qualquer incursão no mérito administrativo, a fim de aferir o grau de conveniência e oportunidade"*[215].

A reapreciação dos elementos fáticos presta-se, dentre outros, à avaliação da proporcionalidade entre a gravidade do ilícito e a sanção aplicada. Caso não se observe a proporcionalidade, o Judiciário pode apresentar nova sanção.

### 3. Instauração do Processo Administrativo

A iniciativa para a instauração do procedimento administrativo poderá dar-se de ofício ou mediante provocação. A autoridade competente que, tendo conhecimento das infrações, não determinar a instauração do processo, será responsabilizada (Lei 12.846/2013, art. 27). No ato formal de instauração deverá constar a descrição do fato a ser apurado, delimitando-se, com isso, o objeto da investigação:

**Art. 8º** *A instauração e o julgamento de processo administrativo para apuração da responsabilidade de pessoa jurídica cabem à autoridade máxima de cada órgão ou entidade dos Poderes Executivo, Legislativo e Judiciário, que agirá de ofício ou mediante provocação, observados o contraditório e a ampla defesa.*

---

[214] Nesse sentido: i) Quanto à vedação de ingressar no grau ou na extensão da sanção disciplinar (STF. AI 789053 AgR. Rel. Min. Luiz Fux, j. em 29.05.2012, publicado em 19.06.2012); ii) Quanto a necessidade do Judiciário analisar a decisão administrativa sob o prisma dos princípios do contraditório e da ampla defesa (STF. RMS 24.823. Relª Min. Ellen Gracie, j. em 18.04.2006, publicado em 19.05.2006); iii) Quanto ao entendimento de que não cabe ao Poder Judiciário analisar o mérito administrativo, mas tão somente aferir a regularidade do procedimento e a legalidade do ato punitivo (STJ. AgRg no RMS 27.840/PR. Rel. Min. Sebastião Reis Júnior, j. em 07.11.2013, publicado em 26.11.2013; STJ. MS 16.133/DF. Rel. Ministra Eliana Calmon, j. em 25.09.2013, publicado em 02.10.2013); iv) Sobre a decretação judicial de nulidade do procedimento administrativo, em virtude do indeferimento de produção das provas requeridas pelo investigado (STJ. RMS 19.741/MT. Rel. Min. Felix Fischer, j. em 11.03.2008, publicado em 31.03.2008).

[215] STJ, MS 18.800/DF, Rel. Ministra Eliana Calmon, julgado em 11.09.2013, publicado em 20.11.2013.

§ 1º A competência para a instauração e o julgamento do processo administrativo de apuração de responsabilidade da pessoa jurídica poderá ser delegada, vedada a subdelegação.

§ 2º No âmbito do Poder Executivo federal, a Controladoria-Geral da União – CGU terá competência concorrente para instaurar processos administrativos de responsabilização de pessoas jurídicas ou para avocar os processos instaurados com fundamento nesta Lei, para exame de sua regularidade ou para corrigir-lhes o andamento.

## 3.1. Investigação Preliminar

O processo administrativo de responsabilização não exclui a possibilidade de apuração sumária dos fatos, com fins preparatórios e sem formalidades. Dessa investigação preliminar não resultará qualquer sanção, mas, a depender dos indícios colhidos, a deflagração de posterior processo administrativo.

Trata-se, na verdade, do instrumento da sindicância, podendo o mesmo assumir, inclusive, caráter sigiloso, com o propósito exclusivo de identificar indícios de autoria e materialidade de atos lesivos à Administração Pública. Neste caso, o procedimento seria inquisitivo, já que pela sua natureza, não se submete aos princípios do contraditório e da ampla defesa.

Assim já entendeu o Superior Tribunal de Justiça: "*Tratando-se a sindicância investigativa ou apuratória de procedimento com natureza inquisitorial e preparatória, prescinde ela da observância dos princípios constitucionais do contraditório e da ampla defesa, os quais serão devidamente respeitados se desse processo sobrevier formal acusação aos servidores públicos*"[216].

A investigação preliminar, por guardar os traços característicos da sindicância, não observa, necessariamente, a publicidade. Recente julgado do Supremo Tribunal Federal posicionou-se nesta linha:

SINDICÂNCIA – ACESSO – VERBETE Nº 14 DA SÚMULA VINCULANTE DO SUPREMO – INADEQUAÇÃO. O Verbete nº 14 da Súmula Vinculante do Supremo não alcança sindicância administrativa objetivando elucidar fatos sob o ângulo do cometimento de infração administrativa. [...]

---

[216] STJ. MS 19.243/DF. Rel. Ministra Eliana Calmon, j. em 11.09.2013, p. 20.09.2013.

## DO PROCESSO ADMINISTRATIVO DE RESPONSABILIZAÇÃO

2. Atentem para o Verbete nº 14 da Súmula do Supremo, que se aponta inobservado: É direito do defensor, no interesse do representado, ter acesso amplo aos elementos de prova que, já documentados em procedimento investigatório realizado por órgão com competência de polícia judiciária, digam respeito ao exercício do direito de defesa.

No caso, o acesso pretendido – à sindicância para apuração de falta administrativa – não tem respaldo nas premissas do citado verbete, a saber – procedimento investigatório, realizado por órgão com competência de polícia judiciária, relativo ao requerente. O fundamento a atrair a adequação do verbete está claro no próprio enunciado: a existência de acusado. Simples sindicância repousa em notícia de fatos a serem elucidados quanto à materialização de infração administrativa, inclusive no tocante a indícios de envolvimento de servidores, por ora indefinidos. O descompasso mostra-se inafastável[217].

Observa-se que a restrição à publicidade, na hipótese, estende-se ao advogado e ao próprio investigado.

### 3.2. Representação anônima

Há que se admitir o requerimento anônimo como fator de deflagração dos processos administrativos de responsabilização. Esta situação é bastante comum no campo da tutela do patrimônio público, em virtude do invulgar receio do denunciante em sofrer retaliações políticas e administrativas[218]. O requerimento anônimo, devidamente fundamentado, deverá receber análise crítica quanto ao seu conteúdo, e poderá dar ensejo a eventual verificação preliminar e informal do quanto nele constar, conforme entendimento já manifestado pelo Supremo Tribunal Federal, inclusive no que diz respeito às investigações criminais:

A INVESTIGAÇÃO PENAL E A QUESTÃO DA DELAÇÃO ANÔNIMA. DOUTRINA. PRECEDENTES. PRETENDIDA EXTINÇÃO DO PROCEDIMENTO INVESTIGATÓRIO, COM O CONSEQUENTE ARQUIVAMENTO DO INQUÉRITO POLICIAL. DESCARACTERIZAÇÃO, NA

---

[217] STF. 1ª T. Ag. Reg. na Reclamação 10.771. Rel. Min. Marco Aurélio. J. 04.02.2014.

[218] No Estado do Paraná, a Lei Estadual 15.790/2008 veda a instauração de procedimento administrativo baseado em declarações, denúncias ou quaisquer outros expedientes anônimos, excetuando-se os procedimentos administrativos no âmbito do poder de polícia.

ESPÉCIE, DA PLAUSIBILIDADE JURÍDICA DO PEDIDO. MEDIDA CAUTELAR INDEFERIDA.

– As autoridades públicas não podem iniciar qualquer medida de persecução (penal ou disciplinar), apoiando-se, unicamente, para tal fim, em peças apócrifas ou em escritos anônimos. É por essa razão que o escrito anônimo não autoriza, desde que isoladamente considerado, a imediata instauração de *"persecutio criminis"*.

– Peças apócrifas não podem ser formalmente incorporadas a procedimentos instaurados pelo Estado, salvo quando forem produzidas pelo acusado ou, ainda, quando constituírem, elas próprias, o corpo de delito (como sucede com bilhetes de resgate no crime de extorsão mediante seqüestro, ou como ocorre com cartas que evidenciem a prática de crimes contra a honra, ou que corporifiquem o delito de ameaça ou que materializem o *"crimen falsi"*, p. **ex.**).

– Nada impede, contudo, que o Poder Público, provocado por delação anônima (*"disque-denúncia"*, p. ex.), adote medidas informais destinadas a apurar, previamente, em averiguação sumária, *"com prudência e discrição"*, a possível ocorrência de eventual situação de ilicitude penal, desde que o faça com o objetivo de conferir a verossimilhança dos fatos nela denunciados, em ordem a promover, então, em caso positivo, a formal instauração da *"persecutio criminis"*, mantendo-se, assim, completa desvinculação desse procedimento estatal em relação às peças apócrifas[219].

O Superior Tribunal de Justiça manteve a mesma orientação quanto ao Inquérito Civil[220].

Da mesma forma, a Resolução nº 23, de 17.09.2007, do Conselho Nacional do Ministério Público que regulamenta, no âmbito do Ministério Público, a instauração e tramitação do inquérito civil, admite a representação anônima, desde que devidamente fundamentada[221].

Nesta hipótese, contudo, há que se redobrar as cautelas quanto à preservação da intimidade do investigado, evitando-se, tanto quanto

---

[219] STF. HC 100.042-MC/RO. Rel. Min. Celso de Mello. J. 02.10.2009.

[220] STJ. REsp. 1.271.165-PR. Rel. Min. Humberto Martins. J. 30.04.2013.

[221] "Art. 2º. O inquérito civil poderá ser instaurado: [...] § 3º O conhecimento por manifestação anônima, justificada, não implicará ausência de providências, desde que obedecidos os mesmos requisitos para as representações em geral, constantes no artigo 2º, inciso II, desta Resolução".

possível, a exposição indevida. Enquanto não evidenciada a existência de elementos mínimos – quer em relação à ocorrência do fato, quer em relação aos envolvidos –, a averiguação deverá ser sigilosa. Apenas com a reunião de um mínimo de indícios, torna-se viável a instauração do processo administrativo de responsabilização, aí sim, com a possibilidade de acesso aos autos.

### 3.3. Competência

A Lei institui modo de exercício descentralizado do poder sancionador, tendo em vista que, de forma concorrente, atribuiu competência para a instauração e para o julgamento do processo administrativo à autoridade máxima de cada órgão ou entidade dos Poderes Executivo, Legislativo e Judiciário.

A instituição de órgãos decorre da opção política de desconcentração da atividade administrativa. Constituem-se, assim, em unidades de atuação, desprovidas de personalidade jurídica. Trata-se de *"unidade de atuação integrante da estrutura da Administração direta e da estrutura da Administração indireta"* (Lei 9.784/1999, art. 1º, § 2º, I).

Por outro lado, a entidade possui personalidade jurídica (Lei 9.784/1999, art. 1º, § 2º, II). Em consequência disso, surge a autonomia administrativa e financeira, além da destinação de patrimônio próprio. Nessa medida conceitual, integra a estrutura da Administração Pública indireta.

A competência para a instauração e o julgamento do processo administrativo de apuração de responsabilidade da pessoa jurídica poderá ser delegada, vedada a subdelegação (art. 8º, § 1º).

Dada a competência concorrente, é possível que sejam instaurados mais de um processo administrativo, por órgãos diferentes, porém dentro do mesmo ente federativo, para apurar os mesmos fatos. Em tal situação, o conflito de atribuições deverá ser dirimido pela autoridade hierarquicamente superior, no exercício de seu poder hierárquico.

No âmbito do Poder Executivo federal, a Controladoria Geral da União (CGU) terá competência concorrente para instaurar processos administrativos de responsabilização de pessoas jurídicas ou para avocar os processos instaurados com fundamento na Lei, para exame de sua regularidade ou para corrigir-lhes o andamento (art. 8º, § 2º).

No Estado de São Paulo, houve regulamentação da matéria pelo Decreto nº 60.106, de 29.01.2014. Conferiu-se competência para instauração e julgamento dos processos administrativos aos Secretários de Estado e ao Procurador Geral do Estado, em suas respectivas esferas e, também, ao Presidente da Corregedoria Geral da Administração. No âmbito da Administração indireta e fundacional, ao dirigente superior de cada entidade[222].

No Estado do Paraná, o Decreto nº 10.268, de 20.02.2014, contrariamente ao indicativo de descentralização apontado no plano federal, estabeleceu que a competência para a instauração e o julgamento dos processos administrativos de responsabilização, no âmbito da Administração Pública direta, é privativa do Governador do Estado[223]. Na Administração Pública indireta, a orientação deu-se nos mesmos parâmetros da Lei Federal, ou seja, a competência é do titular da entidade.

Destaca-se que a Controladoria Geral do Estado do Paraná, diferentemente da Controladoria Geral da União, não possui atribuição para a instauração dos procedimentos, mas, apenas, para recomendar a instauração ou para avocar os já instaurados, tão somente para corrigi-los[224].

---

[222] Art. 2º do Decreto nº 60.106, de 29.01.2014.

[223] Art. 4º do Decreto nº 10.268, de 20.02.2014: "Compete, no âmbito da Administração Pública Estadual Direta, à Chefia do Poder Executivo Estadual, e, no âmbito da Administração Pública Estadual Indireta, aos Titulares das Entidades, face às disposições da Lei Estadual nº 15.608, de 16 de agosto de 2007, a instauração e o julgamento de processo administrativo para apuração de responsabilidade de pessoa jurídica pela prática de atos ilícitos ou lesivos contra a Administração Pública Estadual".

[224] Nos termos da Lei Estadual nº 17.745/2013, do Estado do Paraná: "Art. 6°. Fica criada, na estrutura organizacional básica do Poder Executivo, a Controladoria Geral do Estado – CGE, vinculada diretamente ao Governador do Estado, tendo por finalidade: [...] IV – a realização de inspeções e auditorias nos sistemas contábil, financeiro, orçamentário, patrimonial, de pessoal e demais sistemas; [...] VI – a investigação de fatos tidos como irregularidades no âmbito do Poder Executivo Estadual, respeitada a legislação das carreiras regidas por leis especiais; VII – o recebimento e a apuração de reclamações ou denúncias fundamentadas que lhe forem dirigidas, em especial à lesão ou ameaça de lesão ao patrimônio público estadual, velando por seu integral atendimento e resolução, inclusive às consultas e aos requerimentos formulados pelo Poder Legislativo, Poder Judiciário e Ministério Público do Estado, recomendando, quando constatada omissão da autoridade competente, a instauração de sindicâncias, procedimentos e processos administrativos pertinentes aos Órgãos e Entidades respectivos;". Nos termos do art. 6º do Decreto Estadual nº 10.268, de 20.02.2014, compete à Contraladoria Geral do Estado

## 4. Competência Privativa da CGU

Competem à Controladoria-Geral da União a apuração, o processo e o julgamento dos atos ilícitos previstos na Lei, praticados contra a Administração Pública estrangeira, observado o disposto no art. 4 da Convenção sobre o Combate da Corrupção de Funcionários Públicos Estrangeiros em Transações Comerciais Internacionais, promulgada pelo Decreto no 3.678, de 30 de novembro de 2000 (art. 9º)[225]:

**Art. 9º** *Competem à Controladoria-Geral da União – CGU a apuração, o processo e o julgamento dos atos ilícitos previstos nesta Lei, praticados contra a administração pública estrangeira, observado o disposto no Artigo 4 da Convenção sobre o Combate da Corrupção de Funcionários Públicos Estrangeiros em Transações Comerciais Internacionais, promulgada pelo Decreto no 3.678, de 30 de novembro de 2000.*

Trata-se de norma de caráter nacional, com abrangência a todos os entes federativos. Assim, supostos ilícitos que decorram de relações comerciais internacionais, ainda que circunscritas a determinado ente federativo, e venham a lesar a administração pública estrangeira[226], serão apurados em processos administrativos, para os quais a Controladoria Geral da União detém competência para a instauração e para o processamento.

A Convenção mencionada define alguns conceitos aplicados na norma nacional (art. 1, item 4):

4. Para o propósito da presente Convenção:
a) "funcionário público estrangeiro" significa qualquer pessoa responsável por cargo legislativo, administrativo ou jurídico de um país estrangeiro, seja ela nomeada ou eleita; qualquer pessoa que exerça função pública para um país estrangeiro, inclusive para representação ou empresa pública; e qualquer funcionário ou representante de organização pública internacional;

recomendar a instauração de processos administrativos ou avocar os já instaurados para exame de sua regularidade e eventual correção.
[225] A CGU é o órgão competente, inclusive, para celebrar acordos de leniência nestas hipóteses (art. 16, § 10).
[226] Nos termos do art. 5º, §§ 1º, 2º e 3º, da Lei 12.846/2013.

b) "país estrangeiro" inclui todos os níveis e subdivisões de governo, do federal ao municipal;

c) "a ação ou a omissão do funcionário no desempenho de suas funções oficiais" inclui qualquer uso do cargo do funcionário público, seja esse cargo, ou não, da competência legal do funcionário.

No art. 4, a Convenção estabelece que:

1. Cada Parte deverá tomar todas as medidas necessárias ao estabelecimento de sua jurisdição em relação à corrupção de um funcionário público estrangeiro, quando o delito é cometido integral ou parcialmente em seu território.
2. A Parte que tiver jurisdição para processar seus nacionais por delitos cometidos no exterior deverá tomar todas as medidas necessárias ao estabelecimento de sua jurisdição para fazê-lo em relação à corrupção de um funcionário público estrangeiro, segundo os mesmos princípios.
3. Quando mais de uma Parte tem jurisdição sobre um alegado delito descrito na presente Convenção, as Partes envolvidas deverão, por solicitação de uma delas, deliberar sobre a determinação da jurisdição mais apropriada para a instauração de processo.
4. Cada Parte deverá verificar se a atual fundamentação de sua jurisdição é efetiva em relação ao combate à corrupção de funcionários públicos estrangeiros, caso contrário, deverá tomar medidas corretivas a respeito.

Considera-se administração pública estrangeira os órgãos e entidades estatais ou representações diplomáticas de país estrangeiro, de qualquer nível ou esfera de governo, bem como as pessoas jurídicas controladas, direta ou indiretamente, pelo poder público de país estrangeiro (art. 5º, § 2º).

## 5. Instrução do Processo Administrativo

A comissão processante será constituída pela autoridade instauradora, devendo ser composta por, no mínimo, dois servidores estáveis. A composição mínima é questionável, tendo em vista a possibilidade de empate nas deliberações[227]. A critério das autoridades competentes, seria pos-

---

[227] No Paraná, optou-se pelo número mínimo de três servidores estáveis, nos termos do art. 8º do Decreto 10.268, de 20.02.2014.

sível a designação de comissão permanente para condução dos futuros processos administrativos:

**Art. 10º** *O processo administrativo para apuração da responsabilidade de pessoa jurídica será conduzido por comissão designada pela autoridade instauradora e composta por 2 (dois) ou mais servidores estáveis.*

*§ 1º O ente público, por meio do seu órgão de representação judicial, ou equivalente, a pedido da comissão a que se refere o caput, poderá requerer as medidas judiciais necessárias para a investigação e o processamento das infrações, inclusive de busca e apreensão.*

*§ 2º A comissão poderá, cautelarmente, propor à autoridade instauradora que suspenda os efeitos do ato ou processo objeto da investigação.*

*§ 3º A comissão deverá concluir o processo no prazo de 180 (cento e oitenta) dias contados da data da publicação do ato que a instituir e, ao final, apresentar relatórios sobre os fatos apurados e eventual responsabilidade da pessoa jurídica, sugerindo de forma motivada as sanções a serem aplicadas.*

*§ 4º O prazo previsto no § 3º poderá ser prorrogado, mediante ato fundamentado da autoridade instauradora.*

Quanto à fase dispositiva, a comissão deverá concluir o processo no prazo de cento e oitenta dias, contados da data da publicação do ato que a instituir. Ao final, deve apresentar relatórios sobre os fatos apurados e posicionamento acerca de eventual responsabilidade da pessoa jurídica, sugerindo, de forma motivada[228], as sanções a serem aplicadas (§ 3º). Este prazo poderá ser prorrogado, fundamentadamente, pela autoridade instauradora, mediante requerimento da comissão (§ 4º).

Para instruir o processo administrativo, a comissão constituída poderá requisitar documentos e informações, valendo-se, para tanto, da medida judicial para acesso às informações, caso necessário.

A Administração poderá ter acesso direto aos dados fiscais, em sede administrativa, sem haver necessidade de pedido judicial, conforme per-

---

[228] Art. 50, II, da Lei 9.784/199: "Os atos administrativos deverão ser motivados, com indicação dos fatos e dos fundamentos jurídicos, quando: [...] II – imponham ou agravem deveres, encargos ou sanções".

missivo dos arts. 198 e 199 do Código Tributário Nacional[229]. Da mesma forma, terá acesso aos dados patrimoniais[230].

Já o acesso aos dados bancários depende de autorização judicial, a ser processada com base na Lei Complementar nº 105/2001, em especial no art. 1º, § 3º, inc. IV e art. 3º, §§ 1º e 2º[231]. O Supremo Tribunal Federal já apreciou esta questão[232].

---

[229] Art. 198. Sem prejuízo do disposto na legislação criminal, é vedada a divulgação, por parte da Fazenda Pública ou de seus servidores, de informação obtida em razão do ofício sobre a situação econômica ou financeira do sujeito passivo ou de terceiros e sobre a natureza e o estado de seus negócios ou atividades. § 1º Excetuam-se do disposto neste artigo, além dos casos previstos no art. 199, os seguintes: I – requisição de autoridade judiciária no interesse da justiça; II – solicitações de autoridade administrativa no interesse da Administração Pública, desde que seja comprovada a instauração regular de processo administrativo, no órgão ou na entidade respectiva, com o objetivo de investigar o sujeito passivo a que se refere a informação, por prática de infração administrativa.

[230] Quanto à sindicância patrimonial, no Estado do Paraná, o Decreto Estadual nº 2.141/2008 estabelece o acesso aos dados, na hipótese de instrução de procedimento administrativo: "Art. 7º. Os servidores públicos lotados nas Unidades Administrativas Correicionais, e todos os servidores ou pessoas que tenham acesso legal às informações de natureza fiscal e de riqueza dos servidores ou terceiros, de acordo com o disposto no caput do art. 198 da Lei Federal n° 5.172, de 25 de outubro de 1966 (Código Tributário Nacional), o disposto no art. 325 da Lei Federal n° 2.848, de 07 de dezembro de 1940 (Código Penal) e, ainda, o disposto no inciso XII do art. 279 e inciso XI do art. 285, ambos da Lei Estadual n° 6.174, de 16 de novembro de 1970, deverão guardar sigilo sobre as informações existentes na declaração apresentada pelo servidor, importando sua divulgação, na responsabilidade civil, administrativa e criminal. Parágrafo único. O acesso às informações constantes na declaração de bens e valores apresentada pelo servidor ocorrerá: a) por requisição fundamentada de autoridade judiciária ou administrativa, havendo inquérito, processo administrativo ou processo judicial instaurado; b) pela autoridade administrativa para promover a análise da declaração de bens e valores, com a finalidade de apurar a existência de enriquecimento ilícito, inclusive evolução patrimonial incompatível com os recursos e disponibilidades do servidor".

[231] Art. 1º As instituições financeiras conservarão sigilo em suas operações ativas e passivas e serviços prestados. [...] § 3º. Não constitui violação do dever de sigilo: [...] IV – a comunicação, às autoridades competentes, da prática de ilícitos penais ou administrativos, abrangendo o fornecimento de informações sobre operações que envolvam recursos provenientes de qualquer prática criminosa; [...] Art. 3º Serão prestadas pelo Banco Central do Brasil, pela Comissão de Valores Mobiliários e pelas instituições financeiras as informações ordenadas pelo Poder Judiciário, preservado o seu caráter sigiloso mediante acesso restrito às partes, que delas não poderão servir-se para fins estranhos à lide. § 1º Dependem de prévia autorização do Poder Judiciário a prestação de informações e o fornecimento de documentos sigilosos solicitados por comissão de inquérito administrativo destinada a apurar responsabilidade de servidor público por infração praticada no exercício de suas atribuições, ou que tenha relação com as

# DO PROCESSO ADMINISTRATIVO DE RESPONSABILIZAÇÃO

Poderá, também, notificar qualquer pessoa para comparecimento; determinar a realização de perícias, vistorias, inspeções e verificações; proceder a reconhecimento de pessoas ou coisas; acareações; audiências públicas.

Quanto às informações telefônicas, há três espécies de dados, os quais ensejam tratamentos diversos. Primeiramente, quanto aos dados cadastrais de usuários de linhas telefônicas, é possível o acesso direto, mediante simples requisição[233].

Em segundo lugar, o acesso é condicionado à autorização judicial, quanto às informações que versem sobre os registros das conversações telefônicas, o que engloba o número de chamadas, dia e hora das ligações, terminais chamados, ligações recebidas, etc...

Por fim, o acesso às conversações oriundas de interceptação telefônica, somente pode se operar por meio da prova emprestada, obtendo-se o compartilhamento da prova produzida, mediante autorização judicial, nas investigações de crimes apenados com reclusão[234].

Entendeu o Supremo Tribunal Federal que a prova decorrente de interceptação lícita, produzida em investigação criminal, contra certa pessoa, possa ser-lhe oposta, na esfera própria, por meio do órgão administrativo a que esteja o agente submisso, como prova do mesmo ato visto sob a qualificação jurídica de ilícito administrativo ou disciplinar.

Aduziu-se que outra interpretação do inc. XII do art. 5º da Constituição Federal equivaleria a impedir que o mesmo Estado, que já conhece o fato na sua expressão histórica correspondente à figura criminosa, invocasse sua prova oriunda da interceptação para, sob as garantias do devido processo legal, no procedimento próprio, aplicar ao agente a sanção cabível à gravidade do eventual ilícito administrativo, em tutela de relevante interesse público e restauração da integridade do ordenamento jurídico[235].

---

atribuições do cargo em que se encontre investido. *§ 2º Nas hipóteses do § 1º, o requerimento de quebra de sigilo independe da existência de processo judicial em curso.*

[232] STF. RE 389.808-PR. J. 15.12.2010.

[233] TJSP. HC 990093116952-SP. Rel. Ribeiro dos Santos. J. 29.04.2010.

[234] STJ. Resp 1163499-MT. Rel. Min. Mauro Campbell Marques. Órgão Julgador T2. Data do Julgamento 21.09.2010. Publicação 08.10.2010.

[235] STF. Inq 2424 QO/RJ. Rel. Min. Cezar Peluso. J. em 25.4.2007.

## 5.1. Medidas Judiciais

A pedido da comissão, o ente público, por meio do seu órgão de representação judicial, poderá requerer as medidas judiciais necessárias à investigação e ao processamento das infrações.

A medida mais natural seria a busca e apreensão, visando à obtenção de documentos destinados à elucidação do ilícito investigado.

Outra medida assecuratória, de caráter pecuniário, seria a indisponibilidade de bens. Para tanto, faz-se necessário que já tenha sido identificado o valor do prejuízo, considerando que a constrição estaria limitada aos bens, no importe suficiente ao ressarcimento e ao pagamento de eventual multa[236]. A constrição poderá atingir bens adquiridos anteriormente à prática do ato ilícito[237]. Observa-se que, analogamente ao que ocorre nas ações de improbidade administrativa da Lei 8.429/92, basta a demonstração do *fumus bonis iuris*, sendo implícito o *periculum in mora*[238].

Por fim, seria viável o sequestro, caso se identifique o bem adquirido com a vantagem financeira obtida ilicitamente.

Com a instauração do processo, diligências urgentes podem ser executadas antes mesmo da citação do investigado, evitando-se, assim, o perecimento da prova. O contraditório quanto a tais provas será diferido, realizando-se após a produção das mesmas, com fundamento, dentre outros, no disposto no art. 45 da Lei Federal 9.784/99[239].

## 5.2. Suspensão cautelar dos efeitos

A comissão poderá, cautelarmente, propor à autoridade instauradora que suspenda os efeitos do ato ou do processo objeto da investigação (art. 10, § 2º).

Tanto pagamentos decorrentes de contratos podem ser suspensos, quanto licenças/alvarás concedidos podem ser cautelarmente cassados. Deve-se ponderar que a medida há que obedecer ao contraditório, ainda que diferido.

---

[236] STJ. REsp. 1.176.440-RO. Rel. Min. Napoleão Nunes Maia Filho. J. 17.09.2013.

[237] STJ. REsp. 401.536, 1ª T., j. 06.12.2005.

[238] STJ. AgRg no REsp. 1.317.653-SP. Rel. Min. Mauro Campbell Marques. J. 07.03.2013.

[239] Art. 45. Em caso de risco iminente, a Administração Pública poderá motivadamente adotar providências acauteladoras sem a prévia manifestação do interessado.

Assim, a autoridade instauradora, em autos apartados, deverá determinar a suspensão dos atos com a imediata citação do interessado, fundamentando a decisão suspensiva com base no *periculum in mora* e no *fumus boni iuris*, bem como ponderando a proporcionalidade da medida em relação aos direitos do administrado.

## 6. Contraditório e Ampla Defesa

Em decorrência direta do texto constitucional, a Lei 12.846/2013 assegura o contraditório e a ampla defesa no processo administrativo. Estabelece o prazo de trinta dias para defesa, contados a partir da intimação:

**Art. 11º** *No processo administrativo para apuração de responsabilidade, será concedido à pessoa jurídica prazo de 30 (trinta) dias para defesa, contados a partir da intimação.*

Nessa ocasião, a empresa investigada poderá postular, justificadamente, pela produção de provas[240]. Admite-se a produção de novas provas durante a instrução (Lei 9.784/1999, art. 38)[241]. Ao término da instrução, será oportunizado o prazo de dez dias para as alegações finais (Lei 9.784/1999, art. 44)[242].

Faz-se a ressalva de que os mesmos fatos, supostamente ilícitos, podem ser investigados pelo Ministério Público, por meio do Inquérito Civil. Isto ocorre na apuração da responsabilidade judicial (art. 18 e ss.) e na hipótese de omissão da autoridade administrativa competente para a apuração da responsabilidade administrativa (art. 20). Nesta situação, não se observa, necessariamente, o contraditório e a ampla defesa, tendo em vista o sistema inquisitivo vigente para a espécie, a exemplo do que ocorre no Inquérito Policial.

---

[240] Nesse sentido, o art. 36 da Lei Federal nº 9.784/1999: "Cabe ao interessado a prova dos fatos que tenha alegado, sem prejuízo do dever atribuído ao órgão competente para a instrução e do disposto no art. 37 desta Lei".

[241] Art. 38. O interessado poderá, na fase instrutória e antes da tomada da decisão, juntar documentos e pareceres, requerer diligências e perícias, bem como aduzir alegações referentes à matéria objeto do processo.

[242] Art. 44. Encerrada a instrução, o interessado terá o direito de manifestar-se no prazo máximo de dez dias, salvo se outro prazo for legalmente fixado.

## 6.1. Publicidade do processo administrativo

Aplica-se ao processo administrativo de responsabilização o princípio da publicidade dos atos, do qual decorre, dentre outros, a possibilidade de acesso aos autos por qualquer interessado. O imperativo tem fundamento constitucional: *"a lei só poderá restringir a publicidade dos atos processuais quando a defesa da intimidade ou o interesse social o exigirem"* (CF, art. 5º, LX).

Há previsão na Lei 9.784/99 quanto à divulgação oficial dos atos administrativos[243]; garantia do direito à comunicação, à apresentação de alegações finais, à produção de provas e à interposição de recursos, nos processos de que possam resultar sanções e nas situações de litígio[244]; direito do administrado em ter ciência da tramitação dos processos administrativos em que tenha a condição de interessado, ter vista dos autos, obter cópia de documentos neles contidos e conhecer as decisões proferidas[245]; intimação do interessado para ciência de decisão ou a efetivação de diligências[246].

Excepcionalmente, poderá haver a mitigação desse princípio, em razão da decretação do sigilo das investigações, medida esta que deverá ser fundamentada[247]. O despacho que deliberar nesse sentido deverá definir, de forma clara, o alcance do sigilo decretado. Nele deverá constar quais as informações e dados acobertados pelo sigilo, além das pessoas a quem é vedado o acesso à investigação.

O sigilo, em hipótese alguma, alcança o advogado do investigado, regularmente constituído, por conta da interpretação da Súmula Vinculante nº 14 do Supremo Tribunal Federal[248].

---

[243] Art. 2º, V, Lei 9.784/1999.

[244] Art. 2º, X, Lei 9.784/1999.

[245] Art. 3º, II, Lei 9.784/1999.

[246] Art. 26, Lei 9.784/1999.

[247] STJ. RMS 28989/RS. RECURSO ORDINÁRIO EM MANDADO DE SEGURANÇA 2009/0042062-4 Rel(a). Min. BENEDITO GONÇALVES. Órgão Julgador T1 – PRIMEIRA TURMA. Data do Julgamento 23.03.2010. Data da Publicação/Fonte DJe 26.08.2010.

[248] É direito do defensor, no interesse do representado, ter acesso amplo aos elementos de prova que, já documentados em procedimento investigatório realizado por órgão com competência de polícia judiciária, digam respeito ao exercício do direito de defesa.

## 7. Julgamento

Finda a instrução, dá-se início à fase controladora do processo administrativo, momento em que ocorre o encaminhamento à autoridade instauradora, para julgamento:

**Art. 12º**  *O processo administrativo, com o relatório da comissão, será remetido à autoridade instauradora, na forma do art. 10, para julgamento.*

Se for aplicada sanção pela autoridade competente, será aberto prazo para recurso do réu, nos termos do art. 56, *"caput"* e § 1º, da Lei nº 9.784/1999[249]. O prazo recursal é de dez dias, após a ciência ou divulgação oficial da decisão recorrida[250].

## 8. Reparação do Dano

O art. 13 da Lei 12.846/2013 estabelece a independência, sobretudo sobre o prisma da exequibilidade, entre o processo administrativo voltado à aplicação das sanções e o processo administrativo destinado ao ressarcimento dos danos:

**Art. 13º**  *A instauração de processo administrativo específico de reparação integral do dano não prejudica a aplicação imediata das sanções estabelecidas nesta Lei.*
   *Parágrafo único. Concluído o processo e não havendo pagamento, o crédito apurado será inscrito em dívida ativa da fazenda pública.*

A interpretação do dispositivo leva à conclusão da possibilidade de existência de procedimentos administrativos diversos, um para a própria responsabilização e outro para a reparação dos danos. O sentido disso estaria na inexistência de efeito suspensivo aos recursos interpostos

---

[249] Art. 56. Das decisões administrativas cabe recurso, em face de razões de legalidade e de mérito. § 1º O recurso será dirigido à autoridade que proferiu a decisão, a qual, se não a reconsiderar no prazo de cinco dias, o encaminhará à autoridade superior.
[250] Art. 59 da Lei nº 9.784/1999: "Salvo disposição legal específica, é de dez dias o prazo para interposição de recurso administrativo, contado a partir da ciência ou divulgação oficial da decisão recorrida".

contra as decisões condenatórias de responsabilização. Assim, uma vez proferida a decisão, as sanções de multa e publicação da decisão seriam imediatamente exigidas.

Ao contrário, o processo de reparação do dano pressupõe a conclusão do processo, estando, portanto, os efeitos da decisão condicionados ao trânsito em julgado, para posterior inscrição do crédito em dívida ativa.

Observa-se que a pretensão de reparação de dano ao erário é imprescritível, consoante disposição do art. 37, § 5º, da Constituição Federal[251], ao contrário do que ocorre em relação às sanções decorrentes da responsabilização, cujo prazo prescricional encontra-se disciplinado no art. 25 da Lei 12.846/2013.

### 9. Desconsideração da Personalidade Jurídica

A Lei 12.846/2013 admite a aplicação da teoria da desconsideração da personalidade jurídica (*"disregard of legal entity"*) quando a pessoa jurídica for utilizada fraudulentamente por seus sócios:

**Art. 14º** *A personalidade jurídica poderá ser desconsiderada sempre que utilizada com abuso do direito para facilitar, encobrir ou dissimular a prática dos atos ilícitos previstos nesta Lei ou para provocar confusão patrimonial, sendo estendidos todos os efeitos das sanções aplicadas à pessoa jurídica aos seus administradores e sócios com poderes de administração, observados o contraditório e a ampla defesa.*

Segundo Marcelo M. Bertoldi e Marcia Carla Pereira Ribeiro:

> Por essa teoria permite-se que os credores invadam o patrimônio pessoal dos sócios que se utilizam maliciosamente da sociedade com o objetivo claro de prejudicar terceiros. Assinale-se que com a aplicação dessa teoria não se pretende anular a personalidade jurídica, mas, tão somente, afastá-la em situações-limite, onde comprovada a sua utilização em desconformidade com o ordenamento jurídico e mediante fraude[252].

---

[251] STJ. REsp 403.153-SP. Rel. Min. José Delgado. J. 09.09.2003. P. 20.10.2003.

[252] BERTOLDI; Marcelo M.; RIBEIRO, Marcia Carla Pereira. Curso Avançado de Direito Comercial. São Paulo: Ed. Revista dos Tribunais, 2011, p. 146.

A previsão de desconsideração da personalidade jurídica, em decorrência da decisão administrativa, não é novidade no direito brasileiro. A Lei 12.529, de 30.11.2011, a qual alterou a Lei 8.884/94, já previa a desconsideração por decisão administrativa do CADE[253]. Pela via judicial, há previsão no art. 28 do Código de Defesa do Consumidor (Lei 8.078/90)[254], no art. 50 do Código Civil Brasileiro[255] e no art. 4º da Lei 9.605/98, que trata das sanções derivadas de condutas lesivas ao meio ambiente[256].

A desconsideração funda-se no abuso de direito, para facilitar, encobrir ou dissimular a prática dos atos ilícitos, quando a personalidade jurídica provocar confusão patrimonial.

Consequentemente, estendem-se todos os efeitos das sanções aplicadas à pessoa jurídica aos seus administradores e sócios com poderes de administração, observados o contraditório e a ampla defesa.

## 10. Comunicações

Por fim, a fase de comunicação conterá a cientificação do Ministério Público, para a apuração de eventuais delitos:

---

[253] Art. 34: "A personalidade jurídica do responsável por infração da ordem econômica poderá ser desconsiderada quando houver da parte deste abuso de direito, excesso de poder, infração da lei, fato ou ato ilícito ou violação dos estatutos ou contrato social. Parágrafo único. A desconsideração também será efetivada quando houver falência, estado de insolvência, encerramento ou inatividade da pessoa jurídica provocados por má administração".

[254] Art. 28: "O juiz poderá desconsiderar a personalidade jurídica da sociedade quando, em detrimento do consumidor, houver abuso de direito, excesso de poder, infração da lei, fato ou ato ilícito ou violação dos estatutos ou contrato social. A desconsideração também será efetivada quando houver falência, estado de insolvência, encerramento ou inatividade da pessoa jurídica provocados por má administração".

[255] Art. 50: "Em caso de abuso da personalidade jurídica, caracterizado pelo desvio de finalidade, ou pela confusão patrimonial, pode o juiz decidir, a requerimento da parte, ou do Ministério Público quando lhe couber intervir no processo, que os efeitos de certas e determinadas relações de obrigações sejam estendidos aos bens particulares dos administradores ou sócios da pessoa jurídica".

[256] Art. 4º: "Poderá ser desconsiderada a pessoa jurídica sempre que sua personalidade for obstáculo ao ressarcimento de prejuízos causados à qualidade do meio ambiente".

**Art. 15º** *A comissão designada para apuração da responsabilidade de pessoa jurídica, após a conclusão do procedimento administrativo, dará conhecimento ao Ministério Público de sua existência, para apuração de eventuais delitos.*

Duas observações parecem pertinentes. Em primeiro lugar, a comunicação é feita pela comissão designada para apuração. Logo, independe do resultado do julgamento, pela autoridade instauradora.

Em segundo lugar, imagina-se que o termo "delito" tenha sido empregado sem rigor técnico, pois eventual responsabilidade a ser apurada pelo Ministério Público não pode estar adstrita à ocorrência de crime, mas de qualquer ilícito civil, assim considerado pela Lei de que se trata, assim como pela Lei de Improbidade Administrativa (Lei 8.429/92).

## 11. Conclusão

A Lei 12.846/2013 (Lei Anticorrupção) passa a integrar o sistema normativo de controle do patrimônio público. Suas inovações constituem-se, não há dúvidas, em importante avanço jurídico-social no tratamento da matéria. As novas concepções por ela trazidas impõem uma mudança de postura, não somente para a Administração Pública, como, também, para as empresas que com ela se relacionam.

Para a Administração Pública, dada a submissão ao princípio da oficialidade, surge a necessidade de reforçar seu sistema de controle interno, em relação ao qual, cada vez mais, espera-se estruturação. Para tanto, é preciso capacitar os servidores incumbidos de tais atividades, de forma a profissionalizar o trabalho investigativo. Por outro lado, o controle deve ser contemporâneo aos fatos, evitando-se que as provas de eventual ilícito se dissipem, em virtude do decurso do tempo.

O controle interno deve planejar sua atuação, elegendo pauta de prioridades, definidas de acordo com os temas que atinjam mais incisivamente a coletividade. Com isso, evitar-se-ia que o agir da Administração Pública venha a ser conduzido pelos anseios dos grupos de pressão, de interesses meramente sectários e, por vezes, dissonantes do interesse público. Da mesma forma, é preciso que se criem mecanismos que impeçam que o processo administrativo de responsabilização se preste a fins político-partidários.

Às empresas, sobressai a oportunidade de se reavaliar as práticas de delegação decisória interna e das terceirizações, tendo em vista que qualquer ilícito praticado por funcionários ou terceirizados implicará na responsabilidade administrativa e civil da pessoa jurídica. Por outro lado, impõe-se o incremento dos mecanismos internos de integridade, conforme foi previsto no inc. VIII do art. 7º da Lei 12.846/2013[257].

Boas são as expectativas. De fato, inicia-se uma nova etapa de trabalho rumo à moralidade. Que os avanços continuem.

---

[257] "Art. 7º Serão levados em consideração na aplicação das sanções: [...] VIII – a existência de mecanismos e procedimentos internos de integridade, auditoria e incentivo à denúncia de irregularidades e a aplicação efetiva de códigos de ética e de conduta no âmbito da pessoa jurídica;".

# Capítulo V
## Do Acordo de Leniência
Comentários aos artigos 16 e 17

*Mateus Bertoncini*

As duas palavras que formam a expressão "acordo de leniência" transmitem a ideia de colaboração, de harmonia e de boa vontade na consecução de objetivos comuns.

Acordo significa concordância, concórdia, conformidade, consonância, composição, combinação, ajuste, pacto, convenção, concerto, consenso, entendimento recíproco, harmonia, acomodação, combinação, conciliação, consentimento, permissão, ausência de problemas, eliminação de oposição ou conflito (HOUAISS; AURÉLIO; MICHAELIS).

Por sua vez, leniência ou lenidade corresponde à qualidade do que é lene, suave; doçura, leniência, mansidão, brandura, suavidade.

Seguindo por essa trilha, é possível se afirmar genericamente que o denominado acordo de leniência pressupõe um comportamento caracterizado por uma relação de concordância, de colaboração entre os interessados, que ao firmarem a avença apresentam-se dispostos à consecução de fins comuns, protegendo e preservando, de outra parte, os seus próprios interesses.

No contexto da Lei 12.846, há o interesse comum da administração pública e da pessoa jurídica proponente do acordo de leniência, na elucidação do ato lesivo à administração pública nacional ou estrangeira. De outro lado, os interessados também protegem os seus próprios interesses. Enquanto a administração pública, preservando o interesse público, descobre quem são os envolvidos na prática dos ilícitos tipificados no art. 5º, permitindo-lhe a responsabilização dos autores e beneficiários da infração, a pessoa jurídica proponente obtém os favores legais aplicáveis ao colaborador lene, favores esses consistentes na isenção ou redução das penalidades que lhe seriam aplicáveis no processo administrativo e no processo judicial.

Em tese, o acordo de leniência permite o combate mais eficaz e eficiente da corrupção, porque estimula, mediante benefícios ou sanções positivas, que a pessoa jurídica autora dos ilícitos do art. 5º revele a verdade, o que vem ao encontro da preservação e proteção do interesse público primário, dos princípios que governam a administração pública e da finalidade constante do Artigo 1, "a", da Convenção das Nações Unidas Contra a Corrupção, de "promover e fortalecer as medidas para prevenir e combater mais eficaz e eficientemente a corrupção".

Do ponto de vista jurídico, tendo em conta o modelo definido nos arts. 16 e 17 dessa Lei, é possível se conceituar o acordo de leniência do seguinte modo:

> É o ato administrativo bilateral e discricionário, firmado entre a autoridade competente nacional ou legitimada a defender a administração pública *estrangeira, em razão de proposta formulada em primeiro lugar pela pessoa jurídica envolvida em atos lesivos à administração pública definidos ou apontados na Lei 12.846/2013, mediante o compromisso de efetiva cooperação na identificação dos demais envolvidos e da obtenção célere de informações e documentos indispensáveis à apuração da verdade nas fases de investigação e do processo administrativo, isentando a proponente de sanções administrativa (publicação extraordinária de decisão condenatória) e judicial (proibição temporária de receber benefícios econômicos do Poder Público), e reduzindo-lhe a multa aplicável no processo administrativo, na senda de combater a corrupção na esfera pública e preservar a leal concorrência entre as pessoas jurídicas privadas.*

Vejamos o modelo legal criado pelo legislador brasileiro.

**Art. 16.** *A autoridade máxima de cada órgão ou entidade pública poderá celebrar acordo de leniência com as pessoas jurídicas responsáveis pela prática dos atos previstos nesta Lei que colaborem efetivamente com as investigações e o processo administrativo, sendo que dessa colaboração resulte:*

## 1. Competência para firmar o acordo de leniência

Participam do acordo de leniência basicamente duas partes: de um lado, a administração pública, representada pela entidade vitimada pelo ato lesivo à administração pública nacional, ou pela autoridade responsável, no caso de atos lesivo à administração pública estrangeira; do outro, a pessoa jurídica objetivamente responsável pela prática da infração ou das infrações tipificadas no art. 5º da Lei 12.846/2013.

### 1.1. A autoridade máxima de cada órgão ou entidade pública lesada

Para se conhecer a autoridade competente para celebrar o acordo de leniência, é necessário se levar em conta a estrutura federativa do Estado brasileiro (art. 1º, *caput*, CRFB), a sua composição interna (art. 2º da CRFB) e o fato de que o Poder Executivo, em função da descentralização, reparte-se em administração pública direta e indireta (art. 37, *caput*, CRFB), sendo esta última composta por autarquias, fundações públicas, empresas públicas, sociedades de economia mista (art. 37, inc. XIX, CRFB) e empresas subsidiárias de empresas estatais (art. 37, inc. XX, CRFB).

### 1.1.1. Poder Executivo da União

No plano federal, no âmbito do Poder Executivo federal, a autoridade máxima é o Presidente da República. Ocorre que a própria Lei 12.846 também atribuiu à Controladoria-Geral da União essa competência, havendo, portanto, competência concorrente para a celebração de acordo de leniência nesse caso, conforme será melhor explicado por ocasião dos comentários ao § 10 do art. 16.

### 1.1.2. Poder Judiciário da União

No âmbito do Poder Judiciário da União, a atribuição recai sobre os Presidentes do Supremo Tribunal Federal, Superior Tribunal de Justiça, Tribunal Superior do Trabalho, Tribunal Superior Eleitoral, Superior Tribunal Militar, Tribunais Regionais Federais, Tribunais Regionais do Trabalho e Tribunais Regionais Eleitorais. Diante da autonomia administrativa e financeira do Poder Judiciário (art. 99 CRFB), incumbe a cada um desses tribunais o desempenho de suas próprias competências administrativas, postando-se no topo da pirâmide hierárquica de cada um desses órgãos, como autoridade máxima, o seu respectivo presidente.

Não há qualquer sentido em se querer atribuir ao Presidente do Supremo Tribunal Federal, com exclusividade, essa competência; ou, então, aos presidentes dos tribunais superiores (STJ, TST, TSE e STM) a competência para firmar acordo de leniência em nome do próprio tribunal superior e também do respectivo tribunal federal (TRF's, TRT's e TRE's), porquanto todos eles, como afirmado, são dotados de autonomia administrativa.

A Lei 12.846 foi omissa quanto ao papel do Conselho Nacional de Justiça. Levada ao pé da letra, o CNJ não poderá celebrar acordo de leniência. No entanto, essa não parece ser a melhor interpretação, na medida em que ela não se harmoniza com o que estabelece a Constituição de 1988, no seu art. 103-B, § 4º, incs. I e II.

Porque a Constituição atribuiu ao Conselho Nacional de Justiça o cuidado com a autonomia e o amplo controle administrativo e financeiro do Poder Judiciário nacional, devendo "zelar pela observância do art. 37 e apreciar, de ofício ou mediante provocação, a legalidade dos atos administrativos praticados por membros ou órgãos do Poder Judiciário, podendo desconstituí-los, revê-los ou fixar prazo para que se adotem as providências necessárias ao exato cumprimento da lei", evidencia-se a possibilidade do CNJ não apenas controlar a legalidade do acordo de leniência firmado por um dado tribunal, pois o acordo é um ato administrativo, como, igualmente, a competência concorrente para celebrá-lo.

Com efeito, além de implicitamente constituir atribuição do CNJ, o reconhecimento dessa competência salvaguarda a sociedade de eventuais atos lesivos cometidos pelas cúpulas dos tribunais, especialmente dos atos praticados com a participação de seu presidente, cujo envolvimento com os ilícitos do art. 5º da Lei 12.846 o tornaria impedido e desinteressado pragmaticamente na aceitação do acordo proposto pela pessoa jurídica, tendo em vista, quando fosse o caso, o seu escuso interesse em se beneficiar do ato de corrupção, omitindo e escondendo a sua prática.

Portanto, o Conselho Nacional de Justiça, representado por seu Presidente, o Presidente do Supremo Tribunal Federal (art. 103-B, § 1º,

CRFB), possui competência concorrente, juntamente com os tribunais brasileiros, para a celebração do acordo de leniência.

### 1.1.3. Poder Legislativo da União

O Poder legislativo é exercido pelo Congresso Nacional, que se compõe da Câmara dos Deputados e do Senado Federal. Cada um desses órgãos é dotado de autonomia administrativa e financeira (arts. 51, inc. IV, e 52, inc. VIII, CRFB), cabendo aos seus respectivos presidentes – o Presidente da Câmara dos Deputados e o Presidente do Senado Federal – como autoridades máximas que são da Câmara e do Senado, a realização de seus próprios negócios, o exercício das respectivas competências administrativas da Câmara dos Deputados e do Senado Federal, o que inclui a celebração do acordo de leniência.

### 1.1.4. Tribunal de Contas da União

O Tribunal de Contas da União é órgão auxiliar do Congresso Nacional na realização do controle externo da administração pública. É o TCU dotado de autonomia administrativa e financeira, segundo o art. 73 da Constituição de 1988, assemelhando-se em grande parte a sua organização à organização dos tribunais, por expressa imposição da Constituição, conforme se lê no *caput* do aludido art. 73. Compete ao Presidente do Tribunal de Contas da União, como autoridade máxima, a celebração de acordo de leniência.

### 1.1.5. Ministério Público

O Ministério Público abrange o Ministério Público da União e os Ministérios Públicos dos Estados. Aquele é composto pelo Ministério Público Federal, Ministério Público do Trabalho, Ministério Público Militar e Ministério Público do Distrito Federal e Territórios. A chefia do Ministério Público da União incumbe ao Procurador-Geral da República (art. 128, § 1º, CRFB, e art. 25 da Lei Complementar nº 75/1993), que, igualmente, é a autoridade máxima do Ministério Público Federal (art. 45, da Lei Complementar nº 75/1993).

Compreendendo o Ministério Público da União os 4 (quatro) ramos de que trata o inc. I do art. 128 da Constituição de 1988, e sendo o MPU dotado de autonomia funcional, administrativa e financeira (art. 127, § 2º, da CRFB, c.c. o art. 22, inc. I, da Lei Complementar nº 75/1993), resta evidente caber ao Procurador-Geral da República a celebração do acordo de leniência no âmbito do MPU.

Os ramos do Ministério Público da União que não são chefiados pelo Procurador-Geral da República, ou seja, o Ministério Público do Trabalho, dirigido pelo Procurador-Geral do Trabalho (art. 87 da Lei Complementar nº 75/1993); o Ministério Público Militar, chefiado pelo Procurador-Geral da Justiça Militar (art. 120 da Lei Complementar nº 75/1993); e o Ministério Público do Distrito Federal e Territórios, dirigido pelo Procurador-Geral de Justiça (art. 155 da Lei Complementar nº 75/1993), poderão firmar acordo de leniência no âmbito de suas atribuições administrativas, posto serem os mencionados Procuradores-Gerais dotados de competência para praticar atos de gestão administrativa, financeira e de pessoal, como autoridades máximas que são desses órgãos, consoante os arts. 91, inc. XXI, 124, inc. XX e 159, inc. XX, todos da Lei Complementar nº 75/1993.

No que tange aos Ministérios Públicos dos Estados, assegura-se a cada um desses órgãos estaduais autonomia funcional, administrativa e financeira (art. 129, § 2º, CRFB, c.c. o art. 3º da Lei nº 8.625/1993), incumbindo privativamente ao respectivo Procurador-Geral de Justiça, que exerce a chefia do Ministério Público Estadual (art. 10, inc. I, da Lei 8.625/1993), praticar atos relativos à administração geral, dentre eles a celebração do acordo de leniência.

No que se refere ao Conselho Nacional do Ministério Público, presidido pelo Procurador-Geral da República (art. 130-A, inc. I, CRFB), pelas mesmas razões já aduzidas em relação ao CNJ, parece adequado se afirmar que o CNMP, responsável pelo controle da atuação administrativa e financeira do Ministério Público, também poderá concorrentemente firmar acordo de leniência, posto que se ao Conselho é dado "apreciar, de ofício ou mediante provocação, a legalidade dos atos administrativos praticados por membros ou órgãos do Ministério Público da União e dos Estados, podendo desconstituí-los, revê-los ou fixar prazo para que se adotem as providências necessárias ao exato cumprimento da lei" (art. 130-A, § 2º, inc. II, CRFB), pode o órgão controlador naturalmente firmar a avença de que cuida o art. 16 da Lei 12.846. Ora, se pode desconstituir e rever o acordo, pode também, em nome do controle que exerce sobre todo o Ministério Público, realizar a celebração do acordo de leniência, em sendo a proposição feita pela pessoa jurídica ao Presidente do CNMP, o Procurador-Geral da República.

Para os fins do acordo de leniência, há competência concorrente entre as chefias dos diversos ramos do Ministério Público e o CNMP, em que pese a coincidência existente quanto à autoridade máxima no caso do MPU e do MPF, cuja chefia é exercida pelo próprio Presidente do Conselho Nacional do Ministério Público.

### 1.1.6. Administração indireta federal

Em sendo lesada entidade da administração indireta federal, composta pelas autarquias federais, fundações públicas federais, empresas públicas federais e sociedades de economia mista federais, a competência para a celebração do acordo recairá sobre o seu dirigente maior, autoridade máxima da entidade.

Nada impede que a lei reguladora do controle interno, a chamada supervisão ministerial, atribua a atividade a outra autoridade, como, por exemplo, ao Ministro de Estado responsável pelo controle da entidade da administração indireta. No entanto, há a necessidade de previsão legal nesse sentido.

### 1.1.7. Controladoria-Geral da União

A Controladoria-Geral da União desempenha um importante papel no controle dos atos lesivos à administração pública nacional ou estrangeira. Como visto anteriormente, ela divide concorrentemente com o Presidente da República, chefe da Administração Pública federal, a atribuição de firmar acordo de leniência. Nos comentários ao § 10 do art. 16, explica-se porque os Ministérios não podem celebrar o acordo, bem como porque a CGU não pode substituir as entidades da administração indireta nessa tarefa.

Em se tratando de atos lesivos praticados contra administração pública estrangeira, a celebração do acordo de leniência caberá com exclusividade à Controladoria-Geral da União, segundo o § 10 do art. 16 da Lei, como se verá oportunamente.

### 1.2. Estados-membros

No âmbito do Poder Executivo estadual cabe ao Governador do Estado e à Controladoria estadual, onde houver e lhe for atribuída a tarefa, a celebração do acordo de leniência. No que tange ao Poder Judiciário Estadual essa competência é do Presidente do Tribunal de Justiça, exercida concorrentemente com o Conselho Nacional de Justiça, como visto anteriormente. No plano do Poder Legislativo Estadual, a incumbência é do Presidente da Assembleia Legislativa. Em relação ao Ministério Público do Estado, a tarefa deve ser desempenhada pelo Procurador-Geral de Justiça, sem se esquecer da concorrente competência do Conselho Nacional do Ministério Público. Por fim, no âmbito do Tribunal de Contas do Estado, a incumbência é de seu Presidente.

Em sendo lesada entidade da administração indireta estadual (autarquias, fundações, empresas públicas e sociedades de economia mista do Estado), a competência para a celebração do acordo recairá sobre o seu dirigente maior, podendo a lei reguladora do controle interno atribuir a atividade a outra autoridade.

### 1.3. Municípios

No plano do Poder Executivo Municipal, essa atribuição recairá sobre o Prefeito Municipal e a Controladoria municipal, onde houver e lhe for atribuída a tarefa. Em se tratando do Poder Legislativo local, cabe ao Presidente da Câmara de Vereadores firmar o acordo de leniência.

Em sendo lesada entidade da administração indireta municipal (autarquias, fundações, empresas públicas e sociedades de economia mista do município), a competência para a celebração do acordo recairá sobre o seu dirigente maior, podendo a lei reguladora do controle interno atribuir a atividade a outra autoridade.

### 2. Pessoa jurídica privada

Podem propor e firmar o acordo de leniência as pessoas jurídicas referidas no art. 1º, parágrafo único, da Lei 12.846, responsáveis pela prática dos atos lesivos previstos no art. 5º, ou seja, aquelas que de qualquer forma induziram, concorreram ou se beneficiaram direta ou indiretamente dos atos de corrupção praticados contra a administração pública nacional ou estrangeira.

Esse tipo de contribuição do setor privado com a administração pública, encontra respaldo na Convenção da Organização das Nações Unidas Contra a Corrupção, que atribui a responsabilidade ao combate

DO ACORDO DE LENIÊNCIA

desse mal não apenas ao Estado, mas também ao setor privado, consoante o seu Artigo 12,[258] e à sociedade, conforme o seu Artigo 13.[259]

[258] Artigo 12 *Setor Privado*
1. Cada Estado Parte, em conformidade com os princípios fundamentais de sua legislação interna, adotará medidas para prevenir a corrupção e melhorar as normas contábeis e de auditoria no setor privado, assim como, quando proceder, prever sanções civis, administrativas ou penais eficazes, proporcionadas e dissuasivas em caso de não cumprimento dessas medidas.
2. As medidas que se adotem para alcançar esses fins poderão consistir, entre outras coisas, em:
a) Promover a cooperação entre os organismos encarregados de fazer cumprir a lei e as entidades privadas pertinentes;
b) Promover a formulação de normas e procedimentos com o objetivo de salvaguardar a integridade das entidades privadas pertinentes, incluídos códigos de conduta para o correto, honroso e devido exercício das atividades comerciais e de todas as profissões pertinentes e para a prevenção de conflitos de interesses, assim como para a promoção do uso de boas práticas comerciais entre as empresas e as relações contratuais das empresas com o Estado;
c) Promover a transparência entre entidades privadas, incluídas, quando proceder, medidas relativas à identificação das pessoas jurídicas e físicas envolvidas no estabelecimento e na gestão de empresas;
d) Prevenir a utilização indevida dos procedimentos que regulam as entidades privadas, incluindo os procedimentos relativos à concessão de subsídios e licenças pelas autoridades públicas para atividades comerciais;
e) Prevenir os conflitos de interesse impondo restrições apropriadas, durante um período razoável, às atividades profissionais de ex-funcionários públicos ou à contratação de funcionários públicos pelo setor privado depois de sua renúncia ou aposentadoria quando essas atividades ou essa contratação estejam diretamente relacionadas com as funções desempenhadas ou supervisionadas por esses funcionários públicos durante sua permanência no cargo;
f) Velar para que as empresas privadas, tendo em conta sua estrutura e tamanho, disponham de suficientes controles contábeis internos para ajudar a prevenir e detectar os atos de corrupção e para que as contas e os estados financeiros requeridos dessas empresas privadas estejam sujeitos a procedimentos apropriados de auditoria e certificação;
3. A fim de prevenir a corrupção, cada estado parte adotará as medidas que sejam necessárias, em conformidade com suas leis e regulamentos internos relativos à manutenção de livros e registros, à divulgação de estados financeiros e às normas de contabilidade e auditoria, para proibir os seguintes atos realizados com o fim de cometer quaisquer dos delitos qualificados de acordo com a presente Convenção:
a) O estabelecimento de contas não registradas em livros;
b) A realização de operações não registradas em livros ou mal especificadas;
c) O registro de gastos inexistentes;
d) O juízo de gastos nos livros de contabilidade com indicação incorreta de seu objetivo;
e) A utilização de documentos falsos; e
f) A destruição deliberada de documentos de contabilidade antes do prazo previsto em lei.
4. Cada Estado Parte ditará a dedução tributária relativa aos gastos que venham a constituir suborno, que é um dos elementos constitutivos dos delitos qualificados de acordo com os

É interessante notar que a Lei alcança não apenas as sociedades empresárias e as sociedades simples (cooperativas – art. 982, parágrafo único do Código Civil), como também as fundações e associações, deixando de lado, no entanto, as organizações religiosas e os partidos políticos.

De outro lado, não se pode deixar de considerar as sociedades de economia mista exploradoras de atividade econômica e as empresas públicas exploradoras de atividade econômica, como pessoas jurídicas passíveis de serem não apenas vitimadas pelos atos lesivos de outras pessoas jurídicas, em face de se caracterizarem como entidades componentes da administração indireta, como, igualmente, na condição de autoras desses atos, especialmente quando cometidos contra administração pública estrangeira. Com efeito, numa concorrência internacional de que participe uma empresa estatal brasileira, ela, em tese, pode envolver-se na prática de atos de corrupção contra administração estrangeira, o que lhe autorizará a propor a realização de acordo de leniência perante a CGU.

---

Artigos 15 e 16 da presente Convenção e, quando proceder, relativa a outros gastos que tenham tido por objetivo promover um comportamento corrupto.

[259] Artigo 13 *Participação da sociedade*

1. Cada Estado Parte adotará medidas adequadas, no limite de suas possibilidades e de conformidade com os princípios fundamentais de sua legislação interna, para fomentar a participação ativa de pessoas e grupos que não pertençam ao setor público, como a sociedade civil, as organizações não-governamentais e as organizações com base na comunidade, na prevenção e na luta contra a corrupção, e para sensibilizar a opinião pública a respeito à existência, às causas e à gravidade da corrupção, assim como a ameaça que esta representa. Essa participação deveria esforçar-se com medidas como as seguintes:

a) Aumentar a transparência e promover a contribuição da cidadania aos processos de adoção de decisões;

b) Garantir o acesso eficaz do público à informação;

c) Realizar atividade de informação pública para fomentar a intransigência à corrupção, assim como programas de educação pública, incluídos programas escolares e universitários;

d) Respeitar, promover e proteger a liberdade de buscar, receber, publicar e difundir informação relativa à corrupção. Essa liberdade poderá estar sujeita a certas restrições, que deverão estar expressamente qualificadas pela lei e ser necessárias para: i) Garantir o respeito dos direitos ou da reputação de terceiros; ii) Salvaguardar a segurança nacional, a ordem pública, ou a saúde ou a moral públicas.

2. Cada Estado Parte adotará medidas apropriadas para garantir que o público tenha conhecimento dos órgão pertinentes de luta contra a corrupção mencionados na presente Convenção, e facilitará o acesso a tais órgãos, quando proceder, para a denúncia, inclusive anônima, de quaisquer incidentes que possam ser considerados constitutivos de um delito qualificado de acordo com a presente Convenção.

## 3. Efetividade da colaboração na fase investigatória e processual administrativa

Depois de tratar dos órgãos e entidades públicas lesadas e das pessoas jurídicas autoras dos atos lesivos, a cabeça do art. 16 faz expressa referência à necessidade dessas últimas "colaborarem efetivamente com as investigações e o processo administrativo".

Ou seja, é da natureza do acordo de leniência produzir efeitos concretos na investigação e no processo administrativo destinado a sancionar a pessoa jurídica. O acordo deve contribuir para elucidar a verdade dos fatos, permitindo a comprovação da autoria e da materialidade dos atos lesivos a administração pública nacional ou estrangeira de que trata o art. 5º da Lei. Mais do que isso, de forma rápida e precisa, de modo a se autorizar a eficaz punição das pessoas físicas e jurídicas autoras dos mencionados atos ilícitos.

Se a colaboração de que trata o artigo não for efetiva, eficaz, concreta, no sentido de se apurar precisamente a participação dos envolvidos e a materialidade dos atos lesivos, então o acordo não deve ser celebrado pelo órgão competente da administração pública, havendo a proposta da pessoa jurídica que ser indeferida.

Os incs. I e II do art. 16 cuidam exatamente disso.

*I – a identificação dos demais envolvidos na infração, quando couber; e*

**3.1.** A pessoa jurídica que procura a Administração Pública para o acordo de leniência confessa a sua participação na prática dos atos lesivos do art. 5º e dos arts. 86 a 88 da Lei 8.666/1993. Além dela, é evidente que o acordo deve revelar os demais envolvidos, pessoas jurídicas e pessoas físicas que participaram, de qualquer modo, da prática dos atos lesivos. Quando, p. ex., se promete vantagem (art. 5º, I), é evidente que a empresa, por seu representante, deverá indicar qual o executor da pessoa jurídica responsável pela ação e, naturalmente, qual o agente público, ou o terceiro em nome dele que recebeu a vantagem indevida. No caso do ato lesivo previsto no art. 5º, II, a pessoa jurídica, devidamente representada, deverá apontar quem foi a pessoa jurídica que financiou, custeou, patrocinou ou subvencionou o ilícito, explicando como isso se deu. Ou, ainda, quem é a pessoa física ou jurídica envolvida na ocultação ou dissimulação de que trata o inc. III do art. 5º, desvelando quais os reais interesses perseguidos e identificando os beneficiários.

Na mesma linha, em matéria de atos lesivos à licitação e ao contrato administrativo (art. 5º, IV), todos os envolvidos nas fraudes, inclusive as pessoas físicas, agentes públicos ou não, deverão ser denunciados pela empresa proponente do acordo de leniência.

Apontar e identificar quem dificultou a atividade de investigação ou fiscalização dos órgãos de fiscalização, ou quem neles interviu (art. 5º, V), é essencial para o cumprimento do requisito sob comento.

*II – a obtenção célere de informações e documentos que comprovem o ilícito sob apuração.*

**3.2.** A descoberta precisa da materialidade dos atos lesivos previstos no art. 5º é a outra viga sobre a qual se assenta o acordo de leniência. Não basta que a autoria seja revelada. É preciso que a materialidade do ato lesivo fique clara, evidente, provada por todos os meios legítimos para tanto.

É indispensável que o preciso comportamento das pessoas físicas envolvidas, na qualidade de prepostos das pessoas jurídicas a que alude o parágrafo único do art. 1º da Lei 12.846, seja explicado e comprovado, porque é exatamente isso que vinculará a pessoa jurídica gerando a sua responsabilidade objetiva. A definição desses comportamentos é essencial, porque a responsabilização da pessoa jurídica é independente da responsabilidade da pessoa natural, devendo cada um desses campos ficar muito bem delimitado e esclarecido no acordo de leniência.

Enquanto a pessoa jurídica responde objetivamente, os seus dirigentes e administradores deverão ser alcançados na medida de sua culpabilidade pelos ilícitos civis, penais, administrativos e por improbidade administrativa cometidos. Ou seja, para o ato lesivo da pessoa jurídica deve corresponder um conjunto de atos ilícitos de seus dirigentes ou administradores, aos quais são atribuídas as sanções respectivas.

O mesmo se aplica aos agentes públicos. Sendo os atos lesivos cometidos contra a administração pública nacional ou estrangeira, é consequência natural a participação do servidor público na prática do ilícito, e toda vez que ela existir é indispensável que se revele quem é essa pessoa, qual a sua participação e quais os benefícios auferidos, devendo a pessoa jurídica proponente do acordo de leniência apontar ou apresentar as informações e documentos correspondentes à conduta desse servidor.

Portanto, os dois objetivos – autoria e materialidade – deverão estar presentes na proposta de celebração do acordo de leniência, não sendo possível a sua realização sem as provas ou os meios de prova indispensáveis para a demonstração desses requisitos, tendo em vista a seriedade e a efetividade do ato de colaboração.

*§ 1º O acordo de que trata o caput somente poderá ser celebrado se preenchidos, cumulativamente, os seguintes requisitos:*
*I – a pessoa jurídica seja a primeira a se manifestar sobre seu interesse em cooperar para a apuração do ato ilícito;*
*II – a pessoa jurídica cesse completamente seu envolvimento na infração investigada a partir da data de propositura do acordo;*
*III – a pessoa jurídica admita sua participação no ilícito e coopere plena e permanentemente com as investigações e o processo administrativo, comparecendo, sob suas expensas, sempre que solicitada, a todos os atos processuais, até seu encerramento.*

O dispositivo em análise aponta 3 (três) requisitos cumulativamente necessários para a celebração do acordo de leniência:

1º – ser a pessoa jurídica a primeira a se manifestar;
2º – a pessoa jurídica cesse o seu envolvimento na infração;
3º – a pessoa jurídica admita a sua participação no ilícito e coopere plena e permanentemente com as investigações e o processo administrativo.

No entanto, a presença desses requisitos apontados no § 1º do art. 16 não garante a celebração do acordo, não sendo suficientes para o aperfeiçoamento desse ato administrativo convencional e discricionário, celebrado entre a pessoa jurídica e a administração pública.

Esse rol precisa ser ampliado com outros 3 (três) requisitos essenciais para a celebração e aperfeiçoamento do acordo de leniência, elementos igualmente localizáveis no art. 16 da Lei 12.846:

4º – ser celebrado com a autoridade competente;
5º – ocorrer a expressa manifestação da vontade da autoridade;

6º – que dessa colaboração resulte a efetiva identificação dos envolvidos e a obtenção de informações e documentos que comprovem o ilícito. Vejamos.

**1º – Ser a pessoa jurídica a primeira a se manifestar.**
O acordo deve ser ofertado pela pessoa jurídica interessada antes dos demais envolvidos.

Ofertado o acordo de leniência por uma dada pessoa jurídica, não mais será possível que as demais pessoas jurídicas envolvidas assim procedam, devendo a autoridade recusar-se a recebê-las. Essa precedência é essencial, o que afasta a possibilidade de celebração de mais de um acordo de leniência com qualquer outra empresa.

Indeferida a proposta pela autoridade, reabre-se a possibilidade de uma nova oferta, se o aludido indeferimento não se deu porque a administração já possui os elementos de prova dos atos lesivos cometidos.

O acordo só pode ser firmado pelo legítimo representante da entidade, naturalmente autorizado pelos estatutos da pessoa jurídica, para que de fato e de direito ela assuma obrigações perante o Estado. Ou seja, o ato não pode ser firmado por qualquer empregado da entidade, ou por administrador ou dirigente não legitimado, sob pena de invalidade e ineficácia jurídica do acordo.

Jamais o acordo deve ser elaborado com pessoa natural, sob pena, igualmente, de invalidade e de não produzir os efeitos legais autorizados no diploma sob comento. O acordo também não pode ser ofertado pelo agente público envolvido com a prática dos atos lesivos do art. 5º.

**2º – A empresa precisa cessar o seu envolvimento na infração investigada, desde a celebração.**
O acordo pressupõe a integral cooperação da empresa proponente, que deve deixar seu envolvimento na infração no momento em que celebra o acordo. Nota-se que nem todos os atos lesivos permitem que a pessoa jurídica cesse o seu envolvimento na infração, porquanto este já se encontra consumado. É o caso, p. ex., do inc. I do art. 5º, que fala em "prometer, oferecer ou dar vantagem indevida a agente público". Tendo o fato ilícito ocorrido e já se consumado, não há muito o que se fazer. É possível se imaginar, no entanto, a execução continuada desse ilícito, como no caso de se pagar propina periodicamente ao agente, o que autorizará a referida cessação do envolvimento da pessoa jurídica na infração.

Sendo possível a interrupção da execução da infração, se a pessoa jurídica assim não proceder, o acordo de leniência não poderá ser celebrado ou, se já firmado, poderá ser denunciado pela autoridade pública competente, cessando os seus efeitos benéficos (supressão ou redução de penalidades) relativamente à pessoa jurídica requerida ou potencialmente requerida no processo administrativo e no processo judicial.

**3º – Admissão de sua participação no ilícito e cooperação plena e permanente com as investigações e o processo administrativo.**
A pessoa jurídica deve confessar a sua participação na prática dos atos lesivos do art. 5º, não sendo o bastante a cooperação na elucidação da verdade. Se a pessoa jurídica não admitir sua participação no ilícito, apenas propondo-se a colaborar com as investigações e o processo administrativo, o requisito do inc. III do § 1º do art. 16 não restará cumprido, o que haverá de impedir a celebração do acordo, ou, se celebrado, poderá ser anulado em face do descumprimento dessa essencial formalidade.

A cooperação com as investigações e o processo administrativo deve ser plena, contínua e regular, de modo que se essa cessar após a celebração do acordo – p. ex., recusando-se os prepostos da pessoa jurídica a depor no processo administrativo sob o influxo do contraditório e da ampla defesa –, ou se for apenas parcial a colaboração – p. ex., se a pessoa jurídica no processo administrativo passar a fornecer informações que apenas digam respeito ao seu envolvimento, sonegando informações sobre terceiros participantes –, o acordo poderá ser denunciado pela autoridade, perdendo o mesmo a sua eficácia legal. A cooperação deve ser plena e permanente. Sendo parcial ou descontinuada, o acordo poderá ser rescindido pela autoridade pública celebrante, que tem a obrigação de acompanhar e fiscalizar a execução da avença.

**4º – Ser celebrado com a autoridade competente.**
Sendo o acordo de leniência um ato administrativo bilateral, é evidente que ele só pode ser firmado pela autoridade competente, sob pena de vício de competência, gerador de nulidade da avença. A autoridade máxima de cada órgão ou entidade foi tema tratado anteriormente, ao qual pede-se *venia* para remeter o leitor.

**5º – Ocorrer a expressa manifestação de vontade da autoridade.**
O acordo de leniência é ato administrativo bilateral e discricionário da administração pública. A autoridade, segundo a Lei, poderá, frise-se,

## LEI ANTICORRUPÇÃO: COMENTÁRIOS À LEI 12.846/2013

celebrá-lo. Não está obrigada a aceitá-lo. Proposto pela pessoa jurídica, o Estado pode não aceitar firmar a avença. Devendo ser justificada a recusa, a autoridade poderá alegar, por exemplo, discordância com os termos da proposta ou, ainda, o desinteresse da administração, haja vista já possuir os elementos de prova necessários para a responsabilização dos envolvidos.

Não há, portanto, o direito subjetivo da pessoa jurídica na realização do acordo de leniência, posto não ser a proposta do acordo de leniência o próprio acordo de leniência. A proposta é ato unilateral e privado da pessoa jurídica envolvida com a prática de atos lesivos a administração pública nacional ou estrangeira. O acordo de leniência é ato administrativo bilateral e discricionário da administração pública, pressupondo para a sua validade a expressa, formal e motivada manifestação de vontade da autoridade competente.

**6º – Que dessa colaboração resulte a identificação dos envolvidos e a obtenção de informações e documentos que comprovem o ilícito.** Não é o bastante confessar a prática dos atos lesivos do art. 5º, cessar o envolvimento na infração ou cooperar com as investigações e o processo administrativo.

É preciso que o acordo de leniência colabore "efetivamente com as investigações e o processo administrativo", é preciso que dele resulte "a identificação dos demais envolvidos" e "a obtenção célere de informações e documentos que comprovem o ilícito sob apuração".

Essas são as finalidades do ato administrativo bilateral e discricionário denominado acordo de leniência. Se essas finalidades não forem passíveis de serem alcançadas, o acordo de leniência não poderá ser celebrado, e, se celebrado, sem que possa atingir esses fins, deverá ser declarado inválido por desvio de finalidade.

*§ 2º A celebração do acordo de leniência isentará a pessoa jurídica das sanções previstas no inciso II do art. 6º e no inciso IV do art. 19 e reduzirá em até 2/3 (dois terços) o valor da multa aplicável.*

O dispositivo trata dos benefícios aplicáveis à pessoa jurídica que celebrou o acordo de leniência com a administração pública.

Os efeitos do acordo de leniência são vinculados, obrigatórios e decorrem da Lei, não propriamente do acordo, o qual não pode retirar os benefícios conferidos pelo ordenamento jurídico à entidade privada ou aumentar as vantagens atribuíveis à entidade lene. Os comandos previstos no § 2º sob comento – isentará e reduzirá – são imperativos e cogentes. Não se pode, p.ex., excluir o benefício da redução da multa; também não é permitido acordar-se a concessão de outro benefício, como, p. ex., a isenção da sanção de suspensão ou interdição parcial de suas atividades.

No processo administrativo, a pessoa jurídica ficará isenta da pena de "publicação extraordinária da decisão condenatória" (art. 6º, II) e terá reduzida a multa de que trata o inc. I do art. 6º em até dois terços.

Há um limite máximo fixado para a redução da multa – de até dois terços, o que permite a modulação do benefício até esse patamar pela autoridade julgadora do processo administrativo. Entretanto, omitiu-se o legislador na fixação do limite mínimo de redução, objetivando reduzir a margem de discricionariedade da autoridade responsável pelo julgamento do processo administrativo.

A não determinação desse limite mínimo poderá levar a situações de abuso de autoridade, especialmente se a redução da multa ficar próxima de zero. Lamentavelmente, também poderá ensejar corrupção, pois o modelo gera insegurança à pessoa jurídica ao submetê-la à uma larga margem de discricionariedade, tornando a entidade parte no acordo de leniência vulnerável às investidas de agentes públicos desejosos em vender vantagens, especialmente na fase de julgamento do processo administrativo, o que contraria sobremaneira o espírito da própria Lei sob comento.

A definição do *quantum* da redução da multa não será objeto do acordo de leniência, posto incumbir à autoridade administrativa encarregada do julgamento do processo administrativo essa fixação, segundo o critério contido no inc. VII do art. 7º.

Art. 7º. Serão levados em consideração na aplicação das sanções:

...

VII – a cooperação da pessoa jurídica para a apuração das infrações.

O acordo de leniência também produzirá efeitos no processo judicial regulado pela Lei 12.846, afastando a incidência da sanção prevista no inc. IV do art. 19, *verbis*:

IV – proibição de receber incentivos, subsídios, subvenções, doações ou empréstimos de órgãos ou entidades públicas e de instituições financeiras públicas ou controladas pelo poder público, pelo prazo mínimo de 1 (um) e máximo de 5 (cinco) anos.

Esse benefício também é cogente, constituindo-se em direito subjetivo da empresa celebrante do acordo de leniência, incumbindo a sua fixação, respeitados os limites mínimos e máximos previstos no citado inciso (de 1 a 5 anos), ao juiz natural competente para o julgamento da ação civil pública pela prática de atos lesivos à administração pública.

*§ 3º O acordo de leniência não exime a pessoa jurídica da obrigação de reparar integralmente o dano causado.*

Em matéria de combate à corrupção a reparação integral do dano é sempre obrigatória, posto que os atos lesivos do art. 5º são atos ilícitos, o que é o bastante para gerar responsabilidade civil, nos termos do art. 927 do Código Civil, inclusive, independentemente de culpa.

> Art. 927. Aquele que, por ato ilícito (arts. 186 e 187), causar dano a outrem, fica obrigado a repará-lo.
> Parágrafo único. Haverá obrigação de reparar o dano, independentemente de culpa, nos casos especificados em lei, ou quando a atividade normalmente desenvolvida pelo autor do dano implicar, por sua natureza, risco para os direitos de outrem.

A Lei geral sobre o tema é secundada pela Lei especial, no caso, a Lei 12.846, que prevê no § 3º do seu art. 6º esta obrigação.[260] Há, ainda, o art. 5º da Lei 8.429/1992,[261] intimamente ligada com a Lei sob comento, que também estabelece a obrigação de reparação integral do dano em razão

---

[260] Art. 6º [...]
§ 3º. A aplicação das sanções previstas neste artigo não exclui, em qualquer hipótese, a obrigação da reparação integral do dano causado.
[261] Art. 5º. Ocorrendo lesão ao patrimônio público por ação ou omissão, dolosa ou culposa, do agente ou de terceiro, dar-se-á o integral ressarcimento do dano.

DO ACORDO DE LENIÊNCIA

da prática de ato de improbidade administrativa. Ademais, esse dever de reparação é imprescritível, no termos do § 5º do art. 37 da CF.

Não poderia ser diferente.

Os atos de corrupção, definidos na Lei 12.846 como atos lesivos à administração pública nacional ou estrangeira, via de regra, produzem lesão ao patrimônio público e consequentemente o enriquecimento ilícito dos envolvidos. Se no caso ficar demonstrado que a pessoa jurídica obteve alguma vantagem material em detrimento do patrimônio público, aquela será obrigada a indenizar integralmente o dano produzido, acrescido dos consectários legais.

Em nenhuma hipótese, portanto, o acordo de leniência poderá isentar a pessoa jurídica dessa obrigação. O que a avença pode prever é o pagamento desse ressarcimento integral em condições aceitáveis pela administração pública. No entanto, jamais se poderá transigir quanto à integralidade e preservação dos valores concernentes à indenização pelos prejuízos proporcionados ao patrimônio público.

*§ 4º O acordo de leniência estipulará as condições necessárias para assegurar a efetividade da colaboração e o resultado útil do processo.*

A finalidade do acordo de leniência, como já foi dito, é a identificação dos envolvidos na prática da infração, além da própria pessoa jurídica proponente, e a obtenção célere de informações e documentos comprovadores da prática dos atos lesivos.

A efetividade da colaboração dependerá da assunção de compromissos por parte da pessoa jurídica proponente, materializados por intermédio de cláusulas definidas consensualmente entre as partes, que permitam a efetividade da colaboração no caso concreto, efetividade essa já tratada quando se cuidou do *caput* do art. 16. São essas cláusulas do acordo de leniência que, se bem definidas e executadas, garantirão o resultado útil do processo, seja do processo administrativo tratado no Capítulo IV, seja do processo judicial delineado no Capítulo VI da Lei 12.846.

Embora, num primeiro momento, o resultado útil do processo seja uma finalidade a ser alcançada no âmbito da Lei 12.846, nada impede – pelo contrário, recomenda – que os elementos de prova colhidos em razão da celebração do acordo sejam utilizados como prova emprestada nos processos administrativos e judiciais a serem instaurados para a responsabilização das pessoas naturais envolvidas na prática dos atos lesivos à administração pública, sejam eles dirigentes, administradores, empregados ou prepostos das pessoas jurídicas participantes do esquema de corrupção, sejam eles os agentes públicos igualmente autores desses atos de corrupção.

É conatural, portanto, que o acordo de leniência produza, num segundo momento, efeitos nas esferas de responsabilidade das pessoas naturais envolvidas na prática dos atos lesivos cometidos pela pessoa jurídica, não podendo esses efeitos ser objeto de limitação por cláusula do acordo de leniência, haja vista o respeito que se deve ter à independência das instâncias de responsabilidade, bem como à autonomia de que são dotados os atores dos processos respectivos – p.ex., os membros do Ministério Público e do Poder Judiciário – que não podem ter as suas atribuições e garantias constitucionais e legais limitadas por um ato administrativo consensual e discricionário, de cuja celebração nem sequer participaram.

Cláusula acordada pela autoridade administrativa e a pessoa jurídica com esse teor, seria evidentemente nula, por violar a harmonia entre os Poderes, a autonomia e independência do Ministério Público e do Poder Judiciário, o princípio constitucional da inafastabilidade da jurisdição e por transigir com o princípio da supremacia e indisponibilidade do interesse público.

Demais disso, acordo nesse sentido também violaria a inteligência da norma contida no art. 3º da própria Lei 12.846:

> Art. 3º A responsabilização da pessoa jurídica não exclui a responsabilidade individual de seus dirigentes ou administradores ou de qualquer pessoa natural, autora, coautora ou partícipe do ato ilícito.

A efetividade do acordo está diretamente relacionada à precisão e juridicidade de suas cláusulas, que, naturalmente, por serem normas consensuais interpartes e infralegais, não podem ultrapassar as barreiras e limites impostos pela ordem jurídica, pela lei. Ou seja, as cláusulas do acordo não podem conceder benefícios que lei não autoriza – p.ex., para isentar os dirigentes da pessoa jurídica de penalidades –, retirar benefícios que a lei concede, suprimir atribuições ou providências legais próprias dos órgãos de controle, impedir acesso aos meios de prova, não autorizar o acesso ao próprio acordo *etc.*

*§ 5º Os efeitos do acordo de leniência serão estendidos às pessoas jurídicas que integram o mesmo grupo econômico, de fato e de direito, desde que firmem o acordo em conjunto, respeitadas as condições nele estabelecidas.*

Os benefícios do acordo de leniência podem ser estendidos para as empresas formadoras do mesmo grupo econômico. A condição para tanto é a participação e a formalização dessa participação no acordo de leniência, assumindo parcela dos compromissos da empresa proponente do acordo, integrante do conglomerado, do *holding* de empresas.

Por força do disposto no § 2º do art. 4º da Lei, as empresas que integram o mesmo grupo econômico, de fato ou de direito, são solidariamente responsáveis pela reparação integral do dano causado e pela multa prevista no inc. I do art. 6º. Logo, é vantajosa a participação no acordo das sociedade controladoras, controladas, coligadas ou consorciadas, especialmente em razão do benefício de redução em até 2/3 (dois terços) do valor da multa, cuja obrigação de pagamento se dá, conforme a Lei, em regime de solidariedade entre as sociedades componentes do grupo econômico.

Os efeitos do acordo de leniência podem ser estendidos somente às pessoas jurídicas do grupo, jamais às pessoas físicas dos dirigentes, administradores ou empregados da pessoa jurídica responsável pelos atos lesivos à administração pública nacional ou estrangeira. O benefício também não se aplica aos agentes públicos envolvidos com a prática dos ilícitos do art. 5º.

A exclusão das pessoas naturais do acordo de leniência, especialmente dos dirigentes, administradores ou empregados da pessoa jurídica autora dos atos lesivos parece algo positivo, mas, a rigor, não é. Melhor seria que o legislador tivesse adotado o modelo da Lei 12.529/2011, a Lei de Defesa da Concorrência,[262] que estende os benefícios do acordo a essas pessoas,

---

[262] Art. 86. O Cade, por intermédio da Superintendência-Geral, poderá celebrar acordo de leniência, com a extinção da ação punitiva da administração pública ou a redução de 1 (um) a 2/3 (dois terços) da penalidade aplicável, nos termos deste artigo, com pessoas físicas e jurídicas

# LEI ANTICORRUPÇÃO: COMENTÁRIOS À LEI 12.846/2013

benefícios esses consistentes na extinção da punibilidade nas esferas administrativa e criminal, mediante o cumprimento integral do acordo.

que forem autoras de infração à ordem econômica, desde que colaborem efetivamente com as investigações e o processo administrativo e que dessa colaboração resulte:

I – a identificação dos demais envolvidos na infração; e

II – a obtenção de informações e documentos que comprovem a infração noticiada ou sob investigação.

§ 1º O acordo de que trata o caput deste artigo somente poderá ser celebrado se preenchidos, cumulativamente, os seguintes requisitos:

I – a empresa seja a primeira a se qualificar com respeito à infração noticiada ou sob investigação;

II – a empresa cesse completamente seu envolvimento na infração noticiada ou sob investigação a partir da data de propositura do acordo;

III – a Superintendência-Geral não disponha de provas suficientes para assegurar a condenação da empresa ou pessoa física por ocasião da propositura do acordo; e

IV – a empresa confesse sua participação no ilícito e coopere plena e permanentemente com as investigações e o processo administrativo, comparecendo, sob suas expensas, sempre que solicitada, a todos os atos processuais, até seu encerramento.

§ 2º Com relação às pessoas físicas, elas poderão celebrar acordos de leniência desde que cumpridos os requisitos II, III e IV do § 1o deste artigo.

§ 3º O acordo de leniência firmado com o Cade, por intermédio da Superintendência-Geral, estipulará as condições necessárias para assegurar a efetividade da colaboração e o resultado útil do processo.

§ 4º Compete ao Tribunal, por ocasião do julgamento do processo administrativo, verificado o cumprimento do acordo:

I – decretar a extinção da ação punitiva da administração pública em favor do infrator, nas hipóteses em que a proposta de acordo tiver sido apresentada à Superintendência-Geral sem que essa tivesse conhecimento prévio da infração noticiada; ou

II – nas demais hipóteses, reduzir de 1 (um) a 2/3 (dois terços) as penas aplicáveis, observado o disposto no art. 45 desta Lei, devendo ainda considerar na gradação da pena a efetividade da colaboração prestada e a boa-fé do infrator no cumprimento do acordo de leniência.

§ 5º Na hipótese do inciso II do § 4o deste artigo, a pena sobre a qual incidirá o fator redutor não será superior à menor das penas aplicadas aos demais coautores da infração, relativamente aos percentuais fixados para a aplicação das multas de que trata o inciso I do art. 37 desta Lei.

§ 6º Serão estendidos às empresas do mesmo grupo, de fato ou de direito, e aos seus dirigentes, administradores e empregados envolvidos na infração os efeitos do acordo de leniência, desde que o firmem em conjunto, respeitadas as condições impostas.

§ 7º A empresa ou pessoa física que não obtiver, no curso de inquérito ou processo administrativo, habilitação para a celebração do acordo de que trata este artigo, poderá celebrar com a Superintendência-Geral, até a remessa do processo para julgamento, acordo de leniência relacionado a uma outra infração, da qual o Cade não tenha qualquer conhecimento prévio.

§ 8º Na hipótese do § 7o deste artigo, o infrator se beneficiará da redução de 1/3 (um terço) da pena que lhe for aplicável naquele processo, sem prejuízo da obtenção dos benefícios de que trata o inciso I do § 4o deste artigo em relação à nova infração denunciada.

Como não é possível a participação das pessoas físicas, é muito provável que a proposta do acordo de leniência não seja feita, na medida em que isso implicaria na necessidade de identificação dos dirigentes, administradores e empregados da pessoa jurídica autora dos atos lesivos cometidos em nome e em proveito da pessoa jurídica, com a consequente responsabilização pessoal e independente de cada um dos envolvidos.

Ora, sem proteção pessoal contra a responsabilidade civil, a criminal e a por ato de improbidade administrativa a que naturalmente estariam sujeitos, qual é o dirigente que em nome da pessoa jurídica terá interesse no acordo de leniência? A resposta parece ser negativa.

A Lei como está não deve estimular propostas de leniência. O modelo, em última análise, reforça a cumplicidade entre os autores privados e públicos dos atos lesivos à administração pública. A exclusão das pessoas naturais do alcance do acordo de leniência, especialmente os ligados à pessoa jurídica, impõe o pacto pelo silêncio entre o dirigente corruptor da pessoa jurídica e o agente público corrupto, o que resulta na preservação da danosa cultura de corrupção presente na esfera pública nacional. Sem alcançar a pessoa física, é evidente que essa não se sentirá estimulada a elucidar os atos lesivos à administração pública, revelando os agentes públicos corruptos e ímprobos que lesam o Estado e a sociedade brasileira.

§ 9º Considera-se sigilosa a proposta de acordo de que trata este artigo, salvo no interesse das investigações e do processo administrativo.

§ 10. Não importará em confissão quanto à matéria de fato, nem reconhecimento de ilicitude da conduta analisada, a proposta de acordo de leniência rejeitada, da qual não se fará qualquer divulgação.

§ 11. A aplicação do disposto neste artigo observará as normas a serem editadas pelo Tribunal.

§ 12. Em caso de descumprimento do acordo de leniência, o beneficiário ficará impedido de celebrar novo acordo de leniência pelo prazo de 3 (três) anos, contado da data de seu julgamento.

Art. 87. Nos crimes contra a ordem econômica, tipificados na Lei no 8.137, de 27 de dezembro de 1990, e nos demais crimes diretamente relacionados à prática de cartel, tais como os tipificados na Lei no 8.666, de 21 de junho de 1993, e os tipificados no art. 288 do Decreto-Lei nº 2.848, de 7 de dezembro de 1940 – Código Penal, a celebração de acordo de leniência, nos termos desta Lei, determina a suspensão do curso do prazo prescricional e impede o oferecimento da denúncia com relação ao agente beneficiário da leniência.

Parágrafo único. Cumprido o acordo de leniência pelo agente, extingue-se automaticamente a punibilidade dos crimes a que se refere o caput deste artigo.

Seria de bom grado que os legisladores reformassem a Lei 12.846, aproximando-a do modelo de leniência previsto na Lei 12.529/2011, conferindo-lhe efetividade.

*§ 6º A proposta de acordo de leniência somente se tornará pública após a efetivação do respectivo acordo, salvo no interesse das investigações e do processo administrativo.*

O sigilo deve ser preservado durante a negociação do acordo de leniência. Aliás, é de bom alvitre que ele seja decretado pela autoridade administrativa competente.

Esse silêncio é fundamental para o sucesso não apenas do acordo, para a sua celebração propriamente dita, mas, principalmente, para a sua efetividade, ou seja, para que se possa identificar os envolvidos e para se recolher as informações e documentos necessários à comprovação da materialidade e da autoria do ato lesivo à administração pública nacional ou estrangeira.

A publicidade nesse momento, via de regra, interfere negativamente na apuração do ilícito, e, principalmente, de seus autores, que se movimentarão estrategicamente no sentido de fazer desaparecer os elementos de prova caracterizadores da responsabilidade das demais pessoas jurídicas e das pessoas físicas envolvidas na prática do ilícito, dentre os quais os agentes públicos.

O silêncio também é importante para se impedir o desvio das vantagens econômicas obtidas ilicitamente, permitindo ao Ministério Público ou à pessoa jurídica lesada as providências cautelares necessárias para tornar indisponível o patrimônio dos envolvidos, na tentativa de se salvaguardar o patrimônio público, tendo em vista o futuro ressarcimento integral dos danos e a perda dos bens ou valores ilicitamente obtidos.

Em outras palavras, o sigilo nas fases de proposta, de celebração e de investigação do acordo de leniência é fundamental para a sua própria utilidade, ou seja, para a efetividade do processo administrativo e do processo judicial, mediante a identificação dos envolvidos e a obtenção célere de informações e documentos comprovadores do ilícito, com a consequente punição de seus autores.

O sigilo também é relevante para a entidade proponente, posto que sem efetividade o acordo será frustrado, não lhe conferindo os favores que a Lei lhe atribui.

A autoridade máxima de cada órgão ou entidade pública competente para celebrar o acordo de leniência não está obrigada nas fases de proposta e de celebração do acordo de leniência de informar o Ministério Público. Nesses dois momentos, nota-se a necessidade de se preservar a autonomia da administração pública de celebrar ou não o acordo, respeitados os requisitos legais. Posteriormente, poderá o Ministério Público fazer o controle de legalidade do acordo de leniência.

Em que pese ser o acordo ato administrativo discricionário, trata-se de ato formal cujo descumprimento dos requisitos legais acima aludidos torna-o passível de controle de legalidade, especialmente o controle judicial, que poderá confirmá-lo ou infirmá-lo, total ou parcialmente, mediante a declaração de nulidade, total ou parcial, de suas cláusulas.

Celebrado o acordo, já na fase de investigação, poderá a autoridade informar o Ministério Público, se isso for no interesse das investigações. É o caso, p.ex., da informação ao Ministério Público ou à Advocacia Pública para fins da propositura da medida cautelar de indisponibilidade de bens, direitos, ou valores a que se refere o § 4º do art. 19; para a decretação judicial da quebra do sigilo bancário, fiscal, telefônico *etc.*

Encerrada a fase de investigação, terá a autoridade que informar o Ministério Público, em que pese a Lei ter aparentemente estendido o sigilo até o processo administrativo. Embora a autoridade possa restringir o acesso ao processo administrativo a terceiros, para não expor os processados, e para preservar o interesse social, essa restrição à publicidade, garantida pelo inc. LX do art. 5º da Constituição de 1988, não pode ser imposta ou oposta ao titular da ação penal pública (art. 129, inc. I, CRFB) e ao órgão eleito constitucionalmente como o legitimado por excelência para propor a ação civil pública, na defesa do patrimônio público e social (art. 129, III).

Sendo assim, celebrado o acordo e vencida a fase de investigação, a autoridade responsável por firmar o acordo de leniência deve comunicar ao Ministério Público a prática dos atos lesivos do art. 5º da Lei 12.846, dos atos de improbidade administrativa correspondentes (art. 7º, 15 e 16 da LIA), inclusive para providências judiciais (sequestro, indisponibilidade *etc.*), e a prática dos crimes afins (art. 171 da Lei 8.112/1990, 40 do

CPP e 58, § 3º, da CF), para que a Instituição tome as providências de sua alçada, inclusive controlando a legalidade do acordo.

Aliás, nada impede que o Ministério Público instaure investigação, mediante inquérito civil, para apurar os atos lesivos de que cuida a Lei 12.846, haja vista a autonomia e independência da Instituição, que poderá agir sem qualquer interferência da autoridade competente para a celebração do acordo de leniência. Em outras palavras, o respeito ao sigilo que pode ser imposto pela autoridade pública até o fim da fase de investigação do acordo de leniência, não inibe ou impede a investigação do Ministério Público com o objetivo de propor a ação civil pública destinada à efetivação da responsabilização na esfera judicial pela prática dos mesmos atos lesivos (art. 19, *caput*), além das ações de improbidade administrativa (art. 129, III, CRFB, e 17 da Lei 8.429/1992) e penal (art. 129, I, CRFB).

A possibilidade da instauração de uma investigação paralela à investigação administrativa justifica-se não apenas na preservação da autonomia do Ministério Público, mas, especialmente, para se impedir que a omissão da administração pública em investigar e processar administrativamente a pessoa jurídica, ou a demora no exercício dessas competências, leve à prescrição dos atos lesivos do art. 5º, dos atos de improbidade administrativa e dos tipos penais correspondentes e relacionados aos referidos atos lesivos, uma vez que não há prazo legal para a investigação administrativa, sem se esquecer do fato que a interrupção da prescrição produzida pelo acordo de leniência, alcança exclusivamente os atos lesivos previstos na Lei 12.846, e não os atos de improbidade e os crimes a eles interligados.

Nada impede, igualmente, que a polícia instaure o competente inquérito policial para a apuração dos crimes correspondentes aos atos lesivos cometidos pela pessoa jurídica, com a finalidade de obtenção dos elementos necessários à comprovação da culpabilidade das pessoas físicas – dirigentes, administradores ou empregados da pessoa jurídica, ou dos agentes públicos – envolvidos com atos de corrupção.


*§ 7º Não importará em reconhecimento da prática do ato ilícito investigado a proposta de acordo de leniência rejeitada.*

A efetividade do acordo de leniência depende de sua celebração. Rejeitada a proposta pela administração pública, fundamentalmente, a sua

DO ACORDO DE LENIÊNCIA

simples proposição pela pessoa jurídica não poderá ser empregada como meio de prova contra ela, devendo o Estado demonstrar a trama ilícita no processo administrativo e no processo judicial, para a obtenção de decisão favorável à sua imputação de responsabilidade nas respectivas esferas.

A rejeição do acordo de leniência não importa em confissão quanto à matéria de fato, nem reconhecimento de ilicitude da conduta analisada.

*§ 8º Em caso de descumprimento do acordo de leniência, a pessoa jurídica ficará impedida de celebrar novo acordo pelo prazo de 3 (três) anos contados do conhecimento pela administração pública do referido descumprimento.*

É consequência do descumprimento do acordo de leniência pela pessoa jurídica proponente o impedimento para a celebração de novo acordo pelo prazo de três anos, contados da ciência, pela administração, do aludido desrespeito às cláusulas da avença.

Essa punição alcança a pessoa jurídica relativamente aos acordos firmados no âmbito nacional, nas três esferas de governo, bem como no caso de atos lesivos praticados contra a administração pública estrangeira, celebrados com a Controladoria-Geral da União, não podendo a pessoa jurídica ser beneficiada por qualquer outro acordo, perante qualquer outra autoridade, no prazo legal e fixo de 3 (três) anos.

Além disso, como já afirmado, o descumprimento cessa os efeitos do acordo de leniência, perdendo a pessoa jurídica o direito aos benefícios a que faria jus, previstos no § 2º do art. 16.

*§ 9º A celebração do acordo de leniência interrompe o prazo prescricional dos atos ilícitos previstos nesta Lei.*

O acordo é causa interruptiva da prescrição, cujo prazo quinquenal conta-se da ciência da infração, ou, no caso de infração permanente ou continuada, do dia em que essa tiver cessado.

O acordo zera a contagem do prazo prescricional a partir de sua celebração, para a pessoa jurídica colaboradora e para as demais pessoas jurídicas envolvidas na prática dos atos lesivos do art. 5º, interrupção que pode se dar na fase de investigação – se celebrado nesse momento – ou durante a tramitação do processo administrativo.

Naturalmente, essa causa interruptiva terá reflexos no processo judicial.

O legislador poderia ter ampliado os efeitos dessa interrupção para alcançar também os crimes e os atos de improbidade administrativa correlacionados com os atos lesivos previstos na Lei 12.846.

Essa omissão do legislador impõe ao Ministério Público a necessidade de investigação dos atos de improbidade administrativa, via inquérito civil, e à Polícia a obrigação, com base em inquérito policial, de elucidação dos crimes correspondentes aos atos lesivos, sob pena de prescrição desses ilícitos, não alcançados pela causa interruptiva em comento.

*§ 10. A Controladoria-Geral da União – CGU é o órgão competente para celebrar os acordos de leniência no âmbito do Poder Executivo federal, bem como no caso de atos lesivos praticados contra a administração pública estrangeira.*

A Controladoria-Geral da União desempenha um importante papel na aplicação da Lei 12.846, incumbindo a ela a celebração do acordo de leniência no âmbito do Poder Executivo federal. Como afirmado inicialmente, essa atribuição não é exclusiva da CGU, podendo, também o Presidente da República, autoridade máxima do Poder Executivo federal, concorrentemente, firmar o mencionado acordo.

Não se deve esquecer que o Poder Executivo é exercido pelo Presidente da República, auxiliado pelos Ministros de Estado (art. 76 CRFB), competindo a ele nomear e exonerar os seus auxiliares diretos (inc. I do art. 84), e exercer, com o auxílio deles, a direção superior da administração federal (inc. II do art. 84). Cabendo ao Presidente a nomeação do Ministro-Chefe da CGU, exsurge legítima e legal a concorrência de atribuições, derivada do princípio hierárquico, informador dos aludidos dispositivos constitucionais e do art. 8º, § 2º, 16, *caput*, e § 10 da Lei 12.846.

De outra parte, o parágrafo sob comento exclui os Ministros de Estado, que podem instaurar processos administrativos de responsabilização de pessoas jurídicas, consoante a inteligência do § 2º do art. 8º, mas não

DO ACORDO DE LENIÊNCIA

podem firmar acordo de leniência, haja vista a restrição imposta por esse § 10 do art. 16.

Noutro giro, quando o dispositivo afirma a atribuição da Controladoria para firmar acordo de leniência no âmbito do Poder Executivo federal, deve-se compreender a expressão como sinônimo de administração direta, excluídas as entidades da administração indireta – autarquias, fundações públicas, empresas públicas e sociedades de economia mista, a quem incumbe a celebração do acordo de leniência relativamente aos atos lesivos cometidos contra a respectiva pessoa jurídica de direito público ou de direito privado, componente da administração indireta.

Inexiste essa competência da CGU para a investigação, o processo administrativo e o acordo de leniência nos casos envolvendo o Poder Judiciário da União, o Poder Legislativo nacional (Câmara dos Deputados e Senado Federal), o Tribunal de Contas da União e o Ministério Público da União, representados nos acordos de leniência por suas respectivas autoridades máximas, como explicado anteriormente.

Em se tratando de caso de atos lesivos praticados contra a administração estrangeira, a atribuição da Controladoria-Geral da União é privativa, sendo a CGU a "autoridade responsável" para a investigação, o processo administrativo e o acordo de leniência, consoante o art. 9º e o § 10 do art. 16 da Lei 12.846, e a Convenção sobre o Combate da Corrupção de Funcionários Públicos Estrangeiros em Transações Comerciais Internacionais. Nesses casos, o Chefe do Poder Executivo da União não é autoridade máxima na perspectiva do *caput* do art. 16, pois o órgão ou entidade lesada é estrangeiro.

**Art. 17.** *A administração pública poderá também celebrar acordo de leniência com a pessoa jurídica responsável pela prática de ilícitos previstos na Lei no 8.666, de 21 de junho de 1993, com vistas à isenção ou atenuação das sanções administrativas estabelecidas em seus arts. 86 a 88.*

O acordo de leniência previsto neste artigo trata das infrações e sanções administrativas previstas nos arts. 86 a 88 da Lei de Licitações e Contratos Administrativos, que assim dispõem:

Art. 86. O atraso injustificado na execução do contrato sujeitará o contratado à multa de mora, na forma prevista no instrumento convocatório ou no contrato.[263]

Art. 87. Pela inexecução total ou parcial do contrato a Administração poderá, garantida a prévia defesa, aplicar ao contratado as seguintes sanções:[264]

Art. 88. As sanções previstas nos incisos III e IV do artigo anterior poderão também ser aplicadas às empresas ou aos profissionais que, em razão dos contratos regidos por esta Lei:

I – tenham sofrido condenação definitiva por praticarem, por meios dolosos, fraude fiscal no recolhimento de quaisquer tributos;

II – tenham praticado atos ilícitos visando a frustrar os objetivos da licitação;

III – demonstrem não possuir idoneidade para contratar com a Administração em virtude de atos ilícitos praticados.

---

[263] § 1º A multa a que alude este artigo não impede que a Administração rescinda unilateralmente o contrato e aplique as outras sanções previstas nesta Lei.

§ 2º A multa, aplicada após regular processo administrativo, será descontada da garantia do respectivo contratado.

§ 3º Se a multa for de valor superior ao valor da garantia prestada, além da perda desta, responderá o contratado pela sua diferença, a qual será descontada dos pagamentos eventualmente devidos pela Administração ou ainda, quando for o caso, cobrada judicialmente.

[264] I – advertência;

II – multa, na forma prevista no instrumento convocatório ou no contrato;

III – suspensão temporária de participação em licitação e impedimento de contratar com a Administração, por prazo não superior a 2 (dois) anos;

IV – declaração de inidoneidade para licitar ou contratar com a Administração Pública enquanto perdurarem os motivos determinantes da punição ou até que seja promovida a reabilitação perante a própria autoridade que aplicou a penalidade, que será concedida sempre que o contratado ressarcir a Administração pelos prejuízos resultantes e após decorrido o prazo da sanção aplicada com base no inciso anterior.

§ 1º Se a multa aplicada for superior ao valor da garantia prestada, além da perda desta, responderá o contratado pela sua diferença, que será descontada dos pagamentos eventualmente devidos pela Administração ou cobrada judicialmente.

§ 2º As sanções previstas nos incisos I, III e IV deste artigo poderão ser aplicadas juntamente com a do inciso II, facultada a defesa prévia do interessado, no respectivo processo, no prazo de 5 (cinco) dias úteis.

§ 3º A sanção estabelecida no inciso IV deste artigo é de competência exclusiva do Ministro de Estado, do Secretário Estadual ou Municipal, conforme o caso, facultada a defesa do interessado no respectivo processo, no prazo de 10 (dez) dias da abertura de vista, podendo a reabilitação ser requerida após 2 (dois) anos de sua aplicação. (Vide art. 109 inciso III)

## DO ACORDO DE LENIÊNCIA

Pelo que se vê, o legislador não andou bem com essa disposição, posto que o acordo de leniência só tem efetivamente cabimento nas hipóteses do art. 88, incs. II e III da Lei de Licitações e Contratos Administrativos, por se amoldarem essas infrações administrativas ao espírito da Lei 12.846.

Nesses dois casos, a administração terá que demonstrar a prática dos atos ilícitos visando frustrar os objetivos da licitação (art. 88, inc. II, da Lei 8.666/1993); ou, então, comprovar não possuir a empresa idoneidade para contratar com a administração em virtude do cometimento de atos ilícitos (art. 88, inc. III, da Lei 8.666/1993), infrações que se assemelham aos atos lesivos do art. 5º da Lei 12.846, permitindo a celebração do acordo de leniência, que tem por objetivo, segundo o art. 16, incs. I e II, a identificação dos envolvidos na prática dos atos ilícitos, e a obtenção célere de informações e documentos que comprovem as aludidas ilicitudes.

Nas demais hipóteses – arts. 86, 87 e 88, I –, simplesmente não cabe o acordo de leniência, posto ser inequívoca e evidente a infração ao contrato administrativo celebrado envolvendo a pessoa jurídica, não havendo dúvida quanto à identificação da autoria e das informações e documentos atinentes à prática dessas infrações administrativas.

Com efeito, é extreme de dúvida que o atraso injustificado na execução do contrato (art. 86 da Lei 8.666) só pode ser da contratada, sendo a prova desse fato evidente; a inexecução total ou parcial do contrato (art. 87 da Lei 8.666) só pode ser da empresa contratada, sendo a constatação desse fato algo patente e facilmente demonstrado; por fim, a condenação por fraude fiscal de uma dada empresa também não gera dúvida, sendo a prova documental. Ora, se é assim, não existe razão alguma para a celebração de acordo de leniência nesses casos, diante de sua indubitável inutilidade. Como se pode ver, nesses casos não é nem mesmo possível o atendimento dos requisitos dos incs. I, II e III do § 1º do art. 16.

A pessoa jurídica não pode ser a primeira a se manifestar, pois nas referidas hipóteses ela é a única; não tem como cessar o envolvimento na infração, pois o atraso, a inexecução do contrato e a condenação por fraude fiscal são fatos consumados; sendo o fato de confessar o ilícito irrelevante, como também é irrelevante a sua cooperação, haja vista a obviedade desses acontecimentos.

Permitir o acordo de leniência nessas hipóteses importaria na transgressão dos fins desse instituto, no desvio de finalidade do instrumento, transformando-o em mero perdão administrativo, para isentar a empresa de sanções administrativas, ou para atenuá-las, prestigiando a violação da Lei de Licitações e Contratos Administrativos, o descumprimento dos contratos administrativos e a ineficiência das empresas fornecedoras de bens e serviços para a administração pública, em clara desatenção e desprestígio ao princípio constitucional da eficiência.

Acordo de leniência com esse teor, além de ilegal, violando o modelo do art. 16 da Lei 12.846, constituiria verdadeiro desvio de finalidade gerador da invalidade da avença e caracterizador, em tese, de ato de improbidade administrativa do inc. I do art. 11 da Lei 8.429/1992, praticado pela autoridade celebrante e pela empresa beneficiada pelo mencionado perdão administrativo, sob a aparente roupagem de um acordo de leniência.

Como afirmado, o acordo de leniência só tem efetivamente cabimento nas hipóteses do art. 88, incs. II e III da Lei 8.666/1993, não sendo recomendada a sua celebração nas hipóteses dos arts. 86, 87 e 88, I, da Lei de Licitações e Contratos Administrativos, haja vista as implicações acima referidas.

# Capítulo VI
# Da Responsabilização Judicial
Comentários aos artigos 18 a 21

*Mauro Sérgio Rocha*

## 1. Introdução: contextualização da lei anticorrupção

Essa introdução serve à contextualização da Lei nº 12.846, de 1º de agosto de 2013, legislação que dispõe sobre a responsabilidade administrativa e civil das pessoas jurídicas em decorrência da prática de atos contra a administração pública, nacional ou estrangeira (art. 1º). Sendo assim, de imediato, é preciso anotar que esta lei reivindica distanciamento da esfera penal[260], afastamento, em especial, da controvertida teorização

---

[260] Não fosse a literal redação dos arts. 1º e 2º da Lei nº 12.846/13, ao consignarem que a responsabilização da pessoa jurídica é de natureza administrativa e civil, da legislação ainda são extraídos importantes indicativos do caráter não penal desse diploma. A lei, por exemplo, reporta-se expressamente ao rito da ação civil pública nas hipóteses de responsabilização judicial das condutas ilícitas (art. 21); como, ainda, diretamente dialoga com a lei de improbidade administrativa (art. 30, inc. I); constatações, inclusive, que colaboram para o entendimento de que as condutas previstas no art. 5º são apenas exemplificativas, portanto, sem devoção à estrita legalidade (CF, art. 5º, XXXIX), raciocínio que há muito prevalece na esfera da improbidade administrativa. Precedentes: STJ, REsp 1271017/RS, 2ª Turma, Rel. Min. Humberto Martins, j. 06/03/2012, Dje 07/03/2012; STJ, REsp 435412/RO, 1ª Turma, Rel. Min. Denise Arruda, j. 19/09/2006, Dje 09/10/2006. Ainda: Decomain, Pedro Roberto. *Improbidade Administrativa*. São Paulo: Dialética, 2007, p. 55; Marques, Silvio Antonio. *Improbidade Administrativa*. São Paulo: Saraiva, 2010, p. 66.

acerca da responsabilidade penal da pessoa jurídica; e, mais, é ainda fundamental registrar não apenas a sua convergência, mas, acima de tudo, a sua complementaridade em relação à lei de improbidade administrativa (Lei nº 8.429, de 2 de junho de 1992), instrumento que – com alguma dificuldade (STJ, REsp 886655/DF, 2ª Turma, Rel. Min. Mauro Campbell Marques, j. 21/09/2010, Dje 08/10/2010) – opera a responsabilização da pessoa jurídica à luz da teoria subjetiva, acrescente-se, e desde que também figure no polo passivo da relação processual o agente estatal[261].

Então, diante da periférica responsabilização das pessoas jurídicas sob a óptica da lei de improbidade administrativa (art. 3º), legislação mais preocupada com a punição do agente público, não se duvida que a lei anticorrupção facilita a investida estatal diante das práticas por elas patrocinadas contra a administração pública, pois, a um só tempo, não apenas dispensa a concomitante legitimação passiva do agente público, como, por igual, ainda afasta a demonstração de dolo ou culpa na caracterização dos ilícitos (art. 2º), responsabilização, inclusive, que não depende da punição de seus dirigentes ou administradores (art. 3º, § 1º). Esses personagens não estão isentos de responsabilidade em decorrência da responsabilização das pessoas jurídicas (art. 3º, *caput*), é verdade, mas, na hipótese, a reprovabilidade de suas condutas continua orientada pela responsabilidade subjetiva (art. 3º, § 2º). Da exposição de motivos que acompanhou o respectivo projeto de lei, constou expressamente:

> "Outro importante diploma legislativo que pode ser aplicado contra condutas lesivas praticadas contra a Administração Pública seria a Lei nº 8.429, de 2 de junho de 1992, Lei de Improbidade Administrativa. Todavia, em sua disciplina, a responsabilização da pessoa jurídica depende da comprovação do ato de improbidade do agente público, e as condutas descritas pela lei são de responsabilidade subjetiva, devendo ser comprovada a culpa dos envolvidos, com todos os inconvenientes que essa comprovação gera em relação às pessoas jurídicas."

---

[261] Precedentes: STJ, REsp 1171017/ PA, 1ª Turma, Rel. Min. Sérgio Kukina, j. 25/02/2014, Dje 06/03/2014; STJ, REsp 1181300/PA, 2ª Turma, Rel. Min. Castro Meira, j. 14/09/2010, Dje 24/09/2010; STJ, REsp 896044/ PA, 2ª Turma, Rel. Min. Herman Benjamin, j. 16/09/2010, Dje 19/04/2011.

Nesse contexto, portanto, pode-se afirmar que lei anticorrupção ajusta-se ao plano do direito civil/administrativo[262], atribuindo proteção, em complementação à lei de improbidade administrativa, ao patrimônio público, nacional ou estrangeiro, indiscutível direito difuso. Diz o art. 5º, *caput*, da Lei nº 12.846/2013: "Constituem atos lesivos à administração pública, nacional ou estrangeira, para os fins desta lei, todos aqueles praticados pelas pessoas jurídicas mencionadas no parágrafo único do art. 1º, que atentem contra o patrimônio público nacional ou estrangeiro, contra princípios da administração pública ou contra os compromissos internacionais assumidos pelo Brasil". Significa dizer: a lei anticorrupção esboça hipótese de inequívoca exteriorização do republicanismo brasileiro, entendimento, dizem Cláudio Pereira de Souza Neto e Daniel Sarmento, "associado a diversas causas importantes, como a defesa da moralidade administrativa na vida privada, o combate à confusão entre o público e o privado na atuação dos agentes estatais, a luta contra a impunidade dos poderosos e o incremento à participação dos cidadãos na tomada de decisões pelo Estado e no controle da atuação dos governantes"[263], de modo

---

[262] Sobre o papel desenvolvido pelo direito civil/administrativo, relevantes as lições de Waldo Fazzio Júnior: "Os bens ou objetividades jurídicas, na legislação brasileira sobre o ilícito, são os valores sociais que a ordem jurídica estima superiores, protegendo-os, por isso mesmo, de forma mais aguda, mediante a cominação de sanções rigorosas para desencorajar e reprimir condutas humanas que lhes confrontam. Dessa estirpe é o direito penal, cujo feitio sancionador é empregado para, seja pela intimidação geral preventiva, seja pela incidência da pena, resguardar sua integridade. Também, nesse compartimento de combate à ilicitude, situa-se o consórcio de princípios e normas civis, políticas e administrativas que, atuando nas fronteiras entre o direito público (administrativo, financeiro, tributário) e o direito privado (civil e empresarial), se predispõe a tutelar o patrimônio público econômico e a probidade da atividade administrativa: a Lei nº 8.429/92 (LIA)." (Fazzio Júnior, Waldo. Atos de Improbidade Administrativa: doutrina, legislação e jurisprudência. 2 ed. São Paulo: Atlas, 2008, p. 235).

[263] Souza Neto, Cláudio Pereira de; Sarmento, Daniel. *Direito Constitucional*: Teoria, história e métodos de trabalho. Belo Horizonte: Fórum, 2013, p. 219. Aliás, em sentido muito próximo, as considerações de Diogo de Figueiredo Moreira Neto e Rafael Véras de Freitas ao tratarem da lei anticorrupção sob a perspectiva da moralidade administrativa, mais precisamente sob o enfoque da eficácia exógena do princípio da moralidade administrativa. Literalmente: "Não obstante, para que se dê concretude ao princípio da moralidade administrativa, não se deve exercer controle finalístico – interno e externo – das atividades administrativas exercidas, tão somente, por agentes do Estado. Atualmente, os mecanismos de controle dos atos violadores do princípio da moralidade administrativa, notadamente os relacionados aos atos de corrupção, se estendem aos agentes privados que financiem tais práticas. Nesse particular, é lícito falar-se

que, se bem compreendida, auxiliará no aperfeiçoamento do microssistema coletivo de combate à corrupção.

## 2. Metodologia: visão sistemática da responsabilidade judicial

A responsabilização judicial da pessoa jurídica encontra-se prevista nos arts. 18 *usque* 21 da Lei nº 12.846/2013, mas, para melhor compreensão da matéria, o desenvolvimento dos institutos dar-se-á em conjunto, isto é, a abordagem dos preceitos será realizada de modo a permitir uma sistemática visualização desta modalidade de responsabilização, enfrentamento, por certo, que não dispensa ligeiras referências a outros normativos legais, e nem mesmo a invocação de precedentes das Cortes Superiores construídos à luz da lei de improbidade administrativa[264]. Mais, em decorrência da referência feita à lei da ação civil pública (art. 21), ponto que reclama diálogo com a noção de microssistema coletivo de combate

em eficácia exógena do princípio da moralidade administrativa. Em outros termos, embora os indivíduos não estejam compreendidos sob o princípio da legalidade administrativa – oponível tão somente à Administração Pública – a extensão dos efeitos do princípio da moralidade administrativa aos particulares – no âmbito da autonomia da vontade – está em conformidade com o Direito, ou seja, com o princípio da juridicidade." (MOREIRA NETO, Diogo de Figueiredo; FREITAS, Rafael Véras de. *A juridicidade da Lei Anticorrupção* – Reflexões e interpretações prospectivas. Disponível em: <http://bit.ly/downlloadartigo>. Acesso em 04 de abril de 2014).

[264] Sobre a *nomofilaquia* das Cortes Superiores, consultar: CALAMANDREI, Piero. *La Casación Civil*. Traducción de Santiago Sentís Melendo. Buenos Aires: Editorial Bibliográfica Argentina, 1945. Tomo II, p. 64; COMOGLIO, Luigi Paolo; FERRI, Corrado; TARUFFO, Michele. *Lezioni sul processo civile*: il processo ordinario di cognizione. 4 ed. Bologna: il Mulino, 2006, p. 650; MITIDIERO, Daniel. *Cortes Superiores e Cortes Supremas*: do controle à interpretação, da jurisprudência ao precedente. São Paulo: RT, 2013. Significa dizer: a visualização dos precedentes como fonte do direito não é novidade, então é preciso caminhar para que eles possam não apenas servir de parâmetro de julgamento (precedente persuasivo), mas também como instrumental de compulsória observância (precedente vinculante), pois, no sistema brasileiro, ressalva feita à súmula de efeitos vinculantes, ainda se mantém a ingênua concepção de que a obrigatoriedade do direito reside exclusivamente na lei. Mais diretamente, o sistema de precedentes obrigatórios sugere um arranjo que poderá contribuir para o restabelecimento da previsibilidade e estabilidade do direito, sem, contudo, obstaculizar a sua necessária evolução. A incorporação do sistema de precedentes, se bem caracterizada, é muito menos traumática do que a adoção das súmulas de efeitos vinculantes e, acima de tudo, é muito mais eficiente do que a práxis atual em que a "jurisprudência" é aplicada mediante uma exclusiva (e seletiva) referência às ementas, sendo igualmente certo que eles oportunizam a reconciliação entre o caráter argumentativo do direito e a previsibilidade ainda esperada da ordem jurídica (cf. MACCORMICK, Neil. *Retórica e Estado de Direito*. Tradução de Conrado Hübner Mendes. Rio de Janeiro: Elsevier, 2008).

DA RESPONSABILIZAÇÃO JUDICIAL

à corrupção, serão tecidas considerações sobre específicas questões processuais, trilhando-se, aqui, por caminho já satisfatoriamente pavimentado. Eis, todavia, a redação dos principais normativos trabalhados:

"**Art. 18.** *Na esfera administrativa, a responsabilidade da pessoa jurídica não afasta a possibilidade de sua responsabilização na esfera judicial.*"

"**Art. 19.** *Em razão da prática de atos previstos no art. 5º desta Lei, a União, os Estados, o Distrito Federal e os Municípios, por meio de suas respectivas Advocacias Públicas ou órgãos de representação judicial, ou equivalentes, e o Ministério Público, poderão ajuizar ação com vistas à aplicação das seguintes sanções às pessoas jurídicas infratoras:*

*I – perdimento dos bens, direitos ou valores que representem vantagem ou proveito direta ou indiretamente obtidos da infração, ressalvado o direito do lesado ou de terceiro de boa-fé;*

*II – suspensão ou interdição parcial de suas atividades;*

*III – dissolução compulsória da pessoa jurídica;*

*IV – proibição de receber incentivos, subsídios, subvenções, doações ou empréstimos de órgãos ou entidades públicas e de instituições financeiras públicas ou controladas pelo poder público, pelo prazo mínimo de 1 (um) e máximo de 5 (cinco) anos.*

*§ 1º A dissolução compulsória da pessoa jurídica será determinada quando comprovado: I – ter sido a personalidade jurídica utilizada de forma habitual para facilitar ou promover a prática de atos ilícitos; ou II – ter sido constituída para ocultar ou dissimular interesses ilícitos ou a identidade dos beneficiários dos atos praticados.*

*§ 2º (VETADO).*

*§ 3º As sanções poderão ser aplicadas de forma isolada ou cumulativa.*

*§ 4º O Ministério Público ou a Advocacia Pública ou órgão de representação judicial, ou equivalente, do ente público poderá requerer a indisponibilidade de bens, direitos ou valores necessários à garantia do pagamento da multa ou da reparação integral do dano causado, conforme previsto no art. 7º, ressalvado o direito do terceiro de boa-fé.*"

"**Art. 20.** *Nas ações ajuizadas pelo Ministério Público, poderão ser aplicadas as sanções previstas no art. 6º, sem prejuízo daquelas previstas neste Capítulo, desde que constatada a omissão das autoridades competentes para promover a responsabilização administrativa.*"

**"Art. 21.** *Nas ações de responsabilização judicial, será adotado o rito previsto na Lei nº 7.347, de 24 de julho de 1985.*

*Parágrafo único. A condenação torna certa a obrigação de reparar, integralmente, o dano causado pelo ilícito, cujo valor será apurado em posterior liquidação, se não constar expressamente da sentença."*

## 3. Sanções judiciais: complementação às sanções administrativas

O art. 6º da lei anticorrupção trata das consequências administrativas, notadamente da multa no valor de 0,1% (um décimo por cento) a 20% (vinte por cento) do faturamento bruto (inc. I); e da publicação extraordinária da decisão condenatória (inc. II), medidas que, mesmo quando cumulativamente aplicadas (art. 6º, § 1º), mediante regular processo administrativo (art. 8º), não afastam a integral reparação do dano (art. 6º, § 3º), inclusive moral, e nem mesmo obstaculizam a incidência das repercussões previstas no art. 19, incisos I a IV, sanções, porém, que reivindicam ostensiva posição sobre os contornos da conduta ilícita.

Em termos diferentes, a responsabilidade administrativa da pessoa jurídica não exclui a responsabilização judicial; ela não inibe a possibilidade de aplicação das consequências previstas no art. 19, incisos I a IV, mas, ressalva sempre feita à reparação integral do dano[265], essa responsabilização não terá lugar quando, diante da situação concretizada, mediante criterioso juízo de ponderação, realizado à luz do princípio da proporcionalidade e/ou razoabilidade[266], mostrarem-se suficientes às

---

[265] Essa consequência jurídica não desaparece nem mesmo diante do acordo de leniência (art. 16, § 3º), instrumento de cooperação em que a pessoa jurídica, mediante o preenchimento de certos requisitos (art. 16, § 1º), auxilia na elucidação dos fatos, mais precisamente (i) na identificação dos demais envolvidos na infração, quando couber; e (ii) na obtenção célere de informações e documentos que comprovem o ilícito sob apuração, conforme art. 16, incs. I e II, da lei anticorrupção.

[266] Sobre o tema, dentre outros: ALEXY, Robert. *Teoria dos Direitos Fundamentais.* Tradução de Virgílio Afonso da Silva. São Paulo: Malheiros, 2008; BARCELLOS, Ana Paula. *Ponderação, racionalidade e atividade jurisdicional.* Rio de Janeiro: Renovar, 2005; GUERRA FILHO, Willis Santiago. Princípio da proporcionalidade e teoria do direito. In: GRAU, Eros Roberto; GUERRA FILHO, Willis Santiago (Org.). *Direito constitucional*: estudos em homenagem a Paulo Bonavides. São Paulo: Malheiros, 2001. p. 268-283.

MICHELON, Cláudio. Princípios e coerência na argumentação jurídica. In: MACEDO JR., Ronaldo Porto; BARBIERI, Catarina Helena Cortada (Org.). Direito e Interpretação: racionalidades e

sanções aplicadas na esfera administrativa[267]. Há, em tese, interesse processual na ação de responsabilidade mesmo diante da plena incidência das medidas administrativas, sendo certo que na hipótese de omissão da autoridade competente[268], elas, sanções administrativas, também poderão ser aplicadas pelo judiciário (art. 20). Enfim, as sanções judiciais servem à complementação das sanções administrativas.

Antes de prosseguir, porém, breves apontamentos sobre a reparação integral do dano são necessários, obrigação de cunho sucessivo[269], imprescritível[270], e que nos termos da lei anticorrupção é extraída diretamente da condenação pela prática lesiva, independentemente de pedido formulado pelo autor (art. 20, parágrafo único). Vale dizer, a noção de ressarcimento integral do dano está implícita na demanda de responsabilização, constituindo-se em efeito anexo da sentença[271], conclusão, aliás, que legitima a fixação do *quantum debeatur*, se possível, no mesmo momento processual (art. 21, parágrafo único). Em caso negativo, sem

---

instituições. São Paulo: Saraiva, 2011. p. 261-285. Silva, Virgílio Afonso da. *Direitos Fundamentais*: conteúdo essencial, restrições e eficácia. 2 ed. São Paulo: Malheiros, 2010.

[267] Dispõe o art. 7º da lei anticorrupção que, na aplicação das sanções administrativas, orientação que se estende às sanções judiciais, levar-se-ão em conta os seguintes parâmetros: (i) a gravidade da infração; (ii) a vantagem auferida ou pretendida pelo infrator; (iii) a consumação ou não da infração; (iv) o grau de lesão ou perigo de lesão; (v) o efeito negativo produzido pela infração; (vi) a situação econômica do infrator; (vii) a cooperação da pessoa jurídica para a apuração das infrações; (viii) a existência de mecanismos e procedimentos internos de integridade, auditoria e incentivo à denúncia de irregularidades e a aplicação efetiva de códigos de ética e de conduta no âmbito da pessoa jurídica; e (ix) o valor dos contratos mantidos pela pessoa jurídica com o órgão ou entidade pública lesados.

[268] Há, por igual, previsão para a responsabilização dos agentes estatais omissos (art. 27).

[269] A reparação do dano sugere hipótese de responsabilidade derivada, sucessiva ou consequencial de outra obrigação, específica ou não, dependendo da natureza da responsabilidade primária. Significa dizer: na responsabilidade contratual a relação jurídica obrigacional é preexistente; ao passo que na responsabilidade extracontratual, diferentemente, a obrigação de indenizar decorre do descumprimento de um genérico dever jurídico. Sobre o tema, consultar: Cavalieri Filho, Sérgio. *Programa de Responsabilidade Civil*. 7 ed. São Paulo: Atlas, 2007, p. 2; e Dantas, San Tiago. *Programa de Direito Civil*: teoria geral. 3 ed. Rio de Janeiro: Forense, 2001, p. 306.

[270] Precedentes: STF, RE 702129/MG, Rel. Min. Cármen Lúcia, j. 07/08/2012, Dje 14/08/2012; STF, RE 578428 AgR/RS, 2ª Turma, Rel. Min. Ayres Britto, j. 13/09/2011, Dje 14/11/2011; STF, AI 712435/SP, Rel. Min. Ellen Gracie, j. 30/06/2011, Djr 03/08/2011; e STF, MS 26210/DF, Pleno, Rel. Min. Ricardo Lewandowski, j. 04/09/2008, Dje 10/10/2008.

[271] Sobre o tema, consultar: SILVA, Ovídio Baptista da Silva. *Curso de Processo Civil*: processo de conhecimento. 4 ed. São Paulo: RT, 1998, v. 1, p. 509.

novidades, a lei remete a quantificação do dano à liquidação (CPC, art. 475-A), por artigos ou por arbitramento (CPC, art. 475-C; e art. 475-E), sendo certo que nos casos de simples cálculo aritmético o exequente apresentará a memória discriminada e atualizada do débito para fins de cumprimento de sentença ou, se necessário, para os subsequentes atos da execução (CPC, art. 475-B), tudo nos termos da lei processual civil.

Há, também, a possibilidade de os legitimados ativos firmarem termo de ajustamento de conduta com a pessoa jurídica infratora, isso porque a lei anticorrupção expressamente invoca a aplicação da lei da ação civil pública[272]. Esse instrumento, inaugurado pela Lei nº 8.069/90 (art. 211), e ampliado por meio do código de defesa do consumidor (art. 113), deu origem ao contido no art. 5º, § 6º, da Lei nº 7.347/85, dispositivo assim redigido: "Os órgãos públicos legitimados poderão tomar dos interessados compromisso de ajustamento de conduta às exigências legais, mediante cominações, que terá eficácia de título executivo extrajudicial."[273] Trata-se, pode-se dizer, de meio alternativo de solução de conflito, mecanismo que antecipa a concretização da norma jurídica (título executivo), e que atribui, diz Hugo Nigro Mazzilli, uma "garantia mínima" em favor da coletividade[274]. Significa dizer: o termo de ajustamento de conduta não exclui a propositura da ação de responsabilidade nas hipóteses de solução

---

[272] Essa invocação, de arrasto, legitima a instauração do inquérito civil público (art. 8º, § 1º, da Lei nº 7.347/85; art. 26, inc. I, da Lei nº 8.625/93; e art. 7º, inc. I, da LC nº 75/93), sob a presidência do Ministério Público, instrumento administrativo destinado à elucidação de eventual lesão ou ameaça de lesão aos direitos coletivos. O CNMP Público uniformizou a instauração, procedimento e conclusão do inquérito civil por meio da Resolução nº 23, de 17 de setembro de 2007, instrumento alterado ligeiramente pelas Resoluções nºs 35 e 59, de 23 de março de 2009 e 27 de julho de 2010, respectivamente.

[273] É possível se falar em homologação judicial do termo de ajustamento de conduta, nos termos do art. 475-N, inc. V, do CPC, mecanismo que atribui maior efetividade ao direito material nas hipóteses de descumprimento do ajustado. Sobre o tema, consultar: ROCHA, Mauro Sérgio. Da homologação judicial do termo de ajustamento de conduta. In: XVII Congresso Nacional do Ministério Público, 2007, Salvador. Livro de Teses do XVII Congresso Nacional do Ministério Público. Salvador, 2007, v. I, p. 31-47.

[274] MAZZILLI, Hugo Nigro. Compromisso de Ajustamento de Conduta – Análise à luz do Anteprojeto do Código Brasileiro de Processos Coletivos. In: GRINOVER, Ada Pellegrini; MENDES, Aluisio Gonçalves de Castro; WATANABE, Kazuo (Coord.). Direito Processual Coletivo e o Anteprojeto de Código Brasileiro de Processos Coletivos. São Paulo: RT, 2007, p. 240.

parcial do conflito; e nem mesmo desautoriza o ajuizamento da demanda quando da insuficiência do ajustado à inteira reparação do dano.

## 4. Legitimação ativa à propositura da demanda: concorrente e disjuntiva

Em relação à legitimidade ativa, outro importante contato entre a lei anticorrupção e a lei de improbidade administrativa[275], é preciso dizer que ela gira em torno das pessoas jurídicas de direito público, acrescente-se, interessadas; e também do Ministério Público. Então, se num primeiro estágio a lei anticorrupção, art. 19, *caput*, fala genericamente da União, dos Estados-membros, do Distrito Federal, e dos Municípios, por intermédio das respectivas Advocacias Públicas ou órgãos de representação judicial, ou equivalentes, é certo, porém, que essa legitimação não dispensa a necessária pertinência temática, alcançando, mais, a administração indireta ou fundacional, organismos que podem igualmente sucumbir à atividade delituosa[276]. Sob a óptica da improbidade administrativa, explicam Emerson Garcia e Rogério Pacheco Alves:

> "Quais seriam as 'pessoas jurídicas interessadas' a que se refere a norma contida no art. 17, *caput*, da Lei nº 8.429/92? A princípio, aquelas mencionadas no caput do art. 1º, quais sejam a União, os Estados, o Distrito Federal e os Municípios, por sua administração direta, indireta ou fundacional, legitimação que decorre do art. 23, I, da Constituição Federal, regra que impõe a tais entes o dever de zelo pelo patrimônio público. Por evidente, estão as pessoas jurídicas de direito público legitimadas a agir relativamente *a condutas ímprobas que tenham repercutido efetivamente em seu patrimônio, material ou moralmente considerado*, não guardando qualquer sentido, por exemplo, que a

---

[275] Diz o art. 17, *caput*, da LIA: "A ação principal, que terá o rito ordinário, será proposta pelo Ministério Público ou pela pessoa jurídica interessada, dentro de trinta dias da efetivação da medida cautelar."

[276] Ressalvada a hipótese de reparação integral do dano, a administração pública estrangeira, quando alvo dessas práticas ilícitas (art. 5º), não possui legitimidade ativa à propositura da ação de responsabilidade, devendo, então, provocar a intervenção da União e/ou do Ministério Público Federal. Ora, não fosse pela falta de previsão legal (art. 19), questão certamente ligada à soberania estatal, soma-se a isso o argumento de que na esfera administrativa, diferentemente da regra contida no art. 8º, compete à Controladoria-Geral da União a apuração, processo e julgamento desses ilícitos (art. 9º).

União Federal ajuíze uma ação civil pública por ato de improbidade verificado em detrimento do Estado, e vice-versa."[277]

Noutra perspectiva, sob o enfoque do Ministério Público, é fora de dúvida que essa legitimação guarda perfeita convergência com a tábua axiológica a ele deferida (CF, arts. 127; e 129, inc. III)[278], reivindicando-se, apenas, respeito às existentes divisões funcionais internas[279]. A organização ministerial foi inicialmente delineada pelo art. 128, incs. I e II, da Constituição Federal, compreendendo (i) o Ministério Público da União e (ii) os Ministérios Públicos dos Estados[280]. O Ministério Público da União é composto pelo Ministério Público Federal; pelo Ministério Público do Trabalho; pelo Ministério Público Militar; e, finalmente, pelo Ministério Público do Distrito Federal e Territórios. Dispõe a Constituição Federal também sobre o Ministério Público com atribuições junto aos Tribunais de Contas (CF, arts. 73, § 2º, inc. I), estendendo-se as garantias e vedações institucionais aos seus respectivos membros (CF, art. 130), mas, nos termos da jurisprudência do STF[281], ele não faz parte nem do Ministério Público da União e nem mesmo dos Ministérios Públicos dos Estados-membros. A Lei Complementar nº 75, de 20 de maio de 1993, dispõe sobre a organização, as atribuições e o estatuto do Ministério Público da União; ao passo que a Lei nº 8.625, de 12 de fevereiro de 1993, cogita das normas gerais para a organização do Ministério Público dos

---

[277] GARCIA, Emerson; ALVES, Rogério Pacheco. *Improbidade Administrativa*. 6 ed. Rio de Janeiro: Lumen Juris, 2011, p. 762.

[278] Precedentes: STF, AI 730619 AgR/MG, 1ª Turma, Rel. Min. Dias Toffoli, j. 14/05/2013, Dje 01/08/2013; STF, AI 735360 AgR/PR, 2ª Turma, Rel. Min. Gilmar Mendes, j. 15/03/2011, Dje 06/04/2011; STF, RE 576155/DF, Pleno, Rel. Min. Ricardo Lewandowski, j. 12/08/2010, Dje 25/11/2010; e STF, AI 718547 AgR/SP, 2ª Turma, Rel. Min. Eros Grau, j. 30/09/2008, Dje 07/11/2008.

[279] Sobre o tema, consultar: ALMEIDA, João Batista de. *Aspectos Controvertidos da Ação Civil Pública*. 3 ed. São Paulo: RT, 2011, p. 130-143.

[280] Cabe ao Supremo Tribunal Federal dirimir eventual conflito de atribuições entre órgãos do Ministério Público Federal e do Ministério Público Estadual (CF, art. 102, inc. I, letra *f*), tema, inclusive, objeto da ACO 1109/SP, Rel. p/Acórdão Min. Luiz Fux, j. 05/10/2011, Dje 07/03/2012. Ainda: STF, ACO 987/RJ, Rel. Min. Ellen Gracie, j. 04/08/2011, Dje 23/08/2011.

[281] Precedentes: STF, ADI 789/DF, Rel. Min. Celso de Mello, j. 26/05/1994, Dje 13/05/1994; STF, ADI 3192/ES, Rel. Min. Eros Grau, j. 24/05/2006, Dje 31/05/2006. Ainda: Resolução nº 22, de 20 de agosto de 2007, do Conselho Nacional do Ministério Público.

Estados-membros, regramentos que deverão ser considerados na delimitação da respectiva atribuição.

Cuida-se, portanto, de legitimação concorrente e disjuntiva[282], a exemplo do que já ocorre na área da improbidade administrativa (STJ, AREsp 331119/MG, Rel. Min. Herman Benjamin, j. 08/11/2013; STJ, REsp 1263538/BA, Rel. Min. Herman Benjamin, j. 16/02/2012, Dje 07/03/2012; STJ, REsp 1070067/RN, Rel. Min. Mauro Campbell Marques, j. 02/09/2010, Dje 04/10/2010), de modo que a formação do litisconsórcio no polo ativo não só é facultada[283], como daí também decorre que a intervenção do Ministério Público, quando não é parte, impõe-se como obrigatória (inteligência: art. 21 da Lei nº 12.846/13; art. 5º, § 1º, da Lei nº 7.347/85; e art. 17, § 4º, da Lei nº 8.429/92), devendo, inclusive, dar seguimento às demandas de responsabilização nas hipóteses de abandono (art. 5º, § 3º, da Lei nº 7.347/85). Funciona o Ministério Público, portanto, como órgão agente ou como órgão interveniente. Ainda, quando protagonizada a demanda pelo Ministério Público, por analogia, nos termos do art. 17, § 3º, da Lei nº 8.429/92, coloca-se o chamamento da pessoa jurídica interessada à participação, previsão, para lembrança, já existente na lei da ação popular (art. 6º, § 3º, da Lei nº 4.717/65).

## 5. Aplicação das sanções judiciais: isolada ou cumulativa

As sanções da lei anticorrupção guardam íntima relação com as aquelas catalogadas na lei de improbidade administrativa[284], prevendo-se, em

---

[282] Explica Donaldo Armelin que "em razão da legitimidade concorrente e disjuntiva, qualquer co-legitimado, isoladamente e, pois, independentemente de formação do litisconsórcio no polo ativo da relação processual, poderá eficazmente ajuizar a ação." ARMELIN, Donaldo. Ação civil pública: legitimidade processual e legitimidade política. In: SALLES, Carlos Alberto de (Org.). *Processo civil e interesse público*: o processo como instrumento de defesa social. São Paulo: Revista dos Tribunais, 2003, p. 113-124.

[283] Inteligência: art. 5º, § 5º, da Lei nº 7.347/85; e art. 6º, § 3º, da Lei nº 4.717/65.

[284] Na óptica da Lei nº 8.429/92, art. 12, incs. I a III, também podem ser aplicadas à pessoa jurídica, co-autora, partícipe, ou beneficiária do ato de improbidade administrativa, (i) a multa civil; e (ii) a proibição de contratar com o poder público, reprimendas não previstas na lei anticorrupção. Sendo assim, não obstante o manejo da ação de responsabilização, é possível, em tese, cogitar-se da incidência das sanções veiculadas na improbidade administrativa, respeitando-se, no particular, o vedado *bis in idem*, e as já declinadas exigências da LIA (a concomitante presença do agente público no polo passivo da relação processual; e a observância da responsabilidade subjetiva, mesmo em relação à pessoa jurídica infratora). No particular, aliás, se em relação à

relação à pessoa jurídica infratora, (i) o perdimento dos bens, direitos ou valores que representem vantagem ou proveito direta ou indiretamente obtido da infração; (ii) a suspensão ou interdição parcial de suas atividades; (iii) a dissolução compulsória da pessoa jurídica; e (iv) a proibição de receber incentivos, subsídios, subvenções, doações ou empréstimos de órgãos ou entidades públicas e de instituições financeiras públicas ou controladas pelo poder público, pelo prazo mínimo de 1 (um) e máximo de 5 (cinco) anos, consequências que podem ser aplicadas isolada ou cumulativamente (art. 19, § 3º), sempre sob o enredo da responsabilidade objetiva[285]. Essas sanções só podem ser aplicadas pelo judiciário, mediante observância do devido processo legal, oportunidade, aliás, em que para além do necessário juízo de ponderação, impõe-se considerar os parâmetros do art. 7º da lei anticorrupção.

Com isso, de plano, evita-se um dos problemas inicialmente enfrentados na esfera da improbidade administrativa, palco em que por algum tempo perdurou o raciocínio de que as sanções deveriam ser aplicadas em bloco, sempre cumulativamente, ou seja, prevalecendo a razoabilidade apenas no que diz respeito aos limites mínimos e máximos das sanções cominadas, leitura não apenas superada pela reforma legislativa[286], mas, por igual, pela interpretação atribuída pelo Superior Tribunal de Justiça (STJ, EDcl no AREsp 360707/PR, 2ª Turma, Rel. Min. Humberto Mar-

---

multa civil a questão parece ter sido resolvida pela existência de previsão da multa administrativa (art. 6º, inc. I), em relação à proibição de contratar com o poder público, ao contrário, parece ter havido equívoco da legislação em não contemplá-la, isso porque do art. 23 da lei anticorrupção extrai-se comando que converge diretamente para a existência dessa modalidade sancionatória. Literalmente: "Os órgãos ou entidades dos Poderes Executivo, Legislativo e Judiciário de todas as esferas de governo deverão informar e manter atualizados, para fins de publicidade, no Cadastro Nacional de Empresas Inidôneas e Suspensas – CEIS, de caráter público, instituído no âmbito do Poder Executivo federal, os dados relativos às sanções por eles aplicadas, nos termos do disposto no arts. 87 e 88 da Lei nº 8.666, de 21 de junho de 1993."

[285] Apenas como reforço argumentativo, não fosse o disposto nos arts. 1º e 2º da legislação, a Presidente da República vetou o § 2º, do art. 19, normativo que, à exceção do perdimento de bens, direitos ou valores, previa a responsabilização da pessoa jurídica mediante a demonstração de dolo ou culpa.

[286] Lei nº 12.120, de 15 de dezembro de 2009, legislação que atribuiu nova redação ao art. 12, *caput*, da LIA. Literalmente: "Independentemente das sanções penais, civis e administrativas previstas na legislação específica, está o responsável pelo ato de improbidade sujeito às seguintes cominações, que podem ser aplicadas isolada ou cumulativamente, de acordo com a gravidade do fato."

tins, j. 05/12/2013; Dje 16/12/2013; STJ, REsp 1283476/RJ, 2ª Turma, Rel. Min. Eliana Calmon, j. 19/11/2013, Dje 29/11/2013; STJ, REsp 1232888/PE, 1ª Turma, Rel. Min. Napoleão Nunes Maia Filho, j. 03/10/2013; Dje 25/10/2013).

O perdimento de bens, direitos ou valores que representem vantagem ou proveito obtido direta ou indiretamente da infração não caracteriza verdadeira sanção, pois, esclarecem Emerson Garcia e Rogério Pacheco Alves, essa consequência "buscará unicamente reconduzir o agente à situação anterior à prática do ilícito, mantendo imutável o seu patrimônio legítimo"[287]. Desse modo, pode-se dizer que o perdimento de bens estabelece uma relação de convergência com a prática ilícita, de modo que o comando condenatório, diz Silvio Marques, "incidirá sobre os bens específicos desviados, sobre os bens adquiridos com o produto do desvio ou sobre os frutos de quaisquer bens adquiridos ou desviados ilicitamente", constatação que o distingue da reparação do dano, previsão que repercute indistintamente no patrimônio da pessoa jurídica infratora, alcançando, sem exceções, os bens, direitos ou valores alheios à prática lesiva, ainda que adquiridos antes da prática delituosa[288].

Na suspensão ou interdição parcial, o judiciário, diante da gravidade da conduta, não apenas pode suspender as atividades da pessoa jurídica, temporariamente, atingindo, inclusive, a completude de suas atividades, como, ainda, poderá inibir a continuidade de determinada(s) atividade(s), interditando-a(s), parcialmente, mas, em definitivo, medidas obviamente menos graves se comparadas à dissolução compulsória da pessoa jurídica, oportunidade em que o legislador condicionou a sua incidência à presença de específicos requisitos. Cuida-se, na espécie, de consequências caracterizadas pela prevenção, no sentido de evitar a continuidade e/ou a repetição do ilícito, viés que se amolda perfeitamente às tutelas inibitórias, espécie de tutela específica[289].

---

[287] GARCIA, Emerson; ALVES, Rogério Pacheco. *Op. cit.*, p. 523; e PAZZAGLINI FILHO, Marino. *Lei de Improbidade Administrativa Comentada*. 4 ed. São Paulo: Atlas, 2009, p. 143.

[288] Sobre a eventual cumulação entre o perdimento de bens e a reparação integral do dano, consultar: GARCIA, Emerson; ALVES, Rogério Pacheco. *Op. cit.*, p. 525; MELLO, Ruy Nestor Bastos. Aplicação e dosimetria das sanções da Lei de Improbidade Administrativa. In: DOBROWLSKI, Samanta Chantal (Coord.). *Questões Práticas sobre Improbidade Administrativa*. Brasília: ESMPU, 2011, p. 191.

[289] Sobre o tema, consultar: MARINONI, Luiz Guilherme. *Tutela Inibitória*: São Paulo: RT, 2007.

A dissolução compulsória da pessoa jurídica, medida cuja severidade transcende as anteriores, pressupõe, nos termos do art. 19, § 1º, da Lei nº 12.846/2013, alternativamente, (i) tenha sido a personalidade jurídica utilizada de forma habitual para facilitar ou promover a prática de atos ilícitos; ou (ii) ter sido a pessoa jurídica constituída para ocultar ou dissimular interesses ilícitos ou a identidade dos beneficiários dos atos praticados, ou seja, ora se contenta o legislador com o propósito inicial ilícito, oportunidade em que a pessoa jurídica é criada deliberadamente para o desenvolvimento de condutas ilegais; ora se contenta com a utilização indevida de pessoa jurídica constituída regularmente, apresentando-se, para ambos os casos, a dissolução compulsória da pessoa jurídica.

Ainda prevê a legislação que o judiciário poderá proibir a pessoa jurídica, pelo prazo de 1 (um) a 5 (cinco) anos, de receber qualquer tipo de ajuda de órgãos públicos ou instituições financeiras públicas ou controladas pelo poder público, restrição que se estende a qualquer dos entes federativos, pouco importando seja outro o prejudicado. Equivale dizer: ainda que a conduta tenha sido praticada em desfavor de determinado Município, fica a pessoa jurídica proibida, pelo período estabelecido na sentença, de receber qualquer auxílio ou incentivo, do específico Município, de qualquer outro Município, de qualquer dos Estados-membros e da União, ou seja, ainda que por intermédio das administrações indiretas.

## 6. Tutelas de urgência: indisponibilidade de bens, direitos ou valores

Não obstante a específica previsão da indisponibilidade de bens, direitos ou valores necessários ao pagamento da multa administrativa e/ou à integral reparação do dano (art. 19, § 4º)[290], é possível afirmar que

---

[290] Em relação à indisponibilidade de bens, farta é a jurisprudência do egrégio Superior Tribunal de Justiça no sentido de que (i) o *periculum in mora* é ínsito à improbidade administrativa, decorrendo daí que não se exige demonstração do fundado receio de dano irreparável e/ou de difícil reparação (STJ, REsp 130865/PA, 2ª Turma, Rel. Min. Herman Benjamin, j. 11/06/2013, Dje 25/06/2013; STJ, AgRg nos EREsp 1315092/RJ, 1ª Turma, Rel. Min. Mauro Campbell Marques, j.22/05/2013, Dje 07/06/2013; STJ, REsp 1167776/SP, 2ª Turma, Rel. Min. Eliana Calmon, j. 16/05/2013 Dje 24/05/2013); que (ii) na indisponibilidade de bens, diferentemente da cautelar de sequestro, é desnecessária a especificação do bem objeto da constrição judicial (STJ, AgRg no REsp 1307137 / BA, Rel. Min. Mauro Campbell Marques, j. 25/09/2012, Dje 28/09/2012); e que (iii) a indisponibilidade alcança os bens adquiridos antes da prática ímproba (STJ, AGRg no REsp 937085/PR, 2ª Turma, Rel. Min. Humberto Martins, j. 04/09/2012, Dje 17/09/12; STJ, REsp 1078640/ES, 1ª Turma, Rel. Min. Luiz Fux, j. 09/03/2010, Dje 23/03/2010;

outras medidas cautelares podem ser trabalhadas no âmbito da ação de responsabilidade descortinada pela lei anticorrupção (CPC, art. 798)[291]. A começar pela suspensão dos efeitos do ato ou processo objeto da investigação (art. 10, § 2º) nas hipóteses de omissão das autoridades competentes, leitura, inclusive, que alcança as medidas necessárias à investigação da prática delituosa (art. 10, § 1º), como ocorre nas hipóteses de busca e apreensão, quebras de sigilo fiscal, bancário etc. Significa dizer: ainda que a lei anticorrupção especifique algumas modalidades de tutelas não exaurientes, é fora de dúvida que em homenagem à efetividade do processo, toda e qualquer medida voltada à proteção e defesa do direito material poderá ser deferida (CDC, art. 83), atentando-se, porém, às situações de irreversibilidade (CPC, art. 273, § 2º). Ainda, no âmbito judicial, pode-se dizer que das sanções previstas no art. 19, incs. I a IV, algumas podem ser antecipadas ou deferidas provisoriamente, a exemplo da suspensão ou interdição parcial das atividades da pessoa jurídica infratora (inc. II); e da proibição de receber incentivos estatais (IV), na espécie, a fim de que se

---

STJ, AgRg no REsp 895608/PR, 2ª Turma, Rel. Min. Humberto Martins, j. 15/05/2008, Dje 27/05/2008), precedentes, à toda evidência, que deverão informar os feitos alicerçados na lei anticorrupção.

[291] Sobre a distinção entre as tutelas de urgência, é possível afirmar que enquanto a tutela cautelar apenas assegura o direito, a antecipação dos efeitos da tutela realiza provisoriamente o direito material. Ensina Daniel Mitidiero: "a tutela cautelar apenas assegura a possibilidade de fruição eventual e futura do direito acautelado, ao passo que a tutela antecipada desde logo possibilita a imediata realização do direito." (MITIDIERO, Daniel. *Antecipação da Tutela*: da tutela cautelar à técnica antecipatória. São Paulo: RT, 2013, p. 38). Então, se antes a atenção estava voltada à proteção assecuratória do direito, hoje é também possível que a satisfação, mesmo que provisória, ocorra independentemente do trânsito em julgado do comando sentencial. Mais, ainda que hoje se cogite da fungibilidade entre as tutelas de urgência (CPC, art. 273, § 7º), isso não quer significar que exista identidade entre os fins objetivados por essas categorias, e nem mesmo que os requisitos sejam exatamente os mesmos. Comum, na espécie, é apenas o fundado receio de dano irreparável ou de difícil reparação, que na cautelar está combinado à aparência do direito, ao passo que na antecipação dos efeitos da tutela o vínculo se dá com a prova inequívoca que convença da verossimilhança da alegação. A fungibilidade é prevista, no entanto, em benefício da instrumentalidade/efetividade do processo, a fim de que o juiz possa – em não se convencendo da presença dos requisitos para a antecipação dos efeitos da tutela (que é mais intensa) – ao menos assegurar o direito objeto de tutela, no mesmo processo (essa franquia, à evidência, esvaziou o cabimento das cautelares incidentais na forma concebida pelo CPC/73). No particular, tanto a doutrina como a jurisprudência entendem que essa fungibilidade pode se dar em ambos os sentidos (uma via de mão-dupla), leitura que pode encontrar alguma restrição no que diz respeito ao princípio dispositivo.

evite a repetição ou mesmo a continuidade da prática ilícita[292], decisões, porém, que diante da satisfatividade dessas consequências exigem mais densa fundamentação.

## 7. Ação Civil Pública[293]: reforço à noção de microssistema coletivo de combate à corrupção

Evidenciada a convergência entre a lei anticorrupção e a lei de improbidade administrativa, coloca-se, agora, a referência feita à lei da ação civil pública (art. 21)[294], instrumento que estabelece com o código de defesa do consumidor intensa relação, dando, inclusive, estruturação não exaustiva ao microssistema processual coletivo. Significa dizer: se a arquitetura clássica do processo civil ainda atende às demandas individuais[295], é bem

---

[292] Sobre o fundado receio de dano irreparável ou de difícil reparação nas tutelas inibitórias, consultar: MARINONI, Luiz Guilherme. *Técnica Processual e Tutela dos Direitos*. São Paulo: RT, 2004, p. 282; ARENHART, Sérgio Cruz. *A Tutela Inibitória da Vida Privada*. São Paulo: RT, 2000, p. 123.

[293] A lei da ação civil pública, na origem, voltava-se exclusivamente à tutela do meio ambiente, do consumidor e dos bens e direitos de valor artístico, estético, histórico, turístico e paisagístico (*numerus clausus*), isso porque um dos incisos do art. 1º da Lei nº 7.347/85, que genericamente falava em "interesses difusos e coletivos", foi vetado pelo Presidente da República. Contudo, por conta da interação com o código de defesa do consumidor, esse instrumento hoje serve à tutela de "qualquer interesse difuso ou coletivo", abertura, aliás, inicialmente franqueada ao Ministério Público (CF, art. 129, inc. III).

[294] Sobre a convergência existente entre a lei de improbidade administrativa e a lei da ação civil pública, é manifesta a jurisprudência do STJ, destacando-se, no particular, a seguinte passagem: "[...]. 4. Na ação civil pública é indiferente a natureza do ato ilícito imputado ao réu (no caso, improbidade administrativa) e a tipologia dos remédios judiciais pretendidos (preventivos, reparatórios ou sancionatórios). 5. Condutas ímprobas podem ser deduzidas em juízo por meio de Ação Civil Pública, havendo perfeita harmonia entre a Lei 7.347/1985 e a Lei 8.429/1992, respeitados os requisitos específicos desta última (como as exigências do art. 17, § 6º). Precedentes STJ." (STJ, REsp 1108010/SC, 2ª Turma, Rel. Min. Herman Benjamin, j. 21/05/2009, Dje 21/08/2009).

[295] Leciona Barbosa Moreira: "Tem sabor de lugar-comum a observação de que a estrutura clássica do processo civil, tal como subsiste na generalidade dos ordenamentos de nossos dias, corresponde a um modelo concebido e realizado para acudir fundamentalmente a situações de conflito entre interesses individuais. [...], as relações interindividuais continuam sem dúvida a revestir grande importância na vida contemporânea, pelo menos em alguns setores da atividade humana. Ao lado delas, porém, vai crescendo incessantemente o número e o relevo de situações de diferente corte, em que se acham envolvidas coletividades mais ou menos amplas de pessoas." MOREIRA, José Carlos Barbosa. A ação popular do direito brasileiro como instrumento

verdade que os novos direitos, essencial ou acidentalmente coletivos, reivindicam por instrumental diverso, decorrendo daí que a invocação da ação civil pública atrai naturalmente a incidência do código de defesa do consumidor[296].

Essa intimidade entre as legislações pode ser assim exemplificada: o art. 3º da LACP, quando isoladamente considerado, impõe limites (processuais) ao manejo da ação civil pública, ou seja, a leitura do dispositivo leva ao raciocínio de que – em sede de ação civil pública – o(s) pedido(s) vazado(s) pelos colegitimados só pode pretender impor ao(s) réu(s) a condenação de soma em dinheiro e/ou o cumprimento de obrigação de fazer ou não fazer, vias que afunilam o interesse processual e que podem prejudicar a plena efetivação dos direitos coletivos tutelados. Contudo, assim não é, pois imprescindível que a interpretação se faça à luz do art. 83 do CDC, normativo que, para a tutela adequada e efetiva desses direitos, diz serem admitidas "todas as espécies de ações". Sendo assim, a ação civil pública ganha em plasticidade, isto é, transforma-se em mecanismo de incontestável feição dúctil, tutela diferenciada, característica que acomoda o pedido imediato à exigência e/ou à necessidade do direito

de tutela jurisdicional dos chamados "interesses difusos". In: MOREIRA, José Carlos Barbosa. *Temas de direito processual.* Rio de Janeiro: Saraiva, 1977. p. 110-123.

[296] Sobre o tema, consultar: MARINONI, Luiz Guilherme; ARENHART, Sérgio Cruz. *Manual do Processo de Conhecimento*: a tutela jurisdicional através do processo de conhecimento. São Paulo: RT, 2001, p. 683; GRINOVER, Ada Pellegrini. *Direito Processual Coletivo*. In Direito Processual Coletivo e o Anteprojeto de Código Brasileiro de Processos Coletivos. Coord. GRINOVER, Ada Pellegrini; MENDES, Aluisio Gonçalves de Castro; WATANABE, Kazuo. São Paulo: RT, 2007, p. 11. Nessa quadra, é preciso recordar (*i*) da existência do Código Modelo de Processos Coletivos para Ibero-América, aprovado em Caracas em 2004, com a participação dos professores brasileiros Ada Pellegrini Grinover, Antonio Gidi, Aluisio Gonçalves de Castro Mendes e Kazuo Watanabe; (*ii*) da existência de Anteprojeto de Código Brasileiro de Processos Coletivos, elaborado no âmbito do Programa de Pós-Graduação da Faculdade de Direito da Universidade de São Paulo (e outro elaborado pelas Universidades do Estado do Rio de Janeiro e Estácio de Sá, sob a coordenação de Aluisio Gonçalves de Castro Mendes); e, por fim, (*iii*) do projeto relativo à nova Lei da Ação Civil Pública (PL 5.139 – substitutivo de 15.09.2009), instrumentos que, não obstante dotados de outras importantes inovações, bem revelam a influência da atual lei da ação civil pública e do código de defesa do consumidor. O projeto da nova lei da ação civil pública reuniu os anteprojetos anteriores e criou um Sistema Único de ações coletivas, mas, embora tenha recebido parecer favorável na Comissão de Constituição e Justiça da Câmara dos Deputados, foi no mérito rejeitado, oportunidade em que prevaleceu o parecer do Dep. José Carlos Aleluia. Houve recurso, ainda pendente de julgamento.

material violado ou ameaçado. Em outros termos, em sede de ação civil pública é permitida a veiculação de pedidos declaratórios, constitutivos, condenatórios, mandamentais e executivos (STJ, REsp. 547.780/ SC, 2ª Turma, Rel. Min. Castro Meira, j. 02/02/2006, Dje 20/02/2006), inclusive cumulados (STJ, REsp. 625.249/PR, 1ª Turma, Rel. Min. Luiz Fux, j. 15/08/2006, Dje 31/08/2006). Dizem os artigos 21 da Lei nº 7.347/85 e 90 da Lei nº 8.078/90, respectivamente:

"**Art. 21.** *Aplicam-se à defesa dos direitos e interesses difusos, coletivos e individuais, no que for cabível, os dispositivos do Título III da Lei 8.078/90, de 11 de dezembro de 1990, que instituiu o Código de Defesa do Consumidor.*"

"**Art. 90.** *Aplicam-se às ações previstas neste Título as normas do Código de Processo Civil e da Lei n. 7.347, de 24 de julho de 1985, inclusive no que respeita ao inquérito civil, naquilo que não contrariar suas disposições.*"

## 8. Aspectos processuais: uma ligeira abordagem

Sem qualquer pretensão de esgotamento, muito menos em relação aos temas que interessam à responsabilização judicial da pessoa jurídica, situação, aliás, reforçada pela natureza desta investida, analisar-se-ão alguns aspectos processuais que diretamente poderão repercutir no ajuizamento, tramitação e eventual sentença a ser proferida nesses feitos.

### 8.1. Competência

A lei anticorrupção não tratou do instituto da competência, de modo que a atuação jurisdicional, respeitada a competência da Justiça Federal (CDC, art. 93)[297], é aquela do local do dano (Lei nº 7.347/85, art. 2º), acrescente-se, ou do local onde deveria ocorrer o dano, normativo, inclusive, reiteradamente invocado na esfera da improbidade adminis-

---

[297] Eis a redação da súmula 183/STJ: "Compete ao Juiz Estadual, nas comarcas que não sejam sede de Vara da Justiça Federal, processar e julgar ação civil pública ainda que a União figure no processo". Contudo, esse entendimento foi superado em decorrência do posicionamento adotado pelo STF (RE 228955/RS, Rel. Min. Ilmar Galvão, j. 10/02/2000), oportunidade em que restou decidido que o juiz federal também possui competência territorial sobre o local do dano, preservando-se, desse modo, a competência da Justiça Federal, conclusão que ensejou o cancelamento do enunciado.

trativa. Precedentes: STJ, AgRg no REsp 1359958/RJ, Rel. Min. Arnaldo Esteves Lima, 1ª Turma, Dje 13/11/2013; STJ, AgRg no REsp 1367048/ GO, 2ª Turma, Rel. Min. Humberto Martins, Dje 16/12/2013; STJ, REsp 1068539/BA, Rel. Min. Napoleão Nunes Maia Filho, Dje 03/10/2013. Cuida-se, à evidência, de competência territorial absoluta[298], improrrogável, passível de enfrentamento de ofício, em qualquer momento ou grau de jurisdição, conforme também decidiu o Superior Tribunal de Justiça no julgamento do CC 97351/SP, 1ª Seção, Rel. Min. Castro Meira, Dje 10/06/2009, destacando-se, no particular, a seguinte passagem:

"Não há na Lei 8.429/92 regramento específico acerca da competência territorial para processar e julgar as ações de improbidade. Diante de tal omissão, tem-se aplicado, por analogia, as normas que regulamentam as ações coletivas. A justificativa é que existe uma relação de mútua complementariedade entre os feitos exercitáveis em âmbito coletivo. Logo, não havendo na lei de improbidade disposição expressa sobre delimitação territorial de competência, deve-se, prioritariamente, buscar norma de integração dentro do microssistema da tutela coletiva. Nesse sentido, dispõe o art. 2º da Lei 7.347/85 que a ação deverá ser proposta no foro do local onde ocorrer o dano, o que significa considerá-la como de natureza absoluta, improrrogável por vontade das partes e cognoscível de ofício em qualquer momento ou grau de jurisdição."

Contudo, na lei de improbidade administrativa, como na lei anticorrupção, há condutas que, à respectiva caracterização, dispensam a ocorrência do dano, devendo, então, nessas circunstâncias, prevalecer como critério de definição da competência o local da ação ou omissão ilícita[299] (*e.g.* oferecer, direta ou indiretamente, vantagem indevida a agente público, ou a terceira pessoa a ele relacionada; procurar afastar licitante, por meio de fraude ou oferecimento de vantagem de qualquer tipo).

---

[298] Sobre a natureza dessa competência, por vezes denominada de funcional, inclusive pelo art. 2º da Lei nº 7.347/85, consultar: MIRANDA, Gustavo Senna. *Princípio do Juiz Natural e sua Aplicação na Lei de Improbidade Administrativa*. São Paulo: RT, 2007, p. 267-268.

[299] Sobre o tema: ZENKNER, Marcelo. *Efetividade das Ações por Ato de Improbidade Administrativa e Regras de Competência*: uma proposta de sistematização. In: OLIVEIRA, Alexandre Albagli; CHAVES, Cristiano; GHIGNONE, Luciano (Org.). Estudos sobre improbidade administrativa em homenagem ao Prof. J.J. Calmon de Passos. Rio de Janeiro: *Lumen Juris*, 2010, p. 292-295.

## 8.2. Cumulação de ações: inconveniência

Em decorrência da harmonia existente entre a lei de improbidade administrativa e a lei anticorrupção, a primeira voltada mais diretamente ao agente público[300], e a segunda dirigida especialmente à pessoa jurídica, pode-se, então, indagar sobre a pertinência ou não da cumulação dessas demandas à luz do art. 292 do CPC. Pois bem, se de um lado não há dúvidas acerca do preenchimento dos requisitos legais (compatibilidade entre os pedidos; competência; e procedimento), até porque ambas as ações operam, por vezes, baseadas no mesmo suporte fático; lado outro, pode-se afirmar que a cumulação dessas pretensões, de regra, não se recomenda. Dois são os motivos: o primeiro, porque a ação de improbidade administrativa, diferentemente da ação de responsabilidade, prevê o chamado juízo de prelibação, cognição prévia ao recebimento da petição inicial[301], que dificulta, e muito, o bom andamento dessas demandas; o segundo, à evidência, porque sob o enredo da improbidade administrativa, ao contrário da lei anticorrupção, opera-se indiscutivelmente sob a óptica da responsabilização subjetiva, perspectiva que reclama por ampla e diferenciada instrução probatória. Sendo assim, ainda que as legislações dialoguem, em homenagem à efetividade do processo, caso é de propositura separada dessas demandas, conclusão, todavia, que admite mitigação nas excepcionais hipóteses de reparação integral do dano, notadamente quando já prescritas as demais consequências jurídicas.

Aliás, diante da propositura separada dessas ações, também não há que se falar em reunião dos processos por conexão (CPC, art. 105), pois, na espécie, os princípios informadores do instituto ou não são alcançados (economia processual); ou mesmo podem não ser exigidos (necessidade de serem evitadas decisões conflitantes), decorrendo daí – na esteira dos reiterados precedentes do STJ – que a medida se constitui em mera faculdade do magistrado (STJ, AgRg no REsp 1118918/SE, 5ª Turma, Rel. Min. Marco Aurélio Belizze, j. 04/04/2013; DJe 10/04/2013; STJ, REsp

---

[300] Não há litisconsórcio necessário entre o agente público e os terceiros beneficiados pela improbidade (STJ, REsp 896044/PA, 2ª Turma, Rel. Min. Herman Benjamin, j. 16/09/2010; Dje 19/04/2010).

[301] Diz o art. 17, § 7º, da LIA: "Estando a inicial em devida forma, o juiz mandará autuá-la e ordenará a notificação do requerido, para oferecer manifestação por escrito, que poderá ser instruída com documentos e justificações, dentro do prazo de quinze dias."

1255498/CE, Rel. Min. Ricardo Villas Bôas Cueva, Dje 29/08/2012; STJ, REsp 1278217/MG, Rel. Min. Luiz Felipe Salomão, Dje 13/03/2012).

## 8.3. Distribuição do ônus probatório

Em atenção à responsabilidade objetiva, destaque principal da nova legislação, impõe-se ao autor nos termos do art. 333, inc. I, do CPC a demonstração (i) da conduta, por ação ou inação; (ii) do nexo etiológico; e (iii) do dano, se porventura reivindicado pela lei, isso porque há situações que – não obstante a configuração do ilícito – a ocorrência do evento danoso é inexigível. Sendo assim, incumbe ao autor demonstrar os "pressupostos primários" da responsabilidade civil objetiva (STF, RE 603626/MS, 2ª Turma, Rel. Min. Celso de Mello, j. 15/05/2012), ao passo que, ao réu, na forma do art. 333, inc. II, provar a ocorrência de fatos impeditivos, modificativos ou extintivos do direito, na espécie, exteriorizada pelo rompimento do nexo causal, fator que excepcionalmente poderá afastar a responsabilidade da pessoa jurídica (STF, AI 841329/RJ, Rel. Min. Luiz Fux, j. 22/02/2013)[302].

## 8.4. Apelação: efeito puramente devolutivo

Na ação civil pública, diferentemente da regra estabelecida no art. 520 do CPC, interposto o recurso de apelação, o inconformismo será recebido apenas no efeito devolutivo, significando, desse modo, que o cumprimento provisório e/ou a execução provisória da sentença está autorizada (CPC, art. 475-I, § 1º). Diz o art. 14 da Lei nº 7.347/85: "O juiz poderá conferir efeito suspensivo aos recursos, para evitar dano irreparável à parte." Então, na hipótese de sucumbência, caberá à pessoa jurídica condenada, caso não queira imediatamente suportar os efeitos da decisão, postular, mediante a demonstração concreta do fundado receio de dano irreparável[303], a concessão do efeito suspensivo, leitura que igualmente se aplica aos recursos de vinculada fundamentação (CPC, art. 497 do CPC).

---

[302] Especialmente sob a óptica do CDC, instrumento que também contempla a responsabilidade objetiva, assim tem decidido o Superior Tribunal de Justiça (STJ, REsp 1281742/SP, 4ª Turma, Rel. Min. Marco Buzzi, j. 13/11/2012, Dje 05/12/2012; STJ, AgRg no Ag 1375928/RS, 3ª Turma, Rel. Min. Paulo de Tarso Sanseverino, j. 16/08/2012, Dje 21/08/2012).

[303] Suficiente pensar, no particular, nos casos em envolvam a dissolução compulsória da pessoa jurídica.

Em relação às interlocutórias, a rigor, nenhuma distinção há em relação ao processo individual, sendo certo que o efeito recursal é puramente devolutivo, podendo, nos termos do art. 527, inc. III, ser concedido efeito suspensivo pelo relator se demonstrada uma das situações trazidas pelo art. 558, *caput*, do CPC.

## 8.5. Coisa julgada na hipótese de improcedência por insuficiência de provas

Na hipótese de ação coletiva voltada à tutela dos direitos difusos, patrimônio público, em caso de procedência ou improcedência, haverá formação de coisa julgada material, imutabilidade que opera efeitos *erga omnes*[304], de modo que o tema decidido não autoriza rediscussão nem mesmo por outro co-legitimado, assertiva, porém, que não alcança os casos de improcedência por insuficiência de provas. A lei anticorrupção não dispõe sobre o assunto. Então, diante da invocação da lei da ação civil pública, tratando-se de improcedência por insuficiência de provas, qualquer dos co-legitimados ativos, inclusive o autor da demanda, poderá ajuizar nova ação[305], mediante o uso de prova nova (Lei nº 7.347/85, art. 16), franquia, aliás, originariamente prevista na lei da ação popular (Lei nº 7.417/65, art. 18). Em relação à improbidade administrativa, por exemplo, consignaram Emerson Garcia e Rogério Pacheco Alves: "Tem-se assim, em resumo, que a improcedência do pedido veiculado na ação civil pública por insuficiência de provas não inviabiliza a renovação da demanda, pelo mesmo ou por outro legitimado, desde que, nos termos da

---

[304] Ensinam Luiz Guilherme Marinoni e Sérgio Cruz Arenhart que, "em essência, não é a coisa julgada que opera efeitos *erga omnes* (ou *ultra partes*), e sim os efeitos diretos da sentença; realmente, para quem não tem legitimidade para propor a ação – no caso, por se tratar de direito transindividual, nenhuma pessoa física poderia fazê-lo, mas apenas os legitimados contemplados em lei, por expressa determinação legal (art. 82 do CDC e art. 5º da Lei 7.347/85) –, a imutabilidade da decisão não decorre da coisa julgada, mas sim, apenas, da impossibilidade concreta que têm de discutir judicialmente a questão, por falta de legitimidade para agir." (MARINONI, Luiz Guilherme. ARENHART, Sérgio. *Op. cit.*, p. 707).

[305] Explica Teori Albino Zavascki: "em ações civis públicas a sentença só adquire a qualidade de imutável quando, além de não estar mais sujeita a recurso, for sentença de procedência ou quando a improcedência não tiver sido decorrente de insuficiência probatória. Não adquire imutabilidade, em outras palavras, a sentença que, ante a falta de prova dos fatos, julga improcedente o pedido de tutela do direito transindividual." (ZAVASCKI, Teori Albino. *Processo coletivo*: tutela de direitos coletivos e tutela coletiva de direitos. São Paulo: RT, 2006, p. 78).

lei, surjam novas provas."[306] Em síntese, se ausente o instituto da prescrição (art. 25), nada impede que a ação de responsabilidade seja renovada, pois, no particular, porque omissa a da lei anticorrupção, apresenta-se a regra expressamente contida na lei da ação civil pública[307].

## 9. Conclusões

Do que precede, então, pode-se dizer que a lei anticorrupção poderá contribuir para o aperfeiçoamento do microssistema coletivo de combate à corrupção, colocando-se, ao lado de outras importantes legislações, como eficiente instrumento à responsabilização administrativa e judicial da pessoa jurídica, personagem que ainda responde timidamente pelos atos ilícitos praticados contra a administração pública. Sendo assim, nessa perspectiva, deseja-se que ela possa atender aos reclamos da sociedade brasileira, auxiliando, acima de tudo, na construção de uma sociedade mais republicana, objetivo, à evidência, que não dispensa o compromisso ético dos atores jurídicos na interpretação do novo diploma.

A seguir, algumas específicas conclusões extraídas deste ensaio:

A lei anticorrupção não possui natureza penal, mas, ao contrário, ajusta-se ao ambiente do direito civil/administrativo, *locus* em que sugere importante complementação à lei de improbidade de administrativa. Significa dizer: a lei de improbidade administrativa volta-se mais diretamente ao agente público; ao passo que a lei anticorrupção mais se preocupa com as pessoas jurídicas que praticam atos ilícitos contra a administração pública. Ambas, todavia, compõem o microssistema coletivo de combate à corrupção.

---

[306] GARCIA, Emerson; ALVES, Rogério Pacheco. *Op. cit.*, p. 976; DECOMAIN, Pedro Roberto. *Op. cit.*, p. 322.

[307] Fredie Didier Jr. e Hermes Zaneti Jr., ainda que reconheçam a viabilidade dessa tese, com a aplicação integral da coisa julgada coletiva à improbidade administrativa, no particular, elaboram a seguinte distinção: (i) em relação ao ressarcimento ao erário, imprescritível, lecionam que a incidência é completa, de modo que, mesmo na hipótese de improcedência por insuficiência de provas, cabível o novo ajuizamento da demanda; e (ii) em relação às demais sanções, dizem, "com alto teor sancionatório", é caso de seguir a sistemática comum acerca da coisa julgada, decorrendo daí que a decisão de mérito, pouco importa, se de procedência ou improcedência, por insuficiência de provas ou não, reivindicam imutabilidade. (DIDIER JR., Fredie; ZANETI JR., Hermes. Coisa Julgada no Processo Jurisdicional de Improbidade Administrativa. In: OLIVEIRA, Alexandre Albagli; CHAVES, Cristiano; GHIGNONE, Luciano (Org.). *Estudos sobre improbidade administrativa em homenagem ao Prof. J.J. Calmon de Passos. Rio de Janeiro: Lumen Juris*, 2010, p. 362).

A lei anticorrupção, porque dispensa a presença do agente público no polo passivo da relação jurídica processual; e, acima de tudo, porque dispensa o elemento subjetivo na caracterização do ilícito; não se duvida, facilita, e muito, a responsabilização administrativa e civil das pessoas jurídicas que atuam contra o patrimônio público.

As sanções administrativas, se não afastam a integral reparação do dano, também não arredam a possibilidade de aplicação das sanções judiciais, assim definidas: (i) perdimento dos bens, direitos ou valores; (ii) suspensão ou interdição parcial de suas atividades; (iii) dissolução compulsória da pessoa jurídica; e (iv) proibição de receber incentivos, subsídios, subvenções, doações ou empréstimos de órgãos ou entidades públicas e de instituições financeiras públicas ou controladas pelo poder público, pelo prazo mínimo de 1 (um) e máximo de 5 (cinco) anos, medidas que poderão ser aplicadas, isolada ou cumulativamente, mediante criterioso juízo de ponderação, atendidos, mais, os requisitos do art. 7º da lei anticorrupção.

A legitimidade ativa à propositura da ação de responsabilização, deferida às pessoas jurídicas de direito público interessadas e ao Ministério Público, é concorrente e disjuntiva, decorrendo daí a faculdade na formação do litisconsórcio ativo. Sendo assim, ajuizada a demanda pelo poder público, obrigatoriamente o Ministério Público atuará como *custos legis*; porém, ajuizada a ação pelo Ministério Público, a pessoa jurídica será chamada à participação.

Ainda que prevista apenas a indisponibilidade de bens na fase judicial, como decorrência do poder geral de cautela qualquer medida assecuratória poderá ser deferida pelo juiz. Aliás, nesse contexto, é também permitida a antecipação dos efeitos da tutela em relação a (i) suspensão ou interdição parcial das atividades; ou mesmo em relação a (ii) proibição de receber incentivos estatais, medidas que podem evitar a repetição e/ou a continuidade do ilícito (tutelas inibitórias).

A lei anticorrupção faz expressa referência à lei da ação civil pública, constatação que autoriza a abertura desse diploma aos institutos já consolidados no âmbito do microssistema processual coletivo (competência, ônus probatório, efeito da apelação, coisa julgada etc.).

A complementaridade entre a lei anticorrupção e a lei de improbidade administrativa não recomenda a cumulação objetiva (CPC, art. 292). Eis os motivos: primeiro, porque a ação de improbidade administrativa, diferentemente da ação de responsabilidade, prevê o juízo de prelibação; segundo, porque na improbidade administrativa, ao contrário da lei anticorrupção, opera-se indiscutivelmente à luz da responsabilidade subjetiva, reclamando, desse modo, por ampla e diferenciada instrução probatória.

# Capítulo VII
# Disposições Finais
Comentários aos artigos 22 a 31

*Leandro Garcia Algarte Assunção*

**Art. 22.** *Fica criado no âmbito do Poder Executivo federal o Cadastro Nacional de Empresas Punidas – CNEP, que reunirá e dará publicidade às sanções aplicadas pelos órgãos ou entidades dos Poderes Executivo, Legislativo e Judiciário de todas as esferas de governo com base nesta Lei.*

*§ 1º. Os órgãos e entidades referidos no caput deverão informar e manter atualizados, no CNEP, os dados relativos às sanções por eles aplicadas.*

*§ 2º. O CNEP conterá, entre outras, as seguintes informações acerca das sanções aplicadas:*

*I – razão social e número de inscrição da pessoa jurídica ou entidade no Cadastro Nacional da Pessoa Jurídica – CNPJ;*

*II – tipo de sanção; e*

*III – data de aplicação e data final da vigência do efeito limitador ou impeditivo da sanção, quando for o caso.*

*§ 3º. As autoridades competentes, para celebrarem acordos de leniência previstos nesta Lei, também deverão prestar e manter atualizadas no Cnep, após a efetivação do respectivo acordo, as informações acerca do acordo de leniência celebrado, salvo se esse procedimento vier a causar prejuízo às investigações e ao processo administrativo.*

*§ 4º. Caso a pessoa jurídica não cumpra os termos do acordo de leniência, além das informações previstas no § 3º, deverá ser incluída no Cnep referência ao respectivo cumprimento.*

*§ 5º. Os registros das sanções e acordos de leniência serão excluídos depois de decorrido o prazo previamente estabelecido no ato sancionador ou do cumprimento integral do acordo de leniência e da reparação do eventual dano causado, mediante solicitação do órgão ou entidade sancionadora.*

O artigo 22, da Lei nº 12.846/13, prescreve a criação, por parte do Poder Executivo Federal, do Cadastro Nacional de Empresas Punidas – CNEP, que terá a incumbência de reunir e dar publicidade às sanções aplicadas com base nesta Lei pelos órgãos ou entidades dos Poderes Executivo, Legislativo e Judiciário, de todas as esferas federativas. O CNEP, então, terá a princípio função muito similar ao Cadastro Nacional de Condenações Cíveis por Ato de Improbidade Administrativa (Cadastro Nacional de Improbidade Administrativa – CNCIAI), regulamentado pela Resolução nº 44/2007, do Conselho Nacional de Justiça (CNJ), e que tem por fim reunir informações do Poder Judiciário brasileiro sobre pessoas físicas e jurídicas definitivamente condenadas por atos de improbidade no Brasil, baseadas tais condenações nos dispositivos normativos da Lei 8.429/92.

A partir de tal aproximação, infere-se pela norma em comento que o CNEP objetiva reunir e dar publicidade às sanções aplicadas às pessoas jurídicas mencionadas no parágrafo único, do artigo 1º da Lei, sejam tais sanções de natureza administrativa (art. 6º) aplicadas pelo órgão administrativo responsável de cada um dos poderes de cada esfera federativa, sejam tais sanções de natureza judicial a partir da formalização da respectiva relação jurídica processual (art. 18). Deste modo, as sanções administrativas de multa e publicação extraordinária da decisão condenatória e as sanções judiciais de perdimento de bens, direitos ou valores que representem vantagem ou proveito direta ou indiretamente obtidos da infração, suspensão ou interdição parcial de suas atividades, dissolução compulsória, e proibição de receber incentivos, subsídios, subvenções, doações ou empréstimos de órgãos ou entidades públicas e de instituições financeiras públicas controladas pelo poder público entre o período de 1 (um) a 5 (cinco), aplicadas às pessoas jurídicas reconhecidas como

DISPOSIÇÕES FINAIS

infratoras, e que não sejam mais passíveis de recurso na esfera respectiva (administrativa e judicial).

Nessa medida, os órgãos e entidades referidos no *caput* terão a obrigação legal de informar, alimentar e manter atualizados, no CNEP, todas as informações relativas às sanções por eles aplicadas ($ 1º), em situação também muito próxima com o disposto no artigo 3º, $ 2º, e artigo 4º, ambos da Resolução 44/2007, do Conselho Nacional de Justiça (CNJ).

A Lei ainda determina, no $ 2º do artigo 22, que deverão ser informadas, indispensavelmente, as seguintes informações acerca das sanções aplicadas: razão social e número de inscrição da pessoa jurídica ou entidade no Cadastro nacional da Pessoa Jurídica (CNPJ), qual o tipo de sanção aplicada, e a data de aplicação e data final da vigência do efeito limitador ou impeditivo da sanção, quando for o caso.

Como exigência de alimentação do sistema, o $ 3º do artigo 22 determina, ainda, que as autoridades competentes para celebrarem os acordos de leniência aqui previstos, também deverão prestar e manter atualizadas junto ao CNEP, após a efetivação do respectivo acordo, as informações a respeito do acordo de leniência celebrado, exceto se esse procedimento vier a causar prejuízo às investigações e ao processo administrativo. Outrossim, a lei estabelece que os registros das sanções (administrativas e judiciais) e dos acordos de leniência serão excluídos depois de decorrido o prazo previamente estabelecido no ato sancionador ou do cumprimento integral do acordo de leniência e da reparação do eventual dano causado, mediante solicitação do órgão ou entidade sancionadora.

**Art. 23.** *Os órgãos ou entidades dos Poderes Executivo, Legislativo e Judiciário de todas as esferas de governo deverão informar e manter atualizados, para fins de publicidade, no Cadastro Nacional de Empresas Inidôneas e Suspensas – CEIS, de caráter público, instituído no âmbito do Poder Executivo federal, os dados relativos às sanções por eles aplicadas, nos termos do disposto nos **arts. 87 e 88 da Lei nº 8.666, de 21 de junho de 1993.***

Por seu turno, o artigo 23 da Lei estabelece que será criado e instituído no âmbito do Poder Executivo Federal, o Cadastro Nacional de Empresas Inidôneas e Suspensas – CEIS, também de caráter público, que deverá ser alimentado e atualizado por todos os órgãos e entidades dos Poderes

Executivo, legislativo e Judiciário de todos os planos federativos, tendo tal cadastro como objetivo a compilação dos dados relativos às sanções previstas nos artigos 87[308] e 88[309], da Lei 8.666/93, aplicadas por tais órgãos e entidades.

É possível, então, traçar aqui um paralelo entre o Cadastro Nacional de Empresas Punidas (CNEP), o Cadastro Nacional de Condenações Cíveis por Ato de Improbidade Administrativa (Cadastro Nacional de Improbidade Administrativa – CNCIAI), e o Cadastro Nacional de Empresas Inidôneas e Suspensas (CEIS).

Todos eles, por óbvio, visam elevar o controle daqueles que, em alguma medida, sofreram sanções por conta do desenvolvimento de uma determinada atividade (ilícita). Ao que parece, para o sistema jurídico brasileiro, é importante gerir o controle sobre a informação a respeito da aplicação de sanções na esfera da contratação com a Administração Pública, e sobre a publicidade de tais sanções. A compreensão da existência de tais cadastros somente pode ser explicada por conta dessa ver-

---

[308] Art. 87. Pela inexecução total ou parcial do contrato a Administração poderá, garantida a prévia defesa, aplicar ao contratado as seguintes sanções: I – advertência; II – multa, na forma prevista no instrumento convocatório ou no contrato; III – suspensão temporária de participação em licitação e impedimento de contratar com a Administração, por prazo não superior a 2 (dois) anos; IV – declaração de inidoneidade para licitar ou contratar com a Administração Pública enquanto perdurarem os motivos determinantes da punição ou até que seja promovida a reabilitação perante a própria autoridade que aplicou a penalidade, que será concedida sempre que o contratado ressarcir a Administração pelos prejuízos resultantes e após decorrido o prazo da sanção aplicada com base no inciso anterior. § 1º Se a multa aplicada for superior ao valor da garantia prestada, além da perda desta, responderá o contratado pela sua diferença, que será descontada dos pagamentos eventualmente devidos pela Administração ou cobrada judicialmente. § 2º As sanções previstas nos incisos I, III e IV deste artigo poderão ser aplicadas juntamente com a do inciso II, facultada a defesa prévia do interessado, no respectivo processo, no prazo de 5 (cinco) dias úteis. § 3º A sanção estabelecida no inciso IV deste artigo é de competência exclusiva do Ministro de Estado, do Secretário Estadual ou Municipal, conforme o caso, facultada a defesa do interessado no respectivo processo, no prazo de 10 (dez) dias da abertura de vista, podendo a reabilitação ser requerida após 2 (dois) anos de sua aplicação.

[309] Art. 88. As sanções previstas nos incisos III e IV do artigo anterior poderão também ser aplicadas às empresas ou aos profissionais que, em razão dos contratos regidos por esta Lei: I – tenham sofrido condenação definitiva por praticarem, por meios dolosos, fraude fiscal no recolhimento de quaisquer tributos; II – tenham praticado atos ilícitos visando a frustrar os objetivos da licitação; III – demonstrem não possuir idoneidade para contratar com a Administração em virtude de atos ilícitos praticados.

dadeira "gestão de controle da informação", e a utilização de tais informações serve mesmo para alimentar o próprio controle, permitindo, ao menos em tese, maior resguardo do dinheiro e patrimônio públicos.

Todavia, e como não poderia ser de outra maneira, pragmaticamente os objetivos de cada um dos mencionados Cadastros são diversos, a despeito de que, ontologicamente, possa se dizer que tais objetivos são idênticos (ou, no mínimo, semelhantes).

O CNEP, como visto acima, tem por objetivo congregar informações e conferir publicidade à aplicação de sanções administrativas e judiciais decorrentes da imposição desta Lei 12.846/13 a sociedades empresárias e sociedades simples, personificadas ou não, independentemente da forma de organização ou modelo societário adotado, ou a fundações, associações de entidades ou pessoas, e sociedades estrangeiras que tenham sede, filial, ou representação em território brasileiro, constituídas de fato ou de direito ainda que temporariamente (ou seja, voltada para pessoas jurídicas).

Por sua vez, o CNCIAI visa, no âmbito do Poder Judiciário brasileiro, compilar e divulgar informações sobre pessoas físicas e jurídicas definitivamente condenadas por atos de improbidade no Brasil, embora este cadastro não seja baseado em texto normativo, mas em determinação administrativa.

A perspectiva, contudo, é diversa aqui.

Isso por que o CEIS, constituído no âmbito do Poder Executivo Federal, mas que alcançar todo e qualquer órgão ou entidade da Administração Pública direta e indireta de qualquer esfera da federação (federal, estadual e municipal, no que couber), foi concebido pelo legislador para reunir e tornar público os dados relativos às sanções aplicadas a pessoas jurídicas declaradas "inidôneas" e "suspensas", sanções essas especificamente previstas nos artigos 87 e 88 da Lei de Licitações, e que decorrem, após apuração resguardada as garantias constitucionais do contraditório e da ampla defesa, do reconhecimento da inexecução total ou parcial do contrato estabelecido com a Administração Pública.

Marçal Justen Filho, ao comentar o artigo 87, da Lei 8.666/93, aduz o seguinte:

> "A Lei alude a quatro espécies de sanções administrativas. Duas são internas ao contrato, porquanto exaurem seus efeitos no âmbito de cada contratação.

As outras duas são externas já que se aplicam fora dos limites do contrato de que se trate. Além dessas quadro espécies sancionatórias, deve-se considerar também a rescisão unilateral como outras modalidade, disciplinada em outros dispositivos legais (arts. 78 a 80). Também a multa está regulada em outro dispositivo (art. 86)"[310].

Já ao tratar do artigo 88, do mesmo diploma legislativo, aponta o autor:

"Embora as condutas arroladas no art. 88 não se vinculem à atividade executória do contrato administrativo, deve haver um vínculo com um contrato administrativo. A existência anterior, contemporânea ou posterior de um contrato administrativo seria condição indispensável para o sancionamento. Podem imaginar-se inúmeras situações, tal como irregularidades praticadas no curso de uma licitação (fornecimento de declarações ideologicamente falsas de capacidade técnica), ou mesmo, no curso de um contrato (fornecimento de documentos falsos para tentar caracterizar caso fortuito)"[311].

Portanto, necessário aqui estabelecer a distinção entre os cadastros tratados na Lei 12.846/13.

O CNEP abarcará os dados relativos às sanções aplicadas tanto na esfera administrativa quanto em âmbito judicial (vale dizer, tanto as sanções administrativas quanto as judiciais aplicadas) com base na Lei 12.846/13, objetivando o controle da incidência do diploma legal sobre pessoas jurídicas de direito privado punidas com base em tal diploma.

Já o CEIS tem uma finalidade diversa. O CEIS, conforme a redação do artigo 23, da Lei 12.846/13, terá por função reunir, compilar e divulgar, mantendo-os atualizados, os dados relativos às sanções dispostas no artigo 87 e 88, da Lei 8.666/93, que são exclusivamente de natureza administrativa (impostas apenas pela Administração Pública, e não por meio do exercício de função jurisdicional pelo Poder Judiciário), e que, por seu turno, não se relacionam em absoluto com a aplicação das penalidades previstas na Lei 12.846/03.

---

[310] JUSTEN FILHO, Marçal. *Comentários à Lei de Licitações e Contratos Administrativos.* 11ª Ed. São Paulo: Dialética, 2005, p. 622.
[311] JUSTEN FILHO, Marçal, *idem*, p. 625.

DISPOSIÇÕES FINAIS

**Art. 24.** *A multa e o perdimento de bens, direitos ou valores aplicados com funda-mento nesta Lei serão destinados preferencialmente aos órgãos ou entidades públi-cas lesadas.*

O artigo 24 estabelece que os valores decorrentes da imposição das san-ções de multa, e perdimento de bens, direitos e valores, aqui previstas no artigo 6º, inciso I, e no artigo 19, inciso I, respectivamente, serão desti-nados preferencialmente aos órgãos ou entidades públicas lesadas pelo comportamento ilícito.

Paralelo interessante é possível de se estabelecer entre as normas jurí-dicas do artigo 24, da Lei 12.846/13, e dos artigos 62 e 63, da Lei 11.343/06 (conhecida por "Lei Antidrogas" ou "Lei de Drogas").

Os artigos 62 e 63, da Lei 11.343/06, permitem que, no curso de um regular processo criminal ("após a instauração da competente ação penal"), tanto os valores advindos do leilão judicial de veículos, embar-cações, aeronaves e quaisquer outros meios de transporte, maquinários, utensílios, instrumentos e objetos de qualquer natureza, apreendidos pela autoridade policial em razão de sua utilização para a prática dos cri-mes definidos na mencionada Lei, como também o produto, bem ou valor apreendido no curso da ação penal, após a declaração de seu perdimento na sentença definitiva de mérito (obviamente, em caso de condenação), serão revertidos diretamente ao FUNAD – Fundo Nacional Antidrogas, gerido pelo SENAD – Secretaria Nacional de Políticas sobre Drogas e vinculado ao Ministério da Justiça.

O que se percebe, nesse passo, é a intenção deliberada do legislador brasileiro em de alguma maneira *fazer reverter* em proveito do órgão que congrega aquela determinada política pública, ou da entidade lesada pela ação ilícita praticada pelas pessoas jurídicas descritas no artigo 1º, § 1º, da Lei 12.846/13, como forma de garantir a eficácia dos procedimentos ofi-ciais de responsabilização, visando assegurar o retorno de ao menos uma fração do prejuízo sofrido pelas instituições identificadas como lesadas.

O paralelo aqui é instigante no sentido de perceber, ao menos em hipótese, que o ordenamento jurídico brasileiro está preocupado não apenas com a sanção em si compreendida, mas com o efetivo retorno que sua imposição pode trazer em benefício dos órgãos e entidades públi-cas lesadas. Nesse sentido, também as ações de ressarcimento ajuizadas pelos órgãos ou entidades diretamente interessados permitem que o valor porventura recuperado seja diretamente restituído e repassado a eles[312]. Em sentido semelhante, embora com execução um pouco diversa

[312] Ementa: *APELAÇÃO CÍVEL. ADMINISTRATIVO. AÇÃO CIVIL PÚBLICA. IMPROBIDADE ADMINISTRATIVA. RECEBIMENTO DE VALORES A TÍTULO DE DIÁRIAS, PASSAGENS E POR FALTAS INJUSTIFICADAS ÀS SESSÕES. OBRIGAÇÃO DE RESSARCIMENTO AO ERÁRIO. PRELIMINARES REJEITADAS. DIÁRIAS E FALTAS NÃO JUSTIFICADAS. RESSARCIMENTO DE DESPESAS DE TRANSPORTE. 1. O MINISTÉRIO PÚBLICO DETÉM LEGITIMIDADE PARA FAZER CUMPRIR AS DISPOSIÇÕES LEGAIS ATINENTES AO USO DO DINHEIRO PÚBLICO, INCLUSIVE PARA PLEITEAR O RESSARCIMENTO AOS COFRES PÚBLICOS DE VALORES.* 2. OS VEREADORES, QUE SÃO AGENTES PÚBLICOS, A TEOR DO ART. 1º, DA LEI Nº 8.429/92, DETÊM LEGITIMIDADE PASSIVA, DECORRENTE DO FATO DE TEREM AUFERIDO OS VALORES INDICADOS NA INICIAL. 3. INAPLICÁVEL A LEI DE IMPROBIDADE ADMINISTRATIVA, EM RELAÇÃO AOS FATOS OCORRIDOS ANTERIORMENTE A SUA VIGÊNCIA. 4. O RECURSO INTERPOSTO POR UM DOS LITISCONSORTES A TODOS APROVEITA. APLICAÇÃO DO ART. 509, DO CPC. 5. A ADMINISTRAÇÃO PÚBLICA, POR FORÇA DO PRINCÍPIO DA LEGALIDADE, FIXADO NO ART. 37, DA CONSTITUIÇÃO FEDERAL, NÃO PODE CONCEDER BENEFÍCIOS OU VANTAGENS INJUSTIFICADAMENTE, DE FORMA INDEVIDA OU ILEGAL. 6. EM RELAÇÃO ÀS DIÁRIAS DE VIAGEM, A NÃO PRESTAÇÃO DE CONTAS, QUANDO A PRAXE DA CÂMARA NÃO AS EXIGIA, NÃO PODE CONDUZIR A CONSEQÜÊNCIAS TÃO GRAVES, COMO IMPOR A DEVOLUÇÃO DOS VALORES RECEBIDOS QUANDO, NA INICIAL DA AÇÃO NÃO FOI AFIRMADO QUE A VIAGEM NÃO SE REALIZOU E NEM QUE A MESMA FOI REALIZADA SEM INTERESSE PÚBLICO OU POR MOTIVOS ALHEIOS AO EXERCÍCIO DO MANDATO. 7. ANTE AS DISPOSIÇÕES DO REGIMENTO INTERNO DA CÂMARA DE VEREADORES, IMPOSITIVA A CONFIRMAÇÃO DA DETERMINAÇÃO DE ABATIMENTO DA PARTE VARIÁVEL DA REMUNERAÇÃO DO VEREADOR QUE DEIXOU DE COMPARECER INJUSTIFICADAMENTE ÀS SESSÕES DA CÂMARA, PROPORCIONALMENTE AO NÚMERO DAS FALTAS (1/30 POR CADA AUSÊNCIA NÃO JUSTIFICADA À SESSÃO). 8. O RESSARCIMENTO DAS DESPESAS COM PASSAGENS SOMENTE PASSOU A SER ADMITIDO E DEVIDO A PARTIR DO ADVENTO DA RESOLUÇÃO Nº 03/89, QUE PERMANECEU VIGENTE ATÉ A SUA REVOGAÇÃO, PELO ART. 217, DO ATUAL REGIMENTO INTERNO, OU SEJA, O RESSARCIMENTO DE PASSAGENS SOMENTE FOI LEGÍTIMO NO PERÍODO 12/04/89 A 01/01/91, QUANDO REVOGADA PELO ARTIGO 217 DO ATUAL REGIMENTO INTERNO. APELAÇÕES DO MINISTÉRIO PÚBLICO E DE MARNE FRANCO ROSA DESPROVIDAS. APELAÇÕES DE ABDO ACHUTTI MOTTECY; JAIME HOMRICH; JOSÉ LUIZ CODEN; LUIZ GONZAGA PEREIRA TRINDADE; MARIA GESSI BENTO; ONY LACERDA DA SILVA; PAULO AIRTON DENARDIN E WERNER REMPEL PROVIDAS. APELOS DE ADI JOÃO FORGIARINI; ANTONIO SINEIDE COSTA; ANTÔNIO VALDECI OLIVEIRA DE OLIVEIRA; ARNALDO FRANCISCO ROSADO DE SOUZA; ARNILDO MARTINEZ MÜLLER; BINÍCIO FERNANDES DA SILVA; CLÉDIO CALEGARO DA SILVEIRA; ELIAS PACHECO NETO; FERNANDO TRINDADE PILUSKI; HUMBERTO GABBI ZANATTA; JAMES SILVEIRA PIZARRO; JOSÉ MANOEL DA SILVEIRA FILHO; JOÃO NASCIMENTO DA SILVA; MOSAR GONÇALVES

da previsão normativa do artigo 24, da Lei 12.486/13, o artigo 13, *caput*, da Lei 7.347/85 estabelece que havendo condenação em dinheiro a partir do resultado final decorrente do ajuizamento de ação civil pública de responsabilidade por danos causados ao meio ambiente, ao consumidor, a bens e direitos de valor artístico, estético, histórico, turístico e paisagístico, a indenização pelo dano causado reverterá a um fundo gerido por um Conselho Federal ou por Conselhos Estaduais de que participarão necessariamente o Ministério Público e representantes da comunidade, sendo seus recursos destinados, de maneira peremptória, à reconstituição dos bens lesados.

Percebe-se, dessa forma, a preocupação do legislador brasileiro em reconstituir o dano causado, restabelecer o bem lesado. No caso da Lei 12.486/13, tratando-se mais diretamente de prejuízo ao erário, optou o legislador (a nosso aviso, adequadamente) em prescrever que os valores decorrentes de multa imposta, ou do perdimento de bens, direitos ou valores aplicados com base nessa Lei em decorrência do cometimento de algum dos atos lesivos aqui previstos, sejam preferencialmente destinados aos órgãos ou entidades públicas lesadas.

Importante notar que o vocábulo *preferencialmente*, deve ser interpretado, à luz da sistemática normativa que rege a matéria, no sentido de prioritariamente ser destinado ao órgão ou entidade pública lesada, e apenas excepcionalmente, caso não seja possível tal destinação (*v.g.*, em caso de extinção da respectiva pessoa jurídica de direito público), deve ser admitida destinação diversa.

COSTA; PAULO ROBERTO SEVERO PIMENTA; REJANE FLORES DA COSTA; RENATO JOSÉ PAIM DA ROCHA E VICENTE PAULO BISOGNO PARCIALMENTE PROVIDAS. (TJRS, Apelação Cível Nº 70006807358, Quarta Câmara Cível, Relator: Miguel Ângelo da Silva, Julgado em 16/08/2006).

**Art. 25.** *Prescrevem em 5 (cinco) anos as infrações previstas nesta Lei, contados da data da ciência da infração ou, no caso de infração permanente ou continuada, do dia em que tiver cessado.*

*Parágrafo único. Na esfera administrativa ou judicial, a prescrição será interrompida com a instauração de processo que tenha por objeto a apuração da infração.*

Norberto Bobbio, em um dos muitos pontos de destaque de sua vastíssima obra, que norma jurídica, ontologicamente, é aquela norma cuja execução é garantida por uma sanção externa e institucionalizada. Portanto, para Bobbio, se a sanção jurídica é só institucionalizada, isso significa que, para que haja direito, é necessário exista, sob qualquer tamanho ou forma, uma organização normativa, vale dizer, que a norma se insira em um sistema normativo que se pretende completo[313].

Compreender, nesse momento, o que exatamente se define por *prescrição* é de notória importância para o exato entendimento do mecanismo regulado pelo artigo 25, da Lei 12.486/13.

Com efeito, e diferenciando-se da decadência[314], o instituto da *prescrição* compreende-se como sendo o convalescimento de uma lesão de direito em atenção ao interesse social em ver as relações jurídicas está-

---

[313] Diz ainda o mestre italiano: "Dos *Hauptprobleme* em diante, Kelsen voltou repetida e insistentemente à questão. Por um lado, jamais pôde prescindir da categoria do 'normativo' para distinguir a ciência jurídica das ciências sociais; por outro, sempre teve de esconjurar o perigo que o uso da categoria de 'normativo' induzisse a atribuir à ciência jurídica uma função prescritiva que não lhe compete. 'Normativo' se contrapõe (já nos *Hauptprobleme*) não a 'descritivo', mas a 'explicativo'; e, paralelamente, 'descritivo' contrapõe-se (sobretudo nas últimas obras) não a 'normativo', mas, sim, a 'prescritivo'. Dado que as duplas 'normativo-explicativo' e 'prescritivo-normativo' não se sobrepõem, não há nada de contraditório em afirmar, como faz Kelsen, que a ciência jurídica é ao mesmo tempo descritiva e normativa: descritiva no sentido de que não prescreve; normativa no sentido de que aquilo que descreve não são fatos, mas normas, ou seja, é descritiva não do que existe, mas do que deve ser. Enquanto *Sollsätze*, as proposições que caracterizam a ciência jurídica distinguem-se por um lado dos *Seinsätze* próprios das ciências sociais (causais), e, por outro lado, das *Sollnormen* de qualquer sistema normativo. (...). Portanto, depois de Kelsen, a ciência jurídica merece o caráter 'normativo' por três razões: a) porque tem a ver com normas; b) porque considera a realidade social mediante um sistema normativo; c) porque impõe normas". BOBBIO, Norberto. *Direito e Poder*. Tradução: Nilson Moulin. São Paulo: UNESP, 2008, p. 58-59.

[314] Decadência é a extinção de um direito material pelo seu não-exercício concreto dentro de um determinado espaço de tempo.

veis pelo decurso do tempo, claramente voltado, portanto, ao alcance da segurança das relações jurídicas que permeiam o corpo social.

Dessa forma, a prescrição conduzirá a que a inércia e o transcurso do período temporal estabelecido em lei impeçam que a parte interessada faça exercer seu direito quando bem entender e a qualquer tempo, funcionando o instituto da prescrição, desse modo, como garantidor da estabilidade das relações jurídico-sociais.

Como aduz Emerson Garcia,

"Partindo-se da premissa de que uma pretensão lícita visa à recomposição da ordem jurídica lesada por uma ação ou omissão antecedente, tem-se que todo aquele que contribui para a permanência de uma situação de desequilíbrio, não adotando as medidas necessárias à sua eliminação, deixa de cooperar para a estabilização da ordem pública. O tempo, ademais, além de dificultar a colheita do material probatório, enfraquece a lembrança dos fatos e atenua o desejo de punição. Por tais motivos e tendo por objetivo estabilizar as relações jurídicas incertas, evitando que controvérsias sejam perpetuadas, terminou-se por fixar lapsos temporais dentro dos quais haveriam de ser exercidas determinadas pretensões"[315].

Prazos contados a partir da constatação da lesão, portanto, juridicamente são considerados prazos prescricionais.

A regra que interessa em primeiro lugar aqui não poderia ser outra: a regra constitucional do artigo 37, § 5º, da CRFB: **a lei estabelecerá os prazos de prescrição para ilícitos praticados por qualquer agente, servidor ou não, que causem prejuízos ao erário, ressalvadas as respectivas ações de ressarcimento**.

Excetuando-se as ações que busquem exclusivamente o ressarcimento do prejuízo sofrido pelo erário (que são imprescritíveis), as demais estão sujeitas ao estabelecimento de marcos prescricionais pelo legislador.

E, aqui, a atenção volta-se à análise da regra do artigo 25, da Lei 12.486/13, que deve manter paralelo com a norma do artigo 23, da Lei 8.429/92.

---

[315] ALVES, Rogério P. GARCIA, Emerson. *Improbidade Administrativa*. 2ª ed. Rio de Janeiro: Lumen Juris, 2004, p. 50.

Nessa medida, ao estabelecer que "prescrevem em 5 (cinco) anos a infrações previstas nesta Lei", duas circunstâncias merecem destaque e exame mais profundo. Em primeiro plano, é premente compreender, com a melhor técnica jurídica, que o convalescimento da lesão ao direito coletivo *lato sensu* à preservação do patrimônio público dá-se em um prazo de 5 (cinco) anos. Em segundo plano, como a lesão é a esse direito, independe da natureza jurídica da infração o estabelecimento dos marcos prescricionais; destarte, sendo perpetrado quaisquer dos atos lesivos dispostos no artigo 5º desta Lei, o lapso prescricional será de 5 (cinco) anos, seja para a imposição de sanção administrativa, seja para a imposição de sanção judicial. O lapso prescricional para o convalescimento da lesão é de 5 (cinco) anos, e é esse prazo que deve regular os marcos de prescrição seja para a apuração da responsabilidade da pessoa jurídica em campo administrativo, seja em campo judicial.

Contudo, o marco inicial do prazo prescricional variará de acordo com a diferenciação estabelecida pelo legislador. Com efeito, o marco inicial para o início da fluência do prazo prescricional de 5 (cinco) anos se dará com a ciência da infração praticada, vale dizer, com o conhecimento do cometimento da infração, a nosso aviso, por parte da autoridade pública competente para adotar as providências cabíveis para a correta apuração da situação fática, não importando que tal conhecimento pela autoridade competente derive de comunicação formal ou derive da circunstância de a situação fática ter se tornado pública (de conhecimento de todos).

Registre-se que o legislador, ao estabelecer como marco inicial a "ciência da infração", regulou aqui a matéria do modo diverso do disposto no artigo 111, inciso I, do Código Penal (prescrição pela pena criminal em abstrato) e no artigo 23, inciso II, da Lei 8.429/92 (as respectivas ações destinadas a levar a efeito as sanções previstas na Lei 8.429/92 são alcançadas pela prescrição dentro do prazo previsto em lei específica para faltas disciplinares punidas com punição), o que pode causar alguma discussão na doutrina quanto à significação dessa norma no tocante ao marco inicial do prazo prescricional para responsabilização das infrações previstas na Lei 12.486/13. Por seu turno, o marco para o início do prazo prescricional relativamente às infrações previstas na Lei 12.486/13, quando estas forem permanentes ou continuadas, dar-se-á na data em que houve cessado a infração, em redação muito semelhante à do artigo 111, inciso III, do Código Penal.

DISPOSIÇÕES FINAIS

Por fim, a fim de afastar qualquer discussão sobre o tema, estipulou-se no parágrafo único do artigo 25 que, seja na esfera administrativa ou judicial, a prescrição será interrompida com a instauração de processo que tenha por objetivo a apuração da infração. Uma vez interrompida a prescrição, o lapso prescricional recomeça a correr desde o seu início da data do ato que a interrompeu, em consonância, também, com o artigo 202, parágrafo único, do Código Civil, passando a ser o ato processual/procedimental deflagrador da relação jurídica processual/procedimental (propositura da respectiva ação judicial ou formalização do procedimento administrativo correspondente) o novo marco inicial do lapso prescricional.

**Art. 26.** *A pessoa jurídica será representada no processo administrativo na forma do seu estatuto ou contrato social.*

*§ 1º. As sociedades sem personalidade jurídica serão representadas pela pessoa a quem couber a administração de seus bens.*

*§ 2º. A pessoa jurídica estrangeira será representada pelo gerente, representante ou administrador de sua filial, agência ou sucursal aberta ou instalada no Brasil.*

**Art. 27.** *A autoridade competente que, tendo conhecimento das infrações previstas nesta Lei, não adotar providências para a apuração dos fatos será responsabilizada penal, civil e administrativamente nos termos da legislação específica aplicável.*

Ao tratar da representação da pessoa jurídica que ostente a condição jurídica de requerida em processo/procedimento administrativo regulado no Capítulo IV da Lei nº 12.846/13, o artigo 26 estabelece regras para três situações fáticas:

a) a pessoa jurídica regularmente constituída será representada, no âmbito do processo/procedimento administrativo, na forma de seu estatuto ou contrato social;

b) por seu turno, a sociedade sem personalidade jurídica será representada pela pessoa a quem couber a administração de seus bens;

c) por fim, a pessoa jurídica estrangeira será representada pelo gerente, representante ou administrador de sua filial, agência ou sucursal aberta ou instalada no Brasil.

A partir da definição legal estabelecida no artigo 26, vislumbrou-se tornar mais objetiva a questão da representação jurídica de pessoas jurídicas, facilitando assim a identificação de seus responsáveis legais, otimizando assim o início de qualquer relação jurídica processual ou procedimental que tenha por escopo apuração de atos lesivos à administração pública, nacional ou estrangeira.

Por seu turno, a nova legislação pretendeu tornar explícita a perspectiva de que também a omissão estatal por parte de autoridades públicas, definitivamente, não mais será tolerada.

Nessa medida, o artigo 27, da Lei 12.846/13, estabelece que a autoridade pública competente que, tomando de alguma forma conhecimento de alguma das infrações previstas na lei, não adotar providências para a apuração dos fatos, será responsabilizada penal, civil e administrativamente, nos termos da legislação específica aplicável.

Algumas definições aqui são realmente prementes para determinar o alcance dessa norma jurídica.

A primeira dela diz respeito à compreensão normativa do termo "autoridade competente".

A compreensão normativa dessa expressão pode ser extraída, a nosso aviso, da conjugação das definições legislativas contidas no artigo 327, *caput* e parágrafo único, do Código Penal[316], e no artigo 2º, da Lei 8.429/92[317], que permitiriam identificar a quem o comando necessariamente se dirigiria ou recairia. Dessa forma, a autoridade pública, em princípio, pode ser identificada como aquele que exerce, mesmo que sem perceber remuneração ou em caráter transitório, por qualquer tipo de investidura jurídica, vale dizer, seja por eleição, nomeação, designação, contratação ou qualquer outra forma de investidura, qualquer espécie de mandado, cargo, emprego ou função em qualquer órgão público (da

---

[316] Art. 327, *caput*: Considera-se funcionário público, para os efeitos penais, quem, embora transitoriamente ou sem remuneração, exerce cargo, emprego ou função pública; § 1º: Equipara-se a funcionário público quem exerce cargo, emprego ou função em entidade paraestatal, e quem trabalha para empresa prestadora de serviço contratada ou conveniada para a execução de atividade típica da Administração Pública.

[317] Art. 2º: Reputa-se agente público, para os efeitos desta Lei, toda aquele que exerce, ainda que transitoriamente ou sem remuneração, por eleição, nomeação, designação, contratação ou qualquer outra forma de investidura ou vínculo, mandato, cargo, emprego ou função nas entidades mencionadas no artigo anterior.

administração direta ou indireta) de quaisquer das esferas federativas do país. Portanto, qualquer ocupante de mandato, cargo, emprego ou função de qualquer órgão da administração pública direta ou indireta, seja do âmbito do Poder Executivo, Legislativo, Judiciário ou Ministério Público.

Tais referenciais normativos permitem uma aproximação relativamente segura do conceito de "autoridade". A título de exemplo, aqui estão inseridos os agentes políticos, os quais desempenham função política por meio de investidura decorrente de eleição ou nomeação, e servidores públicos de modo geral.

Surge, então, a exigência de se estabelecer qual o alcance da expressão "autoridade competente". O artigo 8º, § 2º, da Lei 12.486/13, por exemplo, prevê expressamente que no âmbito do Poder Executivo Federal, a Controladoria-Geral da União terá competência concorrente para instaurar processos administrativos de responsabilização de pessoas jurídicas, permitindo-se, então, reconhecer ao menos uma possível "autoridade competente", para os fins do artigo 27 da Lei.

Todavia, é preciso aprofundar a questão nesse ponto.

Ao delimitar a expressão "autoridade", vinculando-a o vocábulo "competente", restringiu o legislador a abrangência do conceito de autoridade, permitindo então a responsabilização em tese apenas daquele agente ou "autoridade" a quem caiba, no caso concreto e dentro de sua esfera de deliberação e apuração, tomar providências no sentido de reprimir e responsabilizar a prática de quaisquer das infrações elencadas na Lei n. 12.846/13. Portanto, não teria, aparentemente, obrigação legal (mas apenas mero dever moral), por exemplo um presidente de determinada comissão de licitação municipal que seja informado do cometimento de uma das infrações previstas na Lei 12.846/13 que se desenvolveu no bojo de uma outra comissão de licitação, justamente por não ser "autoridade competente" nesse exemplo concreto.

O artigo 27, outrossim, fala também que, em caso de omissão (deliberada ou não), a autoridade competente "será responsabilizada penal, civil e administrativamente nos termos da legislação específica aplicável". Imprescindível, então, determinar qual a legislação específica aplicável em cada uma das esferas de responsabilização desse agente identificado como "autoridade competente".

Em primeiro plano, quanto à responsabilização penal, atualmente dentro do ordenamento jurídico brasileiro o tipo penal a incidir seria o do artigo 319, do Código Penal: prevaricação[318].

Em segundo plano, no tocante à responsabilização civil, para além da aplicação da Lei de Improbidade Administrativa (cuja incidência já restou expressamente salientada no artigo 30 inciso I, da Lei), resta possível responsabilizar a autoridade competente que se omitiu e causou dano ao erário a partir da norma do artigo 186, do Código Civil, justamente em razão dessa regra geral que dispõe que quem, por ação ou omissão voluntária, violar direito e causar dano, comete ato ilícito e é civilmente responsável por ele.

E, em um terceiro plano, qual seja, o da responsabilização administrativa, resta possível que esta se implemente sempre que haja tipo administrativo expresso na respectiva legislação que regulamenta a atividade daquela categoria específica de agente público.

**Art. 28.** *Esta Lei aplica-se aos atos lesivos praticados por pessoa jurídica brasileira contra a administração pública estrangeira, ainda que cometidos no exterior.*

A norma em comento representa bem de que forma restou construída a Lei nº 12.846/13, valendo-se o legislador brasileiro de conceitos extraídos de diversos campos da dogmática e do pensamento jurídicos, tais como do Direito Penal, do Direito Civil e do Direito Administrativo.

O presente artigo 28 prevê a extraterritorialidade da Lei 12.846/13 aos atos lesivos praticados por pessoa jurídica brasileira contra a administração pública estrangeira, ainda que cometidos no exterior. Com efeito, vale dizer, estipulou-se então a aplicação extraterritorial da lei anticorrupção brasileira a eventos ocorridos ainda que fora do Brasil, desde que praticados por pessoa jurídica brasileira contra a administração pública estrangeira.

Atos lesivos previstos na Lei 12.486/13 realizados por pessoa jurídica brasileira dentro do território nacional, não constituem qualquer dificuldade para o entendimento da solução jurídica para o caso.

---

[318] "Retardar ou deixar de praticar, indevidamente, ato de ofício, ou praticá-lo contra disposição expressa de lei, para satisfazer interesse ou sentimento pessoal".

DISPOSIÇÕES FINAIS

A dificuldade surge realmente quando se trata de atos lesivos previstos na aludida Lei, praticados por pessoa jurídica brasileira contra administração pública estrangeira *cometidos fora do território nacional* (ou, nas palavras da Lei, *"no exterior"*).

Por certo, então, estabeleceu-se no microssistema de enfrentamento à corrupção uma hipótese de *extraterritorialidade*.

Nessa medida, o marco normativo mais aproximado, em termos de similaridade de tratamento, da regra em exame, é, sem dúvida, o artigo 7º, inciso II, alínea *a*, do CP.

Dispõe o artigo 7º, inciso II, alínea *a*, do Código Penal, que ficam sujeitos à lei brasileira, embora cometidos no estrangeiro, os crimes que, por tratado ou convenção, o Brasil se obrigou a reprimir. Em ambos os casos, seja na Lei 12.846/13, seja no Código Penal, o princípio da universalidade justifica a inclusão das respectivas normas no ordenamento jurídico, ao mesmo tempo em que fundamenta sua utilização.

> "Esse princípio é o que norteia a cooperação internacional relacionada à persecução. Há delitos cujo interesse punitivo é compartilhado entre os distintos países e é por conta dele que aqueles casos cuja definição tenha sido objeto de tratados internacionais são perseguidos independentemente da nacionalidade do autor ou da vítima e mesmo do local do cometimento do ilícito. A base de todo o direito penal internacional encontra-se nesse princípio, no reconhecimento da nocividade universal de determinadas condutas. Nesses casos, a determinação de competência é estabelecida pela prevenção"[319].

Tomando-se a perspectiva da origem histórica da Lei 12.486/13, verifica-se que a gênese desse diploma legislativo tem raízes sobretudo na Convenção das Nações Unidas contra a Corrupção[320], assinada no México em 15 de dezembro de 2003, e na Convenção contra a Corrupção

---

[319] BUSATO, Paulo César. *Direito penal: parte geral.* São Paulo: Atlas, 2013, p. 112. Também Cezar Roberto Bitencourt assinala o seguinte: "A primeira hipótese de *extraterritorialidade condicionada* refere-se à *cooperação penal internacional* que deve existir entre os povos para prevenir e reprimir aquelas infrações penais que interessam a toda a comunidade internacional. Os *tratados* e *convenções internacionais* firmados pelo Brasil e homologados pelo Congresso Nacional ganham *status* de legislação interna e são de aplicação obrigatória". BITENCOURT, Cezar Roberto. *Tratado de Direito Penal.* 9ª ed. São Paulo: Saraiva, 2004, p. 165, grifos do autor.

[320] Decreto Presidencial 5.687/06.

da Organização dos Estados Americanos (OEA)[321], assinada em 29 de março de 1996, fator este que aproxima a Lei 12.846/13 e o Código Penal nessa parte.

Contudo, a despeito dessa aproximação decorrente da gênese histórica, e apesar de norteados pelo princípio da universalidade, o tratamento da extraterritorialidade dado para os atos lesivos previstos na Lei 12.846/13 é consideravelmente diverso daquele dado pelo Código Penal às infrações penais.

Em primeiro lugar, a Lei 12.846/13, ao contrário do Código Penal, não exige condições concorrentes e concomitantes para a responsabilização de pessoas jurídicas pela prática de atos lesivos contra a administração pública estrangeira fora do território nacional.

Em segundo lugar, tem-se que o Código Penal apenas autoriza a extraterritorialidade, na hipótese aqui trabalhada, quando o Estado brasileiro previamente se obrigou, por tratado ou convenção, a reprimir determinadas condutas previamente definidas como crimes. A Lei 12.846/13 não traz tal exigência; em que pese a importância de documentos como Convenção das Nações Unidas contra a Corrupção e Convenção contra a Corrupção da Organização dos Estados Americanos, não exige a Lei em referência tal previsão em tratado ou convenção internacional: configurando-se ato lesivo mediante subsunção do comportamento às hipóteses do artigo 5º, sendo praticado por pessoa jurídica constituída no Brasil, tendo como alvo a administração pública estrangeira e sendo o ato lesivo realizado fora do território nacional, autoriza-se a aplicação extraterritorial das previsões normativas da Lei 12.846/13, e, aparentemente, independente do resultado final da relação processual eventualmente formalizada no país estrangeiro.

O legislador brasileiro buscou, com a Lei 12.846/13, proteger de diversas formas a administração pública, nacional ou estrangeira, de pessoas jurídicas que possam violá-las por meio da realização de *atos lesivos*, e a previsão normativa da extraterritorialidade nada mais é senão uma dessas formas, autorizando as autoridades públicas responsáveis por esse tipo específico de persecução a demandar em juízo pessoas jurídicas que realizem atos lesivos contra administração pública nacional ou adminis-

---

[321] Decreto Presidencial 4.410/02.

tração pública estrangeira (conceitos que devem ter, na espécie, compreensão ampla e estendida), seja dentro ou fora do território brasileiro.

**Art. 29.** *O disposto nesta Lei não exclui as competências do Conselho Administrativo de Defesa Econômica, do Ministério da Justiça e do Ministério da Fazenda para processar e julgar fato que constitua infração à ordem econômica.*

O artigo 29, da Lei 12.486/13, ao fazer referência à Lei 12.529/11, autoriza a atuação do Conselho Administrativo de Defesa Econômica (CADE), do Ministério da Justiça e do Ministério da Fazenda para processar e julgar fato que, em que pese permita a aplicação desta lei, venha a se constituir em infração à ordem econômica.

A Lei 12.529/11, em certa medida, relaciona-se com o microssistema de enfrentamento à corrupção estabelecido pelo ordenamento brasileiro, ao estruturar o Sistema Brasileiro de Defesa da Concorrência, dispõe sobre prevenção e repressão de comportamentos que correspondam a infrações contra a ordem econômica, orientada esta pelos ditames constitucionais de liberdade de iniciativa, livre concorrência, função social da propriedade, defesa dos consumidores e repressão ao abuso do poder econômico.

A despeito de competir ao CADE decidir sobre a existência de infração à ordem econômica, decidir sobre a imposição de sanções administrativas por infrações à ordem econômica e ordenar providências que impliquem na cessação da infração à ordem econômica (Lei 12.529/11, art. 9º, inc. II a IV), ou seja, de ter o CADE competência muito específica de proteção da ordem econômica, o artigo 29 da Lei 12.486/13 pretende de modo explícito assegurar a *competência administrativa concorrente* entre os órgãos e entidades da administração pública direta ou indireta de quaisquer dos poderes em quaisquer das esferas da Federação (Lei 12.846/13, art. 8º), e o CADE, o Ministério da Justiça e o Ministério da Fazenda, naquelas hipóteses em que a conduta analisada, além de constituir ato lesivo previsto na Lei 12.486/13, constitua também infração à ordem econômica, em específico aquelas abstratamente previstas no artigo 36, da Lei 12.529/11.

Trata-se, destarte, de uma garantia de reforço aos mecanismos de responsabilização do agente que, ao mesmo tempo, pratica ato contra a administração pública nacional ou estrangeira e comete violação à ordem econômica brasileiro, podendo tal agente, em razão sobretudo da expressa previsão normativa, ser responsabilizado concomitantemente por essas duas vias de repressão ao comportamento ilícito, sem se desconsiderar, todavia, a possibilidade também de sua responsabilização penal, caso exista tipo penal incriminador correspondente.

**Art. 30.** *A aplicação das sanções previstas nesta Lei não afeta os processos de responsabilização e aplicação de penalidades decorrentes de:*

*I – ato de improbidade administrativa nos termos da **Lei nº 8.429, de 2 de junho de 1992**; e,*

*II – atos ilícitos alcançados pela **Lei nº 8.666, de 21 de junho de 1993**, ou outras normas de licitações e contratos da administração pública, inclusive no tocante ao Regime Diferenciado de Contratações Públicas – RDC instituído pela **Lei nº 12.462, de 4 de agosto de 2011**.*

Muitos dos setores do ordenamento jurídico brasileiro permitem sua compreensão a partir da ideia de *microssistemas*. Apenas a título de exemplo na área de proteção de interesses supra individuais, é possível indicar, a partir de um marco fundante indisputável (no caso brasileiro, a Constituição da República), o microssistema de proteção ao consumidor, formado pelas Leis 7.347/85 e 8.078/90, e pelo Código Civil e demais leis comerciais naquilo que não contrariar o sistema de defesa do consumidor, e o microssistema de proteção à infância e juventude, constituído basicamente pelas Leis 7.347/85 e 8.069/90.

O artigo 30, ao prescrever que a aplicação das sanções previstas na Lei 12.486/13 não interfere nos processos de responsabilização e aplicação de penalidades decorrentes de ato de improbidade administrativa nos termos da Lei 8.429/92, de atos ilícitos alcançados pela Lei 8.666/93, e de atos ilícitos alcançados por outras normas de licitações e contratos de administração pública, inclusive no tocante ao Regime Diferenciado de Contratações Públicas (RCC) instituído pela Lei 12.462/11, fez surgir um novo modelo de sistema especificamente formatado (embora não hermético), a ter como objeto reprimir a repressão.

Tratar de sistemas e, mais especificamente, de sistemas normativos, faz remeter ao pensamento de Niklas Luhmann e Talcott Parsons. A ideia fundamental que une estes dois grandes autores parte da construção de uma teoria sistêmica, a compreender a existência de diversos sistemas (sistema do direito, sistema da ciência, sistema da política, sistema da economia, etc.) envoltos pelo ambiente ou entorno, que os influencia e é influenciado pelos sistemas tomados isoladamente e produtos da redução interna de cada setor social. Nessa medida, na teoria sistêmica, ganha fundamentação importância os conceitos de complexidade e contingência, a significar o primeiro, grosso modo, uma pluralidade de possibilidades, e o segundo tudo aquilo que é necessário e possível a partir de um hipotético desapontamento das expectativas válidas ante o risco gerado pela complexidade. Alcança enorme importância, nessa compreensão, a ideia de *autopoiese* do sistema, sobretudo do sistema jurídico (nosso foco de atenção neste trabalho), a significar o fato de que um sistema reproduz os elementos de que é constituído, em uma ordem hermético-recursiva, por meio de seus próprios elementos[322].

Leonel Severo Rocha é preciso ao expor o grande enfoque atual da teoria sistêmica, assinalando o seguinte:

> "A teoria sistêmica do direito, comunicando a norma jurídica com a social e a práxis significativa, fornece um importante passo para a construção de uma nova teoria do direito relacionada com as funções do Estado: aqui estamos claramente refletindo sobre o direito de um Estado Interventor, numa sociedade complexa. A teoria dos sistemas de Luhmann tem assim proporcionado a configuração de um novo 'estilo científico' mais apto a compreensão das atuais sociedades complexas que vivemos, contrariamente ao modelo limitado de sociedade existente no normativismo, hermenêutica e pragmática jurídicas, estando assim no centro das discussões atuais sobre o sentido do direito e da sociedade. As propostas da segunda fase de Luhmann, autopoiética, aliadas a concepção de 'risco' desenvolvida conjuntamente com Raffaele di Giorgi, apontam interessantes avanços para a discussão a respeito da racionalidade do direito e da sociedade, bem superiores a racionalidades das matrizes teóricas tradicionais. Isto é, como se depreende de nossa abordagem a teoria do direito depende, na atualidade, de uma teoria da sociedade. A teoria da sociedade procura explicar a sociedade como sistema social.

---

[322] LUHMANN, Niklas. *Introdução à Teoria dos Sistemas: aulas publicadas por Javier Torres Nafarrate.* 3ª ed. Tradução: Ana Cristina Arantes Nasser. Petrópolis: Vozes, 2011, p. 76-77.

LEI ANTICORRUPÇÃO: COMENTÁRIOS À LEI 12.846/2013

É importante nesta matriz epistemológica demonstrar-se que certos elementos básicos tornam possível distintas formas, entre infinitas possibilidades, de interação social. Isto implica uma grande complexidade, que exige cada vez mais subsistemas, como o direito, a economia, a religião etc., que por sua vez se diferenciam criando outros subsistemas e assim sucessivamente. Existem então dois problemas principais que a sociedade se coloca: a complexidade e a dupla contingência"[323].

A partir da noção de sistemas, então, possível tratar de algo mais específico, profundo e complexo: os *microssistemas* para a realidade jurídico-normativa de um determinado ordenamento (no caso, o ordenamento brasileiro).

A ideia de se conceber a regulação de determinados contextos sociais por meio de microssistemas decorre em grande parte do posicionamento externado por aqueles grupos de juristas, estudiosos ou operadores do Direito que se colocam em oposição ao processo de codificação (regulação de todas as matérias da vida cotidiana em códigos de formato totalizante), afirmando tratar-se de um processo estático e sem mobilidade para acompanhar os progressos e as rápidas mudanças por que passam as vidas humanas na contemporaneidade, processos e mudanças esses que exigem modificações, adaptações e criação de novos institutos jurídicos sem que se aguarde toda uma reestruturação do código em si. Por conta de tudo isso, sustentam que a regulação das relações jurídicas decorrentes da vida humana em sociedade, especialmente nesta etapa da sociedade contemporânea pós-industrial, deve se dar preferencialmente por meio de *microssistemas*, que seriam mais apropriados por apresentarem melhor visão de conjunto de todo o fenômeno e estarem menos afetas à influência por outros ramos do Direito, estranhos às relações objeto da regulamentação pelo microssistema[324].

Nessa medida, o microssistema de combate à corrupção finalmente ganha ares de concretude ao regular a possibilidade de responsabilização, agora, também do corruptor (representado pelas pessoas jurídicas),

---

[323] ROCHA, Leonel Severo. *Direito, complexidade e risco. In:* Revista Sequência UFSC: Florianópolis, jun/1994, p. 10.
[324] GRINOVER, Ada *et alii. Código brasileiro de defesa do consumidor: comentado pelos autores do anteprojeto.* 8ª ed. Rio de Janeiro: Forense, 2004, p. 496.

além do agente público que se corrompe e que já se permitia sua responsabilização (não-penal) por meio da Lei 8.429/92. Ao reprovar condutas a serem em tese praticadas por pessoas jurídicas e vincular a reprovação a esse tipo de comportamento às vedações estabelecidas na Lei 8.429/92 e na Lei 8.666/93, o legislador brasileiro efetivamente construiu um microssistema de combate à corrupção a proteger o patrimônio público tanto de ataques por parte de agentes públicos, como também por parte de pessoas jurídicas pela prática de atos contra a administração pública, nacional ou estrangeira.

Indubitavelmente, é utópico depositar todas as esperanças na redução dos indicativos de corrupção (sobretudo no Brasil) no reforço dos mecanismos jurídico-legais de enfrentamento deste quadro. O problema, registre-se, é muito mais profundo e complexo, e está a exigir uma transformação radical da sociedade em si, por meio da (re)construção de seus valores fundamentais, do reforço dos laços de solidariedade imprescindíveis para a vida em comunidade e da melhoria da percepção acerca do zelo e do cuidado com que se devem tratar a coisa pública.

Se o problema que envolve a corrupção no Brasil e no mundo reveste-se de complexidade tal que exige além de respostas provenientes do ordenamento jurídico, é indisputável que a adoção de mecanismos jurídico-legais sérios para o seu enfrentamento é etapa fundamental e indispensável nesse enfrentamento, com vistas a se reduzir ou erradicar a corrupção nos quadros públicos e nas relações privadas de toda e qualquer sociedade.

Portanto, para além da ampliação dos espaços populares democráticos de participação e fiscalização por parte da sociedade civil, compete ao Sistema de Justiça brasileiro, ao operacionalizar o *microssistema de enfrentamento à corrupção*[325], garantir a responsabilização daqueles que violam as regras estabelecidas para o trato com a coisa pública. Nessa dimensão, ao prescrever, no artigo 30, que a aplicação das sanções da Lei 12.486/13 deve se dar independentemente e, ainda, quando possível, concomitantemente à aplicação das sanções dispostas nas Leis 8.429/92 e 8.666/93, o legislador brasileiro estabeleceu que a responsabilização não-penal por condutas que afrontem ou violem o erário, a coisa pública e os princípios

---

[325] Vladimir Aras chama de "microssistema de promoção da integridade pública". Vide http://blogdovladimir.wordpress.com/. Acessado em 10/03/2013. Disponível em 30/01/3014.

que regem a Administração Pública brasileira de modo geral[326], não pode ser restrita ou pontual, mas deve ser ampla e geral, abarcando, agora, tanto o agente público quanto o terceiro particular que se beneficie do ilícito de forma direta ou indireta, quanto as pessoas jurídicas de direito privado que instiguem, permitam, propiciem, fomentem ou realizem atos contra a administração pública nacional ou estrangeiram. O intuito, por certo, é abarcar o maior número possível de potenciais agentes (públicos ou privados) que, ao realizar conduta vedada nas Leis 12.486/13, 8.429/92 e 8.666/93, concretamente se tornem responsáveis pelo ilícito que praticaram, e autorizem, então, o Sistema de Justiça a responsabilizá-los de acordo com a lei.

Acrescente-se, todavia, que aliado à busca da responsabilização não--penal por parte do microssistema de enfrentamento à corrupção, existe também os mecanismos de responsabilização penal para condutas seme-lhantes, desde que subsumidas aos comandos prescritivos abstratos previstos no ordenamento jurídico brasileiro. E aqui se faz necessário destacar, com maior força, os tipos penais incriminadores elencados do artigo 312 ao artigo 359, do Código Penal, os qualificados *crimes contra a Administração Pública*, e, ainda, os delitos previstos no Decreto-Lei 201/67 (chamados *crimes funcionais de prefeitos municipais*).

De outra parte, a despeito de não estarem expressamente indicadas no artigo 30, outros textos legislativos também podem ser entendidos como integrantes desse *microssistema de enfrentamento à corrupção*, como por exemplo a Lei 9.613/98 (trata dos casos de lavagem de dinheiro) e a Lei 9.840/99 (que versa sobre a captação ilícita de sufrágio).

Pensado dessa maneira, o microssistema terá, além de maior efetivi-dade e eficácia, também garantia de maior integridade e coerência do sistema normativo, destacando o trato dessa matéria de outras porven-tura análogas, e dando-lhe tratamento especial, tudo com a finalidade de garantir de modo mais específico a responsabilização do agente público ou privado que realiza ilícito de tal ordem, como também, de certa maneira, objetiva algo como que uma estabilização das expectati-vas normativas de modo a construir na comunidade pela via do exercício do Sistema de Justiça (mas não somente por essa), um reforço ético de

---

[326] CRFB, art. 37, *caput*.

confiança no Direito e empoderamento dos laços de solidariedade que devem caracterizar uma verdadeira sociedade.

**Art. 31.** *Esta Lei entra em vigor 180 (cento e oitenta) dias após a data de sua publicação.*

De acordo com a regra do artigo 31, a Lei 12.486/13 entrou em vigor em 29 de janeiro de 2014, após o transcurso de um período de *vacatio legis* de 180 dias, uma vez que sua publicação junto ao Diário Oficial da União ocorreu em 02 de agosto de 2013.

# REFERÊNCIAS BIBLIOGRÁFICAS

## Introdução

Branco, Gil Castello. O PAC 3 e as eleições. Jornal *O Globo*, Rio de Janeiro, 15.04.2014.

Buarque, Cristovam. *Reaja*. Rio de Janeiro: Garamond, 2012.

___. A privatização da política. *Jornal O Globo*, Rio de Janeiro, 22.03.2014.

Cambi, Eduardo. A corrupção que atrasa o país. *Jornal Gazeta do Povo*, 06.12.2013.

Campagnolo, Edson. O papel das empresas no combate à corrupção. *Jornal Gazeta do Povo*, 06.11.2013.

Carvalho, José Murilo de. *Cidadania no Brasil. O longo caminho*. 16ª ed. Rio de Janeiro: Civilização Brasileira, 2013.

Cavalcanti, José Robalinho. Recuperação de ativos vinculados ao crime fora do processo penal: a ação civil de extinção do domínio. In: *Direito e processo penal na Justiça Federal. Doutrina e jurisprudência*. Coord. Eugênio Pacelli de Oliveira. São Paulo: Atlas, 2011.

Einstein, Albert. *Como vejo o mundo*. 11ª ed. Rio de Janeiro: Nova Fronteira, 1981.

Garcia, Emerson. *Repressão à corrupção no Brasil: entre realidade e utopia*. Rio de Janeiro: Lumen Juris, 2011.

Guimarães, Juarez. Sociedade civil e corrupção: Crítica à razão liberal. In: *Corrupção e sistema político no Brasil*. Orgs. Leonardo Avritzer e Fernando Filgueiras. Rio de Janeiro: Civilização Brasileira, 2011.

Ghizzo Neto, Affonso. *Corrupção, Estado Democrático de Direito e Educação*. Rio de Janeiro: Lumen Juris, 2012.

Guimarães, Juarez. Interesse público. In: *Corrupção. Ensaios e críticas*. Coord. Leonardo Avritzer *et ali*. Belo Horizonte: Humanitas, 2012.

LOPES, Nilza Teixeira. Medidas de combate ao crime organizado: Ação de extinção civil do domínio, uma análise do direito comparado. *Dissertação apresentada no Programa de Pós-Graduação Stricto Sensu em Direito Internacional Econômico da Universidade Católica de Brasília, como requisito parcial para obtenção do Título de Mestre em Direito Internacional.* Orientação: Profª Drª Arinda Fernandes. Brasília-DF, 2012.

LOPES, Paula; NISTAL, Tarima. A vingança contra os corruptos. *Revista Veja*, n. 43, ano 44, 26 de outubro de 2011.

MARENCO, André. Financiamento de campanhas eleitorais. In: *Corrupção. Ensaios e críticas.* Coord. Leonardo Avritzer *et ali.* Belo Horizonte: Humanitas, 2012.

MILITÃO, Eduardo; TORRES, Rodolfo; SARDINHA, Edson. Um congresso na mira do Supremo. *In: Revista Congresso em foco,* agosto/setembro de 2013.

PEREIRA, Carlos; RENNÓ, Lucio R.; SAMUELS, David J.. Corruption, campaign finance e reelection. In: *Corruption and democracy in Brazil. The struggle for accountability.* Coord. Timothy J. Power e Matthew M. Taylor. Indiana: University of Notre Dame Press, 2011.

PINTO, Celi Regina Jardim. ONGs. In: *Corrupção. Ensaios e críticas.* Coord. Leonardo Avritzer *et ali.* Belo Horizonte: Humanitas, 2012.

ROITMAN, Ari. *O desafio ético.* Rio de Janeiro: Garamond, 2009.

SANTOS, Boa Ventura de Souza. *Direitos humanos, democracia e desenvolvimento.* São Paulo: Cortez, 2013.

SANTOS, Wanderley Guilherme dos. Democracia: In: *Corrupção. Ensaios e críticas.* Coord. Leonardo Avritzer *et ali.* Belo Horizonte: Humanitas, 2012.

SCHWARTZMAN, Simon. Coesão social, democracia e corrupção. São Paulo/Santiago de Chile: iFHC/CIEPLAN, 2008.

VAILLANT, Denise. Educación, socialización y formação de valores cívicos. São Paulo/Santiago de Chile: iFHC/CIEPLAN, 2008.

VASCONCELOS, André. *Extinção civil do domínio. Perdimento de bens.* Belo Horizonte: Del Rey, 2010.

ZANCARO, Antonio Frederico. *A corrupção político-administrativa no Brasil.* São Paulo: Academica, 1994.


## Capítulo I

AGOSTINHO, Santo. *O Livre-Arbítrio.* 2ª ed., tradução de Nair de Assis Oliveira, São Paulo: Paulus, 1995.

# REFERÊNCIAS BIBLIOGRÁFICAS

BACIGALUPO, Silvina. "La responsabilidad penal de las personas jurídicas: un problema del sujeto del derecho penal. In *La Responsabilidad Penal de las Personas Jurídicas, Órganos y Representantes*. Coord. Percy García Cavero. Mendoza: Ediciones Jurídicas Cuyo, 2004.

BAIGÚN, David. *La responsabilidad penal de las personas jurídicas (Ensayo de un nuevo modelo teórico)*. Buenos Aires: Depalma, 2000, p. 38.

___ e BISCAY, Pedro. Actuación preventiva de los organismos estatales y no estatales en el ámbito de la corrupción y la criminalidade económica. In *Delincuencia económica y corrupción*. Coord. DAVID BAIGUN e NICOLAS GARCIA RIVAS. Buenos Aires: Ediar, 2006.

BATISTA, Nilo. *Introdução Crítica ao Direito Penal*. Rio de Janeiro: Revan, 1990.

BAUMAN, Zygmunt. *Modernidade Líquida*. Rio de Janeiro: Jorge Zahar, 2001.

BERGREEN, Laurence. *Além do fim do mundo*. Rio de Janeiro: Objetiva, 2004.

BIANCHINI, Alice e GOMES, Luiz Flávio. "Agentes políticos não estão sujeitos à lei de Improbidade Administrativa". Disponível em: http://atualidadesdo direito.com.br/alicebianchini/2013/08/26/agentes-politicos-nao-estao-su jeitos-a-lei-de-improbidade-administrativa/. Acessado em 08.04.14

BUSATO, Paulo César. *Direito Penal*. São Paulo: Atlas, 2013.

___ *Reflexões sobre o sistema penal do nosso tempo*. Rio de Janeiro: Lumen Juris, 2011.

___ e GUARAGNI, Fábio André. *Responsabilidade Penal da Pessoa Jurídica*. Curitiba: Juruá, 2012.

CAETANO, Marcelo. *Princípios fundamentais de Direito Administrativo*. Rio de Janeiro: Forense, 1977.

CARVALHO FILHO, José dos Santos. *Manual de Direito Administrativo*. 25ª ed. São Paulo: Atlas, 2012.

COSTA, José Armando da. *Direito Disciplinar – temas substantivos e processuais*. Belo Horizonte: Fórum, 2008.

DI PIETRO, Maria Sylvia Zanella. *Direito Administrativo*. 26ª ed. São Paulo: Atlas, 2013.

DOTTI, René Ariel e PRADO, Luiz Regis (org.). *Responsabilidade Penal da Pessoa Jurídica*. 2ª ed. São Paulo: RT 2009.

EPIDENDIO, Tomaso Emilio & PIFFER, Guido. "La responsabilità degli enti per reati colposi". In *Le Società – Mensile di diritto e pratica commerciale, societaria e fiscale*. Ano XXX, n. 12 (supplemento), dez/2011.

ESTELLITA, Heloísa. Aspectos processuais penais da responsabilidade penal da pessoa jurídica prevista na Lei nº. 9.605/98 à luz do devido processo legal.

In: Vilardi, C. S.; Pereira, F. R. B.; Neto, T. D. (coord.) *Crimes Econômicos e Processo Penal*. São Paulo: Saraiva (Série GV Law), 2008.

Garrafa, Volnei e, Seletti, Jean Carlos. *As Raízes Cristãs da Autonomia*. Petrópolis: Vozes, 2005.

Garrigós, Deganut e Sansone. "Origen y evolución de la responsabilidad penal de las personas jurídicas". In *Temas de Derecho Penal Económico y Responsabilidad de las Personas Jurídicas*. Coord. Zulita Fellini. Tomo I. Buenos Aires: Grün, 2004.

Gomes, Luiz Flávio. *Direito Penal*. Vol. 1. São Paulo: RT, 2007.

Grau, Eros. *Comentários à Constituição do Brasil*. Coord. J. J. Gomes Canotilho, Gilmar Ferreira Mendes, Ingo Wolfgang Sarlet, Lenio Luiz Streck. São Paulo: Saraiva, 2013.

Guaragni, Fábio André. "Guaragni, F. A.2Interesse ou benefício como exigências para a responsabilização da pessoa jurídica decorrente de crimes ambientais no Brasil". In *Diritto Penale Contemporaneo – Rivista Trimestrale*. Vol. 2. Ano II, 2013.

___ "O mensalão e a abertura do olhar". In *Gazeta do Povo*, Curitiba, ed. 29 jul. 2012.

___ e Busato, Paulo César. *Responsabilidade Penal da Pessoa Jurídica*. Curitiba: Juruá, 2012.

___ e Portella Júnior, José Carlos. "Tutela penal de bens jurídicos supraindividuais no contexto da globalização: a questão das indicações convencionais criminalizadoras e o princípio da reserva legal". In Direito Penal e Criminologia. Org. Fábio André Guaragni, Nestor Eduardo Araruna Santiago e Nivaldo dos Santos. Florianópolis: FUNJAB, 2013.

___ e Loureiro, Maria Fernanda. "A Lei 9.605/98 e o modelo de imputação do crime à pessoa jurídica: estudo de casos. In *Direito Penal e Criminologia – Conpedi. (Recurso Eletrônico Online)* Org. Rodrigo De Souza Costa, Nestor Eduardo Araruna Santiago e Wagner Ginotti Pires. Florianópolis: FUNJAB, 2012, pp. 34-53.

Guéhenno, Jean-Marie. *O fim da democracia: um ensaio profundo e visionário sobre o próximo milênio*. Trad. Howard Johnson e Amaury Temporal. Rio de Janeiro: Bertrand Brasil, 1994.

Jakobs, Günther. *Sobre la normativización de la dogmática jurídico-penal*. Bogotá: Universidad Externado de Colombia, 2004.

___ Jakobs, Gunther. *Fundamentos do Direito Penal*. São Paulo: RT, 2003.

REFERÊNCIAS BIBLIOGRÁFICAS

MARINUCCI, Giorgio e DOLCINI, Emilio. *Manuale di Diritto Penale*. 4ª ed. Milano: Giuffrè, 2012.

MARTINS, Fernando Rodrigues. *Controle do Patrimônio Público*. 5ª ed. São Paulo: RT, 2013.

MONTE, Mário Ferreira. *Apontamento Introdutório*. Prefácio à obra de FERNANDES, Paulo Silva. Globalização, sociedade de risco e o futuro do direito penal. Coimbra: Almedina, 2001.

MORAES, Rodrigo Iennacco de. *Responsabilidade Penal da Pessoa Jurídica*. 2ª ed. Curitiba: Juruá, 2010.

NEVES, Daniel Amorim Assumpção e OLIVEIRA, Rafael Carvalho Rezende. *Manual de Improbidade Administrativa*. São Paulo: Método-GEM, 2012.

OSÓRIO, Fábio Medina. *Direito Administrativo Sancionador*. Trad. André Luís Callegari. 3ª ed. São Paulo: RT, 2009.

PALIERO, Carlo Enrico. "La societá punita: del come, del perché, e del per cosa". In *Rivista Italiana di Diritto e Procedura Penale*. Nuova serie. Anno XLIII, 2008.

___. "Dieci anni di 'corporate liability' nel sistema italiano: Il paradigma imputativo nell'evoluzione della legislazione e della prassi'. In *Le Societá – Mensile di diritto e pratica commerciale, societaria e fiscale*. Supplemento. Ano XXX, n.12, dez/2011

PALMUCCI, FARSA e MÒNACO. "Acción". In *Temas de Derecho Penal Econòmico y Responsabilidad de las Personas Jurídicas*. Coord. ZULITA FELLINI. Tomo I. Buenos Aires: Grün, 2004.

PUREZA, José Manuel. Para um internacionalismo pós-vestefaliano. In *A Globalização e as Ciências Sociais*. Coord.. BOAVENTURA DE SOUZA SANTOS. 2ª ed. São Paulo: Cortez, 2002.

ROXIN, Claus. *Derecho Penal – Fundamentos. La estructura de la teoria del delito*. Trad. Diego Manuel Luzón-Peña, Miguel Dias y García Conlledo e Javier de Vicente Remesal da 2ª ed. alemã. Parte general, tomo I. Madrid: Ed. Civitas, 1997.

SARLET, Ingo Wolfgang. *A eficácia dos Direitos Fundamentais*. 11ª ed. Porto Alegre: Livraria do Advogado, 2012.

SCOLETTA, Marco Maria. "Responsabilitá ex crimine dell'ente e delitti colposi d'evento: la prima sentenza di condanna". In *Le Societá – Mensile di diritto e pratica commerciale, societaria e fiscale*. Ano XXIX, n.9, set/2010.

SELVAGGI, Nicola. *L'interesse dell'ente collettivo quale critério di ascrizione della responsabilità da reato*. Napoli: Jovene Editore, 2006.

SILVA SÁNCHEZ, Jesús María. "La responsabilidad penal de las personas jurídicas y las consecuencias accesorias del artículo 129 del Código Penal Español". In *La Responsabilidad Penal de las Personas Jurídicas, Órganos y Representantes*. Coord. Percy García Cavero. Mendoza: Ediciones Jurídicas Cuyo, 2004.

SIRVINSKAS, Luís Paulo. *Tutela Penal do Meio Ambiente*. 2ª ed. São Paulo: Saraiva, 2002.

STRECK, Maria Luíza Schäfer. *Direito Penal e Constituição: a face oculta dos direitos fundamentais*. Porto Alegre: Livraria do Advogado, 2009.

VIGANÒ, Francesco. *I problemi sul tapetto a dieci anni dal D. Lgs. 231/2001*, item 2.3, p. 7. Disponível em http://www.personaedanno.it/attachments/alle gati_articoli/AA_003504_resource1_orig.pdf. Acessado em 25 de janeiro de 2012

VIVIANI, Rodrigo Andrade. *Responsabilidade Penal da Pessoa Jurídica: aspectos controvertidos no direito brasileiro*. Curitiba: Juruá, 2009.

YACOBUCCI, Guillermo e GOMES, Luiz Flávio. *As grandes transformações do Direito Penal tradicional*. São Paulo: RT, 2005.

ZAFFARONI, Eugênio Raúl e PIERANGELI, José Henrique. *Manual de Direito Penal Brasileiro*. São Paulo: RT, 1997.


## Capítulo II

AARNIO, Aulis. *Lo racional como razonable, Un tratado sobre la justificación jurídica..* Trad. de Ernesto Garzópn Valdés. Madri: Centro de Estudios Constitucionales, 1991.

ÁVILA, Humberto. A distinção entre princípios e regras e a redefinição do dever de proporcionalidade. *Revista Diálogo Jurídico*, n. 4, julho /2001.

BOBBIO, Norberto. *Teoria da norma jurídica*. 3ª ed. Trad. de Fernando Pavan Baptista e Ariani Bueno Sudatti. São Paulo: Edipro, 2005.

CAMBI, Eduardo. *Jurisdição no processo civil*. Curitiba: Juruá, 2002.

___. *Neoconstitucionalismo e neoprocessualismo. Direitos fundamentais, políticas públicas e protagonismo judiciário*. 2ª ed. São Paulo: RT, 2011.

CAVALIERI FILHO, Sergio. *Programa de responsabilidade civil*. 3ª ed. São Paulo: Malheiros, 2002.

DIAS, José de Aguiar. *Da Responsabilidade Civil*. Rio de Janeiro: Forense, 1973.

DINAMARCO, Cândido Rangel. O futuro do processo civil brasileiro. In: *Fundamentos do processo civil moderno*. Vol. II. Vol. II. 3ª ed. São Paulo: Malheiros, 2000.

REFERÊNCIAS BIBLIOGRÁFICAS

EL TASSE, Adel. Licitações e Contratos Administrativos. Lei 8.666, 21.06.1993. In: *Legislação criminal especial*. Vol. 6. 2ª ed. Coord. Luiz Flávio Gomes e Rogério Sanches Cunha. São Paulo: RT, 2010.

FARALLI, Carla. *A filosofia contemporânea do direito. Temas e desafios*. Trad. de Candice Premaror Gullo. São Paulo: Martins Fontes, 2006.

JUSTEN FILHO, Marçal. *Comentários à Lei de Licitações e Contratos Administrativos*. 15ª ed. São Paulo: Dialética, 2012.

MELLO, Celso Antônio Bandeira de. *Curso de direito administrativo*. 13ª ed. São Paulo, Malheiros, 2001.

OLIVEIRA, Eugenio Pacelli de. *Curso de processo penal*. 6ª ed. Belo Horizonte: Del Rey, 2006.

ORTOLAN, Marcelo Augusto Biehl; ROCHA, Iggor Gomes e REIS, Felipe Andres Pizzato. Combate à corrupção nas licitações e contratos públicos. Questões centrais do Projeto de Lei n. 6.826/2010. In: *Direito da infraestrutura. Temas de organização do Estado, serviços públicos e intervenção administrativa*. Coord. Guilherme de Salles Gonçalves e Emerson Gabardo. Belo Horizonte: Fórum, 2012.

SARLET, Ingo Wolfgan; MARINONI, Luiz Guilherme; MITIDIERO, Daniel. *Curso de direito constitucional*. São Paulo: RT, 2012.

SILVA, José Geraldo da; LAVORENTI, Wilson; GENOFRE, Fabiano. *Leis Penais anotadas*. 8ª ed. Campinas: Millennium Editora, 2005.

STRECK, Lênio Luiz. O dever de proteção do Estado (Schutzpflicht): O lado esquecido dos direitos fundamentais ou qual a semelhança entre os crimes de furto privilegiado e o tráfico de entorpecentes?. Disponível:<www.mpes. gov.br/.../14_2114957161772008_O%20dever%20de%20proteção%20do% 20Estado.doc>. Acesso em: 19 de março de 2014.

___. *Jurisdição constitucional e decisão jurídica*. 3ª ed. São Paulo: RT, 2013.

## Capítulo III

AVRITZER, Leonardo; BIGNOTTO, Newton; GUIMARÃES, Juarez e STARLING, Heloisa Maria Murgel (Org.). *Corrupção: ensaios e críticas*. Belo Horizonte: Editora UFMG, 2008.

BALOCCO, André. Pelo Fim do Jeitinho Brasileiro. In: Cidade Copacabana. *Jornal do Brasil*. publicado em 12 de julho de 2010, disponível em http://www.jblog. com.br/realidade.php?itemid=22408, acesso em 28 de março de 2014.

BORTOLINI, André Luis. O Simbólico Direito Penal Econômico e a Possível Descriminalização a Partir do Direito Administrativo Sancionador. In: *Estudos Críticos Sobre o Sistema Penal. Homenagem ao Professor Doutor Juarez Cirino dos Santos por seu 70º Aniversário*. ZILIO, Jacon e BOZZA, Fábio (Org.), Curitiba: LedZe Editora, 2012, pp. 797-810.

CARDOZO, José Eduardo. *A Máfia das Propinas: investigando a corrupção em São Paulo*. São Paulo: Editora Fundação Perseu Abramo, 2000.

CARVALHO, José Murilo de. *Passado, Presente e Futuro da Corrupção Brasileira*. In: AVRITZER, Leonardo; BIGNOTTO, Newton; GUIMARÃES, Juarez e STARLING, Heloisa Maria Murgel (Org.). Ob. cit., pp. 237-242.

CARVALHO, Salo de. *Anti-Manual de Criminologia*. 4ª ed., Rio de Janeiro: Lumen Iuris, 2011.

COELHO, Fabiano Simões. *Formação Estratégica de Precificação: como maximizar o resultado das empresas*. 2ª ed., São Paulo: Saraiva, 2009.

DESCARTES, René. O Discurso do Método. In: *Descartes: obras escolhidas*. Organizadores: J. Guinsburg, Roberto Romano e Newton Cunha. Tradução de J. Guinsburg, Bento Prado Jr., Newton Cunha e Gita K. Guinsburg. São Paulo: Perspectiva, 2010.

FAORO, Raymundo. *Os Donos do Poder. Formação do Patronato Político Brasileiro*. 4ª ed., São Paulo: Globo, 2008.

FÉDER, João. *O Estado e a Sobrevida da Corrupção*. Curitiba: Tribunal de Contas do Estado do Paraná, 1994.

FERRATER MORA, J. Dicionário de Filosofia. Tomo IV. 2ª ed., São Paulo: Edições Loyola, 2004.

FIGUEIREDO, Luciano Raposo. *A Corrupção no Brasil Colônia*. In: AVRITZER, Leonardo; BIGNOTTO, Newton; GUIMARÃES, Juarez e STARLING, Heloisa Maria Murgel (Org.). Ob. cit., pp. 209-218.

FREITAS, Gilberto Passos de. FREITAS, Vladimir Passos de. *Abuso de Autoridade*. 9ª ed., São Paulo: RT, 2001.

GALVÃO, Fernando. *Direito Penal – Parte Geral*. Rio de Janeiro: Ímpetus, 2004.

HABIB, Sérgio. Brasil: *Quinhentos Anos de Corrupção. Enfoque sócio-histórico-jurídico-penal*. Porto Alegre: Sérgio Antonio Fabris Editor, 1994.

HOLLANDA, Sèrgio Buarque. *Raízes do Brasil*. 26ª ed., São Paulo: Companhia das Letras, 1995.

HULSMAN, Louk; CELIS, J. B. *Penas Perdidas*. Niterói: Luam, 1993.

KLITGAARD, Robert. *A Corrupção Sob Controle*. Tradução de Octavio Alves Velho, Rio de Janeiro: Jorge Zahar Editor, 1994.

MANTEGA, Guido; VANUCHI, Paulo; BIONDI, Aloysio. *Custo Brasil: mitos e realidades*. 2ª ed., Petrópolis: Vozes, 1997.

ROTH, João Luiz. *Por que não Crescemos Como Outros Países? Custo Brasil*. São Paulo: Saraiva, 2006.

ROXIN, Claus. *Fundamentos político-criminales del Derecho penal*. Tradução para o espanhol de Gabriela E. Córdoba. Buenos Aires: Hammurabi, 2008.

SCHWARTZ, Lilia Moritz. *Corrupção no Brasil Império*. In: AVRITZER, Leonardo; BIGNOTTO, Newton; GUIMARÃES, Juarez e STARLING, Heloisa Maria Murgel (Org.). Ob. cit., pp. 227-236.

SWAANINGEN, René van. *Perspectivas europeas para una Criminología Crítica*. Tradução para o espanhol de Silvia Susana Fernandez. Buenos Aires: IBdeF, 2011.

STRECK, Lenio Luiz. *Hermenêutica jurídica e(m) crise: uma exploração hermenêutica da construção do Direito*. 5ª ed. Porto Alegre: Livraria do Advogado, 2004, p. 310.

ZAFFARONI, Eugenio Raúl; PIERANGELI, José Henrique. 6ª. ed. ver. atual. e ampl. *Da tentativa: doutrina e jurisprudência*. São Paulo: Editora Revista dos Tribunais, 2000.

ZURBRIGEN, Cristina. *Empresários e Redes Rentistas*. In: AVRITZER, Leonardo; BIGNOTTO, Newton; GUIMARÃES, Juarez e STARLING, Heloisa Maria Murgel (Org.). Ob. cit., pp. 433-439.

## Capítulo IV

BANDEIRA DE MELLO, Celso Antônio. Curso de Direito Administrativo. São Paulo: Malheiros, 2010.

BERTOLDI; Marcelo M.; RIBEIRO, Marcia Carla Pereira. Curso Avançado de Direito Comercial. São Paulo: Ed. Revista dos Tribunais, 2011.

CARVALHO FILHO, José dos Santos. Manual de Direito Administrativo. Rio de Janeiro: Lumen Juris, 2007.

DI PIETRO, Maria Sylvia Zanella. Direito Administrativo. São Paulo: Atlas, 2011.

FIGUEIREDO, Lúcia Valle. Curso de Direito Administrativo. São Paulo: Malheiros, 2008.

KLEIN, Aline Lícia. O controle da sanção administrativa pelo Poder Judiciário. Informativo Justen, Pereira, Oliveira e Talamini, Curitiba, nº 14, abr. 2008, disponível em http://www.justen.com.br//informativo. php?l=pt&informat ivo=14&artigo=795, acesso em 20.02.2014.

MAZZILLI, Hugo Nigro. A Defesa dos Interesses Difusos em Juízo. São Paulo: Saraiva, 2012.

MEDAUAR, Odete. Direito Administrativo Moderno. São Paulo: Editora Revista dos Tribunais, 2007.

MOREIRA, Egon Bockmann. Processo Administrativo: Princípios Constitucionais e a Lei 9.784/1999. São Paulo: Malheiros, 2003.

NASCIMENTO, Melillo Dinis (Org.). Lei Anticorrupção Empresarial – Aspectos Críticos à Lei nº 12.846/2013. Belo Horizonte: Editora Fórum, 2014.

MOREIRA NETO, Diogo Figueiredo; FREITAS, Rafael Véras. *A juridicidade da Lei Anticorrupção* – Reflexões e interpretações prospectivas. Disponível em: <http://bit.ly/downlloadartigo>. Acesso em 11 de abril de 2014.

REQUIÃO, Rubens. Curso de Direito Comercial. São Paulo: Saraiva, 1991.

TEIXEIRA, José Elaeres Marques Teixeira. Controle Judicial das Decisões do CADE. Revista do IBRAC, vol. 12, nº 06/2005, p. 173-188.

## Capítulo V

ALEXY, Robert. *Teoria dos Direitos Fundamentais.* Tradução de Virgílio Afonso da Silva. São Paulo: Malheiros, 2008.

ALMEIDA, João Batista de. *Aspectos Controvertidos da Ação Civil Pública.* 3 ed. São Paulo: RT, 2011.

ARENHART, Sérgio Cruz. *A Tutela Inibitória da Vida Privada.* São Paulo: RT, 2000.

ARMELIN, Donaldo. Ação civil pública: legitimidade processual e legitimidade política. In: SALLES, Carlos Alberto de (Org.). *Processo civil e interesse público*: o processo como instrumento de defesa social. São Paulo: Revista dos Tribunais, 2003, p. 113-124.

BARBOSA MOREIRA, José Carlos. A ação popular do direito brasileiro como instrumento de tutela jurisdicional dos chamados "interesses difusos". In: MOREIRA, José Carlos Barbosa. *Temas de direito processual.* Rio de Janeiro: Saraiva, 1977. p. 110-123.

BARCELLOS, Ana Paula. *Ponderação, racionalidade e atividade jurisdicional.* Rio de Janeiro: Renovar, 2005.

CALAMANDREI, Piero. *La Casación Civil.* Traducción de Santiago Sentís Melendo. Buenos Aires: Editorial Bibliográfica Argentina, 1945. Tomo II.

CAVALIERI FILHO, Sérgio. *Programa de Responsabilidade Civil.* 7 ed. São Paulo: Atlas, 2007.

## REFERÊNCIAS BIBLIOGRÁFICAS

COMOGLIO, Luigi Paolo; FERRI, Corrado; TARUFFO, Michele. *Lezioni sul processo civile*: il processo ordinario di cognizione. 4 ed. Bologna: il Mulino, 2006.

DANTAS, San Tiago. *Programa de Direito Civil*: teoria geral. 3 ed. Rio de Janeiro: Forense, 2001.

DECOMAIN, Pedro Roberto. *Improbidade Administrativa*. São Paulo: Dialética, 2007.

DIDIER JR., Fredie; ZANETI JR., Hermes. Coisa Julgada no Processo Jurisdicional de Improbidade Administrativa. In: OLIVEIRA, Alexandre Albagli; CHAVES, Cristiano; GHIGNONE, Luciano (Org.). *Estudos sobre improbidade administrativa em homenagem ao Prof. J.J. Calmon de Passos*. Rio de Janeiro: Lumen Juris, 2010, p. 355-364.

FAZZIO JÚNIOR, Waldo. *Atos de Improbidade Administrativa*: doutrina, legislação e jurisprudência. 2 ed. São Paulo: Atlas, 2008.

GARCIA, Emerson; ALVES, Rogério Pacheco. *Improbidade Administrativa*. 6 ed. Rio de Janeiro: *Lumen Juris*, 2011.

GUERRA FILHO, Willis Santiago. Princípio da proporcionalidade e teoria do direito. In: GRAU, Eros Roberto; GUERRA FILHO, Willis Santiago (Org.). *Direito constitucional*: estudos em homenagem a Paulo Bonavides. São Paulo: Malheiros, 2001. p. 268-283.

GRINOVER, Ada Pellegrini. Direito Processual Coletivo. In: GRINOVER, Ada Pellegrini; MENDES, Aluisio Gonçalves de Castro; WATANABE, Kazuo (Coord.). *Direito Processual Coletivo e o Anteprojeto de Código Brasileiro de Processos Coletivos*. São Paulo: RT, 2007, p. 11-15.

MACCORMICK, Neil. *Retórica e Estado de Direito*. Tradução de Conrado Hübner Mendes. Rio de Janeiro: Elsevier, 2008.

MARINONI, Luiz Guilherme. *Técnica Processual e Tutela dos Direitos*. São Paulo: RT, 2004.

___; ARENHART, Sérgio Cruz. *Manual do Processo de Conhecimento*: a tutela jurisdicional através do processo de conhecimento. São Paulo: RT, 2001.

___; *Tutela Inibitória*: São Paulo: RT, 2007.

MARQUES, Silvio Antonio. *Improbidade Administrativa*. São Paulo: Saraiva, 2010.

MAZZILLI, Hugo Nigro. Compromisso de Ajustamento de Conduta – Análise à luz do Anteprojeto do Código Brasileiro de Processos Coletivos. In: GRINOVER, Ada Pellegrini; MENDES, Aluisio Gonçalves de Castro; WATANABE, Kazuo (Coord.). *Direito Processual Coletivo e o Anteprojeto de Código Brasileiro de Processos Coletivos*. São Paulo: RT, 2007, p. 231-243.

MELLO, Ruy Nestor Bastos. Aplicação e dosimetria das sanções da Lei de Improbidade Administrativa. In: DOBROWLSKI, Samanta Chantal (Coord.). *Questões Práticas sobre Improbidade Administrativa*. Brasília: ESMPU, 2011, p. 184-212.

MICHELON, Cláudio. Princípios e coerência na argumentação jurídica. In: MACEDO JR., Ronaldo Porto; BARBIERI, Catarina Helena Cortada (Org.). *Direito e Interpretação*: racionalidades e instituições. São Paulo: Saraiva, 2011. p. 261-285.

MIRANDA, Gustavo Senna. *Princípio do Juiz Natural e sua Aplicação na Lei de Improbidade Administrativa*. São Paulo: RT, 2007.

MITIDIERO, Daniel. *Cortes Superiores e Cortes Supremas*: do controle à interpretação, da jurisprudência ao precedente. São Paulo: RT, 2013.

___. *Antecipação da Tutela*: da tutela cautelar à técnica antecipatória. São Paulo: RT, 2013.

MOREIRA NETO, Diogo Figueiredo; FREITAS, Rafael Véras. *A juridicidade da Lei Anticorrupção* – Reflexões e interpretações prospectivas. Disponível em: <http://bit.ly/downlloadartigo>. Acesso em 04 de abril de 2014.

PAZZAGLINI FILHO, Marino. *Lei de Improbidade Administrativa Comentada*. 4 ed. São Paulo: Atlas, 2009.

ROCHA, Mauro Sérgio. *Da homologação judicial do termo de ajustamento de conduta*. In: XVII Congresso Nacional do Ministério Público, 2007, Salvador. Livro de Teses do XVII Congresso Nacional do Ministério Público. Salvador, 2007, v. I, p. 31-47.

SILVA, Ovídio Baptista da Silva. *Curso de Processo Civil*: processo de conhecimento. 4 ed. São Paulo: RT, 1998, v. 1.

SILVA, Virgílio Afonso da. *Direitos Fundamentais*: conteúdo essencial, restrições e eficácia. 2 ed. São Paulo: Malheiros, 2010.

SOUZA NETO, Cláudio Pereira de; SARMENTO, Daniel. *Direito Constitucional*: Teoria, história e métodos de trabalho. Belo Horizonte: Fórum, 2013.

ZAVASCKI, Teori Albino. *Processo coletivo*: tutela de direitos coletivos e tutela coletiva de direitos. São Paulo: RT, 2006.

ZENKNER, Marcelo. Efetividade das Ações por Ato de Improbidade Administrativa e Regras de Competência: uma proposta de sistematização. In: OLIVEIRA, Alexandre Albagli; CHAVES, Cristiano; GHIGNONE, Luciano (Org.). *Estudos sobre improbidade administrativa em homenagem ao Prof. J.J. Calmon de Passos*. Rio de Janeiro: Lumen Juris, 2010.

REFERÊNCIAS BIBLIOGRÁFICAS

## Capítulo VII

ALVES, Rogério P. GARCIA, Emerson. *Improbidade Administrativa*. 2ª ed. Rio de Janeiro: Lumen Juris, 2004.

BITENCOURT, Cezar Roberto. *Tratado de Direito Penal*. 9ª ed. São Paulo: Saraiva, 2004.

BOBBIO, Norberto. *Direito e Poder*. Tradução: Nilson Moulin. São Paulo: UNESP, 2008.

BUSATO, Paulo César. *Direito penal: parte geral*. São Paulo: Atlas, 2013.

GRINOVER, Ada *et alii*. *Código brasileiro de defesa do consumidor: comentado pelos autores do anteprojeto*. 8ª ed. Rio de Janeiro: Forense, 2004.

JUSTEN FILHO, Marçal. *Comentários à Lei de Licitações e Contratos Administrativos*. 11ª Ed. São Paulo: Dialética, 2005.

LUHMANN, Niklas. *Introdução à Teoria dos Sistemas: aulas publicadas por Javier Torres Nafarrate*. 3ª ed. Tradução: Ana Cristina Arantes Nasser. Petrópolis: Vozes, 2011.

MAZZUOLI, Valerio de Oliveira. *Curso de Direito Internacional Público*. 4ª ed. São Paulo: Revista dos Tribunais, 2010.

ROCHA, Leonel Severo. *Direito, complexidade e risco*. *In*: Revista Sequência UFSC: Florianópolis, jun/1994.

SEN, Amartya. *A ideia de justiça*. Tradução: Denise Bottmann e Ricardo Doninelli Mendes. São Paulo: Companhia das Letras, 2011.

# ÍNDICE

OS AUTORES     5

PREFÁCIO     7

APRESENTAÇÃO     9

INTRODUÇÃO     13

**CAPÍTULO I – DISPOSIÇÕES GERAIS**
Comentários aos artigos 1º a 4º
*Fábio André Guaragni*     47

**CAPÍTULO II – DOS ATOS LESIVOS À ADMINISTRAÇÃO
PÚBLICA NACIONAL OU ESTRANGEIRA**
Comentário ao artigo 5º
*Eduardo Cambi*     103

**CAPÍTULO III – DA RESPONSABILIZAÇÃO ADMINISTRATIVA**
Comentários aos artigos 6º e 7º
*Rodrigo Régnier Chemim Guimarães*     137

**CAPÍTULO IV – DO PROCESSO ADMINISTRATIVO
DE RESPONSABILIZAÇÃO**
Comentários aos artigos 8º a 15
*Cláudio Smirne Diniz*     163

CAPÍTULO V – DO ACORDO DE LENIÊNCIA
Comentários aos artigos 16 e 17
*Mateus Bertoncini*                                                    189

CAPÍTULO VI – DA RESPONSABILIZAÇÃO JUDICIAL
Comentários aos artigos 18 a 21
*Mauro Sérgio Rocha*                                                   221

CAPÍTULO VII – DISPOSIÇÕES FINAIS
Comentários aos artigos 22 a 31
*Leandro Garcia Algarte Assunção*                                      247

REFERÊNCIAS BIBLIOGRÁFICAS                                             273